技工院校计算机类专业教材（中／高级技能层级）

常用办公自动化设备使用与维护

（第二版）

主　编　何　山

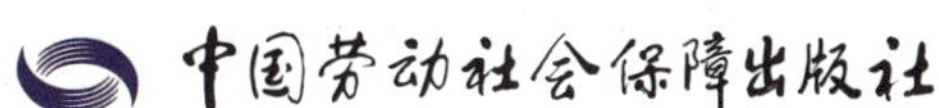

简介

本书主要内容包括办公自动化设备的基本知识、喷墨打印机的使用与维护、激光打印机的使用与维护、复印机的使用与维护、多功能复合机的使用与维护、投影仪的使用与维护、交互式智能平板的使用与维护等。

本书由何山担任主编，何子卿、周燕青参与编写。

图书在版编目（CIP）数据

常用办公自动化设备使用与维护 / 何山主编. 2 版. -- 北京：中国劳动社会保障出版社，2025. （技工院校计算机类专业教材）. -- ISBN 978-7-5167-6997-3

Ⅰ. C931.4

中国国家版本馆 CIP 数据核字第 20250AP352 号

常用办公自动化设备使用与维护（第二版）

CHANGYONG BANGONG ZIDONGHUA SHEBEI SHIYONG YU WEIHU

中国劳动社会保障出版社出版发行

（北京市惠新东街 1 号　邮政编码：100029）

*

北京宏伟双华印刷有限公司印刷装订　　新华书店经销

787 毫米 ×1092 毫米　16 开本　17.75 印张　348 千字

2025 年 8 月第 2 版　　2025 年 8 月第 1 次印刷

定价：45.00 元

营销中心电话：400-606-6496

出版社网址：https://www.class.com.cn

https://jg.class.com.cn

前 言

为了更好地满足技工院校计算机类专业的教学要求，适应计算机行业的发展现状，全面提升教学质量，我们组织全国有关学校的一线教师和行业、企业专家，在充分调研企业用人需求和学校教学情况、吸收借鉴各地技工院校教学改革成功经验的基础上，根据人力资源社会保障部颁布的《全国技工院校专业目录》及相关教学文件，对技工院校计算机类专业教材进行了修订和新编。

本次修订（新编）的教材涉及计算机类专业通用基础模块及办公软件、多媒体应用软件、辅助设计软件、计算机应用维修、网络应用、程序设计、操作指导等多个专业模块。

本次修订（新编）工作的重点主要有以下几个方面。

突出技工教育特色

坚持以能力为本位，突出技工教育特色。根据计算机类专业毕业生就业岗位的实际需要和行业发展趋势，合理确定学生应具备的能力和知识结构，对教材内容及其深度、难度进行了调整。同时，进一步突出实际应用能力的培养，以满足社会对技能型人才的需求。

针对计算机软、硬件更新迅速的特点，在教学内容选取上，既注重体现新软件、新知识，又兼顾技工院校教学实际条件。在教学内容组织上，不仅局限于某一计算机软件版本或硬件产品的具体功能，而是更注重学生应用能力的拓展，使学生能够触类

旁通，提升综合能力，为后续专业课程的学习和未来工作中解决实际问题打下良好的基础。

创新教材内容形式

在编写模式上，根据技工院校学生认知规律，以完成具体工作任务为主线组织教材内容，将理论知识的讲解与工作任务载体有机结合，激发学生的学习兴趣，提高学生的实践能力。

在表现形式上，通过丰富的操作步骤图片和软件截图详尽地指导学生了解软件功能并完成工作任务，使教材内容更加直观、形象。结合计算机类专业教材的特点，多数教材采用四色印刷，图文并茂，增强了教材内容的表现效果，提高了教材的可读性。

本次修订（新编）工作还针对大部分教材创新开发了配套的实训题集，在教材所学内容基础上提供了丰富的实训练习题目和素材，供学生巩固练习使用，既节省了教材篇幅，又能帮助学生进一步提高所学知识与技能的实际应用能力。

提供丰富教学资源

在教学服务方面，为方便教师教学和学生学习，配套提供了制作素材、电子课件、教案示例等教学资源，可通过技工教育网（https://jg.class.com.cn）下载使用。除此之外，在部分教材中还借助二维码技术，针对教材中的重点、难点内容，开发制作了操作演示微视频，可使用移动设备扫描书中二维码在线观看。

致谢

本次修订（新编）工作得到了河北、山西、黑龙江、江苏、山东、河南、湖北、湖南、广东、重庆等省（直辖市）人力资源社会保障厅（局）及有关学校的大力支持，在此我们表示诚挚的谢意。

编　者

2025 年 4 月

目　录

CONTENTS

项目一
办公自动化设备的基本知识

现代办公是将计算机技术、通信技术、系统科学甚至人工智能技术和行为科学知识与各种办公自动化设备有机结合起来，通过办公人员的操作，能高效地综合处理各种办公信息的一种综合性的工作方式。随着办公自动化技术的进步及办公室工作细化需求的增加，人们对办公自动化设备的要求不断提高，其更新换代的速度越来越快。

本项目的主要内容就是通过学习和市场调研，了解当前常用办公自动化设备的类型及基本功能。

任务 认识常用办公自动化设备

1. 了解办公自动化设备的分类及发展趋势。
2. 能选购常用办公自动化设备。
3. 了解常用办公自动化设备的使用环境及安装要求。
4. 了解常用办公自动化设备的故障原因。

某公司的员工小王负责选购办公室的办公自动化设备。小王通过市场调研，对常用办公自动化设备的功能特点、安装环境和要求、发展趋势、选购注意事项等进行了解，结合公司的需求完成办公自动化设备的选购任务。

一、办公自动化设备的定义和分类

办公自动化（office automation，简称 OA）是将现代办公和计算机技术结合起来的一种新型办公方式。办公自动化没有统一的定义，凡是在传统的办公室中采用各种新技术、新机器、新设备从事办公业务，都属于办公自动化的领域。通过办公自动化，或者说数字化办公，可以优化现有的管理组织结构，调整管理体系，在提高效率的基础上，增强协同办公能力，强化决策的一致性。

1. 办公自动化设备的定义

办公自动化设备是指用于提高办公效率、减少人力和简化办公流程的各种设备及技术的统称。它们利用先进的计算机技术、通信技术和自动化控制技术，为办公室环境中出现的问题提供高效的解决方案。

2. 常见办公自动化设备的分类

现代办公常以计算机为主、其他设备为辅，完成各种信息的采集、输入、综合后得到图文混排、形象逼真的大容量多媒体信息。因此，办公自动化设备包括文件输入及处理设备、文件复制设备、文件打印等输出设备、文件存储设备、文件整理设备以及网络设备等。每一类设备又包括多种产品，以下列举了一些常用设备。

文件输入及处理设备：计算机、打字机、扫描仪等。

文件复制设备：复印机、多功能复合机、油印机、胶印机等。

文件打印等输出设备：激光打印机、喷墨打印机、针式打印机等。

文件存储设备：硬盘、缩微设备等。

文件整理设备：分布机、裁切机、装订机、打孔机、折页机、封装机等。

网络设备：网络适配器、路由器、交换机等。

随着技术的进步和办公工作的细化，办公自动化对产品不断提出新的要求，办公自动化设备的技术发展趋势包括以下特点：向高性能、多功能、复合化和系统化发展；向数字化、智能化、无纸化和综合化发展；以计算机为核心的办公将向处理文字、数据、声音、图像的多媒体方向发展；通信在办公系统中的应用将进一步拓展，借助现代通信技术建立全球化的高级办公、网络体系，以实现更便捷、即时且广泛的信息交互与协同工作。

大多数办公自动化设备属于耐用设备，因此，在各类办公场景中有多种类型以及多代设备同时服务于办公的现象较为常见。

二、常用办公自动化设备

办公自动化设备是现代办公室必不可少的装备之一。它们能够帮助人们提高办公效率，减轻工作负担，更方便地完成各种任务。本教材不介绍专业性较强的办公自动化设备如计算机、网络设备等，而主要介绍打印机、复印设备、显示设备和其他外部设备。

1. 打印机

打印机是一种重要的输出设备，已经成为办公自动化必不可少的设备之一。常见的打印机有针式打印机、喷墨打印机和激光打印机。随着技术的不断发展，由于打印速度慢、噪声大等，针式打印机已经很少在一般办公室使用了，但在一些情况特殊、需要复写打印的场合还在使用。常见打印机的类型、外观和特点见表 1–1。

表 1–1　常见打印机的类型、外观和特点

类型	外观	特点
针式打印机		针式打印机的工作原理是通过机械撞击，在打印介质上产生小点，最终由小点组成所需打印的对象。打印针数是指针式打印机打印头上的打印针数量，该参数直接决定了针式打印机打印的效果和打印的速度 随着科学技术的不断发展，虽然针式打印机在一些特殊情况下还在使用，但在一般办公室已经不常见
喷墨打印机		喷墨打印机的工作原理是带电的喷墨雾点经过电极偏转后，直接在纸上形成所需的字符和图形。其优点是组成字符和图像的印点比针式打印机的印点小得多，因而字符点的分辨率高，印字质量高且清晰

续表

类型	外观	特点
激光打印机		激光打印机的工作原理是激光源发出的激光束经由字符点阵控制的激光偏转器调制后，进入光学系统，通过多棱镜对旋转的感光鼓进行横向扫描，在感光鼓的光导薄膜上形成字符或图像的静电潜像，再经过显影、转印和定影，在纸上得到所需要的字符和图像。其优点是打印速度快

2. 复印机

复印机是从书写、绘制或印刷的原稿得到等倍、放大或缩小的副本的设备，常见的复印机如图 1–1 所示。

3. 复合机

复合机是一种将多种功能集成在一起的办公设备，通常可以具备打印、扫描、复印和传真等多种功能。与单一功能的打印机、扫描仪或复印机不同，复合机可以节省空间，降低成本，并提高办公效率，在办公室和家庭等环境中越来越常见。图 1–2 所示是一种常见的复合机。

图 1–1　常见的复印机

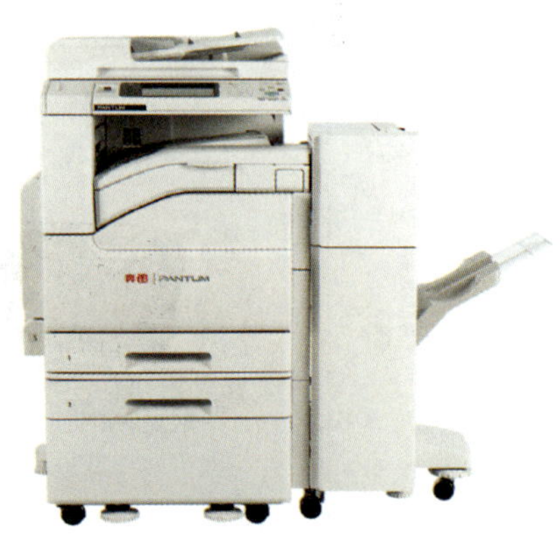

图 1–2　常见的复合机

4. 投影仪和交互式智能平板

投影仪又称为投影机，其可以用精确的放大倍率将物体放大投影在屏幕上。新型投影仪主要借助 RGB 三色投影光机和解码技术，使传统投影仪精巧化、便携化、微小化、家庭化，从而让投影技术更加贴近工作、生活和娱乐。目前常见的投影仪如图 1–3 所示。

交互式智能平板以高清液晶显示屏为显示和操作平台，具备书写、批注、绘画、多媒体娱乐、网络会议等功能，融入了人机交互、平板显示、多媒体信息处理和网络传输等多项技术，是信息化时代中办公、教学、图文互动演示的优选解决方案。图 1–4 所示为一种常见的交互式智能平板。

图 1-3　常见的投影仪

图 1-4　常见的交互式智能平板

二、办公自动化设备的使用注意事项

办公自动化设备多数是由机械部件和电子部件组成的精密且复杂的设备，对使用环境的要求相对较高。办公环境的优劣直接影响办公活动的效率及设备的使用年限，在使用时应注意以下几方面的问题。

1. 所处的环境

办公自动化设备应尽量在粉尘少、太阳光不能直射、温度和相对湿度适宜的条件下使用。办公自动化设备所处环境一般温度要保持在 10 ~ 35 ℃，相对湿度要求控制在 30% ~ 70%。如果环境条件不在以上标准范围之内，要注意通过防尘、避光、加强通风和使用相对湿度调节设备来营造适宜的工作环境。同时，应尽量避免接触带有挥发性和腐蚀性的气体或液体。

2. 布局和摆放

办公环境中的办公自动化设备布局应按照信息处理的流程安排，讲究合理有序，错落有致，功能清晰，互不干扰。

设备应水平摆放，不应随意移位，更不能在设备运行时挪动，也不能在通电状态下挪动。搬运设备时必须先将设备断电。设备工作时应尽量使其保持稳定，防止强烈撞击，也不要在设备上堆放重物，因为不稳定的工作状态会影响设备的正常启动和运转，最终可能导致设备工作异常，以致损坏。需要注意的是在雷电天气时应尽量不使用办公自动化设备，并关闭网络。

还有部分办公自动化设备需安置在通风条件良好的位置，以利于散热；同时，为维护信息安全，可在复印机的附近配置一台碎纸机，以便于销毁错复印或多复印的文件，防止敏感信息因不当留存而泄露。办公自动化设备的摆放示例如图 1–5 所示。

图 1–5 办公自动化设备的摆放示例

四、办公自动化设备的常见故障

在办公环境中，各种设备可能会遇到不同的问题。以下是一些常见的故障分类，包括电源故障、硬件故障、软件故障、网络故障、安全性问题和机械部件损坏等。

1. 电源故障

电源故障是办公自动化设备中最常见的问题之一。这类故障通常表现为设备无法开机或关机、电源指示灯不亮等。排除方法包括检查电源线是否接触良好、电源适配器是否正常工作、电池是否需要充电等。

2. 硬件故障

硬件故障包括键盘、鼠标、显示器等设备出现的问题。例如，键盘不灵敏、鼠标失灵、显示器无法显示等。排除方法包括重新启动设备，检查硬件连接是否正常，必要时更换。

3. 软件故障

软件故障通常是由操作系统或其他软件出现问题导致的，如计算机运行缓慢、软件崩溃、蓝屏等。排除方法包括更新软件、修复漏洞、重新安装驱动程序等。

4. 网络故障

网络故障表现为无法上网或网络连接不稳定。排除方法包括检查网络连接是否正常、网线是否松动、网络设置是否正确等。

5. 安全性问题

常用办公自动化设备的安全问题主要涉及设备感染病毒、恶意软件等，如计算机运行缓慢、文件无法打开等。排除方法包括使用杀毒软件清除病毒、及时更新操作系统和软件、不随意下载和点击未知链接等。

6. 机械部件损坏

办公设备中的机械部件损坏可能会导致设备无法正常使用。例如，键盘按键失灵、打印机卡纸等。排除方法包括检查设备的机械部件是否正常工作，如有需要可以联系专业的维修人员维修或更换部件。在平时使用设备时，也要定期维护和保养，以延长设备的使用寿命。

综上所述，对于不同类型的办公设备故障，需要采取不同的排除方法。在遇到问题时，可以先从简单的操作开始尝试，如果无法解决，再寻求专业的帮助。

五、办公自动化设备的选购注意事项

办公自动化设备多数是集光学、机械技术、电子技术于一体的高科技产品，鉴于其技术的专业性与复杂性，用户需综合考虑以下方面，才能选购到既经济又实用的设备。

1. 从实际需求方面考虑

要明确所选购的设备的应用场合和功能需要，不盲目追求更多的功能和更高的性能，以免造成浪费。

2. 从设备的功能方面考虑

不同厂家、不同型号的设备往往具有不同的功能。因此，在选购设备时，一般要依据实际工作对设备的具体功能要求来决定。

3. 从设备的使用量方面考虑

对于一般的办公自动化设备而言，价格与工作质量、工作效率、可靠性和耐用性等密切相关。在选购设备时，用户应充分考虑设备在实际工作环境中的使用量以及对设备的具体要求，选择相应的档次和型号。

4. 从设备型号方面考虑

任何新产品都是在前一代产品的基础上改良的。不但在功能上改进，同时也在易用性、耐用性和环保等方面有较大的改进。因此，要尽量选择较新型号的设备。

5. 从设备市场占有率方面考虑

尽量选择市场销量大且占有率高的设备，以保证选购的设备具有较好的质量、服务和性价比。

6. 从售后服务方面考虑

办公自动化设备多数是高精密的电子产品，与一般的家用电器不同，其对保养和维修具有较高的专业性要求。因此，在使用过程中，其售后服务的能力与技术水平的高低都是需要考虑的。

一、列举常见的办公自动化设备

查看并列举常见办公场合的办公自动化设备，填在表 1–2 中。

表 1–2　常见的办公自动化设备列表

序号	办公自动化设备名称	备注

二、对办公自动化设备进行市场调研

到所在城市的电子市场或办公设备商店走访，或通过互联网查询相关信息，调研正在销售的办公自动化设备，列出设备的种类、型号、主要功能和用途及价格。将调研获取的信息填在表 1–3 中。

表 1–3　办公自动化设备的市场调研信息

序号	办公自动化设备的种类	办公自动化设备的型号	主要功能和用途	价格

1. 常用的办公自动化设备有哪些？
2. 办公室常见的打印机有哪些品牌？各有什么特点？
3. 在使用和购买办公自动化设备时有哪些注意事项？
4. 办公自动化设备的常见故障有哪些？

项目二 喷墨打印机的使用与维护

随着科技的不断发展、信息传递的需要及社会经济水平的提高，信息技术得到了飞速发展，打印机作为极其重要的输出设备也随之发生了新的变化，从最初的针式打印机到喷墨打印机、激光打印机等，除了一些特殊的场合，针式打印机在一般的办公室中已经不常见了，本项目主要介绍喷墨打印机的使用与维护。

喷墨打印机是在针式打印机之后发展起来的，其采用非击打式的工作方式，比较突出的优点是体积小，操作简单方便，使用专用纸张时可以打印出和照片相媲美的图片。自 1976 年世界上第一台喷墨打印机问世以来，喷墨打印机的发展非常迅速，使用它进行照片打印和文档输出已成为人们的日常需要。喷墨打印机已经从办公室走进普通家庭，为人们的工作和生活带来了极大的便利。

任务 1　认识和选购喷墨打印机

1. 了解喷墨打印机的类型、功能和特点。
2. 了解喷墨打印机的技术指标。
3. 能根据使用需求选购喷墨打印机。
4. 能选购常见喷墨打印机的耗材。

某公司需选购一台喷墨打印机，用于打印具有高清晰度的文档或精美的照片。办公室的小王决定去市场上调研一下，准备先了解一下喷墨打印机的情况，然后再根据自己的调研信息为公司提供合理的建议。

一、喷墨打印机的基本知识

喷墨打印机是由点阵打印机演变而来的，其用一种微型的喷枪代替点阵打印机的金属针头，向纸上进行墨水点的喷射。与点阵打印机一样，喷墨打印机打印出的字符通常是由点组成的。

因为喷墨打印机喷射墨水所打印的点非常小，所以直接用肉眼很难看到。不同类型的喷墨打印机喷射墨水的方式是不一样的，有的可能以爆裂分散的形式打印，还有的可能集中在某一点打印。

简单地说，喷墨打印机是利用控制指令来控制喷墨打印头上的喷嘴，使喷嘴喷出定量的墨水，进而将字符打印在纸张上。所以，决定彩色喷墨打印机质量优劣的主要因素之一是喷墨的控制方法，也就是将墨点均匀且精确地喷在纸上的能力。

由于各厂商开发出的喷墨打印头不同，其喷墨的控制方法也有少许不同，目前市面上主要有热气泡式和压电式这两种喷墨控制方法。

热气泡式喷墨打印机以惠普（HP）、佳能（Canon）、利盟（Lexmark）为代表，此种类型的打印机喷嘴上含有许多加热元件，利用空气加热后发生膨胀的原理，使喷嘴中的墨水迅速到达沸点，墨水沸腾时所产生的气泡会产生极大的压力，将墨水自喷头挤压而出，从而落在需要打印的纸张上。此种喷墨打印机具有喷嘴密度高以及成本低的优点，但喷嘴时冷时热，容易造成喷墨打印头老化。因此，这种类型的打印机多将喷嘴内置在墨盒中，在更换墨盒的同时，也就更换了喷嘴。

压电式喷墨打印机以爱普生为代表，新款的爱普生喷墨打印机采用微针点压电喷墨打印技术。它与热气泡式喷墨打印机不同的地方在于，其控制喷墨的介质不是空气，而是一种压电晶体。在压电晶体上施加脉冲电压时，压电晶体会变形并产生压力。简单地说，这种打印机的喷嘴内含微小的晶体，当电压作用于压电晶体时，晶体会膨胀，

将墨水从喷嘴内挤压而出，打印在纸张上。在没有电流通过时，晶体便会收缩，于是打印头就会停止打印。

二、喷墨打印机的技术指标

1. 分辨率

分辨率是衡量打印机打印质量的重要指标，用图像每英寸长度上的点数（dots per inch，简称 dpi）表示，它决定了打印图像所能表现的清晰程度，其大小决定了打印的输出质量。一般来说，分辨率越大，打印纸张可显示的像素个数也就越多，可呈现出的信息越多，图像越清晰。

2. 墨滴大小

喷墨打印机喷头的墨滴大小同样是决定打印机打印精度的重要指标。打印分辨率是指每英寸内能打印多少个黑点，而打印墨点的大小则是决定图像看起来是否具有颗粒感的关键。因此，照片级的喷墨打印机一般具有较小的墨滴，墨滴大小一般控制在 4 pL（4 皮升）以内。

3. 打印幅面

打印幅面是指打印机可以打印纸张的大小。一般情况下，打印幅面主要包括 A4 幅面和 B5 幅面两种。特殊情况下，在打印数码照片时，需要使用 A6 幅面的相片纸，工程绘图、大型报表则需要使用 A3 幅面的纸张。不同用途的打印机所能处理的打印幅面是不同的。

4. 打印速度

打印速度通常用每分钟打印的页数（pages per minute，简称 ppm）来衡量。喷墨打印机的打印速度分为黑白打印速度和彩色打印速度。黑白打印通常用于文本打印，打印速度较快；彩色打印通常用于彩色图片打印，由于计算机处理彩色图片的时间较长，因此，彩色打印速度与黑白打印速度相比，差别较小。

5. 色彩合成技术

目前喷墨打印机采用印刷四分色模式（CMYK）进行彩色印刷，四色分别为青色、品红色、黄色、黑色；还有一种专色墨盒，是在原来四色的基础上，再增加几种过渡色（如橙色、绿色等），以进一步提升画面质量，也就是通常所说的六色打印技术，其输出画面更加真实鲜活。

三、喷墨打印机耗材的选购

在选购喷墨打印机的同时，耗材的选购也应一并考虑，如墨盒、连续供墨系统等，这决定了今后喷墨打印机的打印效果和使用成本。下面重点介绍墨盒的选购和连续供墨系统的选购。

1. 墨盒的选购

墨盒分为原装墨盒和通用墨盒两种。原装墨盒在质量和售后服务上都有较好的保证，是大部分用户的首选，但价格较高，最好到喷墨打印机生产厂家指定的经销商处购买。

一般通用墨盒的价格比原装墨盒的价格要低许多，如果出自正规厂商，其质量还是不错的。在选购墨盒时应注意以下几点。

（1）打印效果。在墨盒的卖场一般会有使用各种墨盒的打印效果图，可以直接观察墨盒的打印质量，查看图文层次感是否分明，是否有偏色或失真，过渡色是否均匀自然等。

（2）墨盒包装。墨盒的质量不仅表现在打印效果上，还表现在包装等细节上。以真空包装的墨盒为例，正品墨盒的包装袋与盒体紧贴，袋内没有空气，墨盒干净无污物。正品墨盒的密封膜平整紧实；假墨盒的密封膜则松散不平，很容易用手将墨盒取下来。

（3）售后服务。墨盒在日常使用过程中难免由于操作不当等，造成漏墨、喷嘴堵头等故障，良好的售后服务和技术支持对于用户来说至关重要，因此，在选购墨盒前，要了解厂商的售后服务内容和水平。

2. 连续供墨系统的选购

近年来，为了降低打印成本，市场上出现了连续供墨系统，受到了彩色印刷、广告制作、数码影像、图像制作、装修装饰等行业用户，以及照片打印用户的欢迎。在选购连续供墨系统时需要注意以下方面。

（1）连续供墨系统的生产厂家较多，其质量参差不齐，应注意选择口碑较好的厂家。

（2）目前连续供墨系统主要通过线下代理商或网络销售，不同商家的产品价格差异较大，在购买时应注意价格、性能的对比。

（3）目前连续供墨系统主要是针对 EPSON 系列、Cannon 和 HP 打印机设计的，在选购时，应判断已购置的打印机是否能使用，并根据机型选择相匹配的连续供墨系统。

（4）使用连续供墨系统时，会涉及安装、保修等内容，因此，在购买前应了解清楚。

一、明确选购目标

小王此次选购喷墨打印机的目的是打印彩色文件、照片等，因此，要从以下方面进行考虑。

1. 具有较高的打印精度。

2. 打印速度要快。

3. 打印机的打印幅面要大，最好为 A3 幅面。

4. 墨盒数量要多，如拥有六色墨盒。

5. 支持连续供墨系统。

6. 可以在多种介质上打印。

7. 具有良好的售后服务。

二、进行市场调研及网络调研

通过分析实际需求明确了选购目标后，下一步就需要对具体的品牌、型号进行调研，选择功能匹配、价格适宜的喷墨打印机作为购买对象。调研可通过市场实地走访或互联网完成，并将调研获取的信息记录在表 2-1-1 中，通过对比，确定所选的型号。

表 2-1-1　喷墨打印机的调研信息

品牌	型号	主要功能及特点	购买渠道	价格	评价

某小型广告工作室为了进一步拓展业务，需购置一台喷墨打印机专门用于照片打印，其具体要求如下。

1. 打印方式选择热气泡式。

2. 打印分辨率不得低于 300 dpi × 300 dpi。

3. 在打印明信片尺寸的照片时，单页打印时间要小于 50 s；在打印卡片尺寸的照片时，单页打印时间要小于 30 s。

4. 能支持常见类型的存储卡，从而实现直接打印照片的功能。

5. 需适配目前主流的操作系统平台。

6. 纸张类型限定为专用打印纸，包括明信片尺寸、L 尺寸、卡片尺寸、卡片尺寸方形贴纸（同时需配备相应尺寸的纸盒配合使用）。

7. 价格控制在 1 000 元左右。

按以上要求选择三种热气泡式喷墨打印机，将各种打印机的技术参数填入表 2–1–2 中，用于帮助该工作室选购符合要求的设备。

表 2–1–2　热气泡式喷墨打印机的技术参数

设备相关参数	备选设备 1	备选设备 2	备选设备 3
参考价格			
品牌			
型号			
……			

任务 2　安装喷墨打印机

1. 了解喷墨打印机的工作环境要求。
2. 能依据使用说明书安装喷墨打印机。
3. 能检测安装好的喷墨打印机。

某公司的小王在经过市场调研后决定购买一台 EPSON L18058 型喷墨打印机，如

图 2-2-1 所示，该打印机为 EPSON 公司于 2023 年 7 月推出的照片级喷墨打印机，是旧款 L805/L1800 型喷墨打印机的替代品。

图 2-2-1　EPSON L18058 型喷墨打印机

EPSON L18058 型喷墨打印机采用经典 6 色配置，能呈现持久且出色的画质效果，打印速度快，机身小巧，日常维护方便，配置 Wi-Fi 功能，支持手机端打印、远程打印、云打印等。

在 EPSON L18058 型喷墨打印机到货后，小王打开包装箱，准备按照产品说明书进行安装。

一、喷墨打印机的安装注意事项

1. 将打印机平稳放置，应避免放置在有振动的地方。

2. 将打印机放在易连接计算机或者网络、较易切断电源的地方。

3. 在打印机前留出足够大的空间，以便于打印机出纸、操作和维护。

4. 避免将打印机放置在温度和相对湿度会发生剧烈变化的地方；远离有灰尘的环境；避免阳光直射、强光照射或者靠近热源。

5. 在操作时不要离喷墨打印机太近。如果将喷墨打印机放置得离人过近，人就可能吸入墨水的挥发性气体，长久使用喷墨打印机对人体产生的危害就不可忽视了。

二、EPSON L18058 型喷墨打印机部件的名称和功能

下面从正面、内部、背面、控制面板等方面对 EPSON L18058 型喷墨打印机的部件名称和功能进行介绍和分析。

1. EPSON L18058 型喷墨打印机的正面

EPSON L18058 型喷墨打印机的正面如图 2-2-2 所示，其中各部件的名称和功能见表 2-2-1。

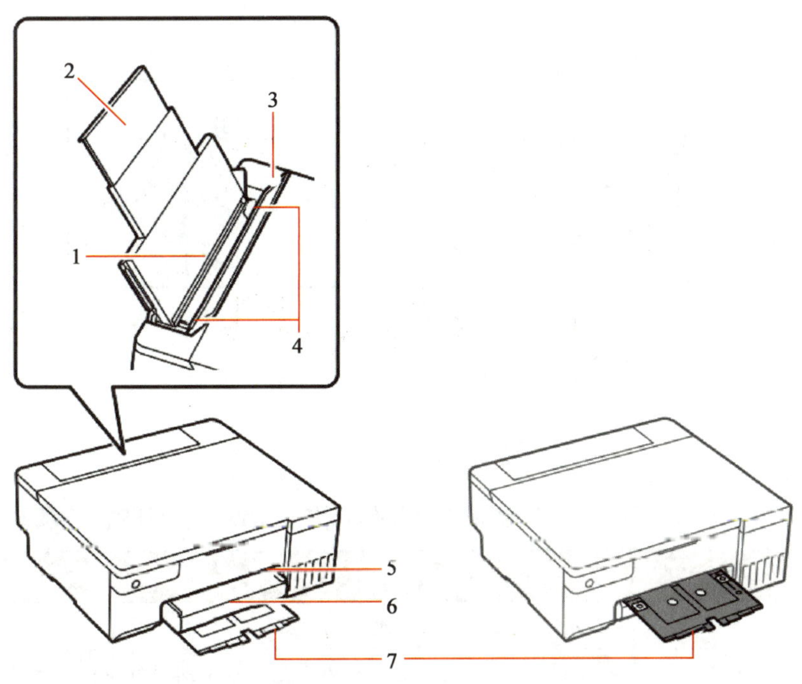

图 2-2-2　EPSON L18058 型喷墨打印机的正面

表 2-2-1　EPSON L18058 型喷墨打印机正面各部件的名称和功能

序号	名称	功能
1	后进纸器	装入打印纸
2	纸托	托住装入的打印纸
3	进纸器挡板	防止异物进入打印机，通常保持"关闭"状态
4	侧导轨	将打印纸径直送入打印机，滑动侧导轨到打印纸边缘
5	光盘 / 证卡托架插槽	将光盘 / 证卡托架插入出纸器的顶部
6	出纸器	存放弹出的打印纸，手动拉出出纸器，推入将其收起
7	光盘 / 证卡托架	在光盘或证卡上打印时，从底部取出托架，放入光盘或证卡，然后将托架插入光盘 / 证卡托架插槽。不打印光盘或证卡时，托架放在打印机底部，上面不放任何物品

2. EPSON L18058 型喷墨打印机的内部

EPSON L18058 型喷墨打印机的内部如图 2-2-3 所示，其中各部件的名称和功能见表 2-2-2。

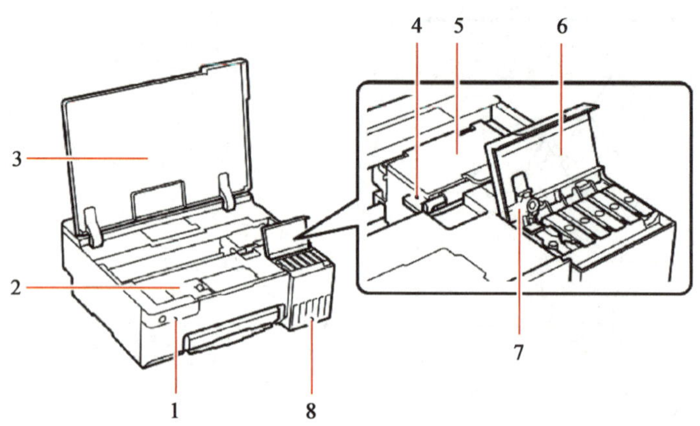

图 2-2-3　EPSON L18058 型喷墨打印机的内部

表 2-2-2　EPSON L18058 型喷墨打印机内部各部件的名称和功能

序号	名称	功能
1	控制面板	其上分布了按钮和显示键，用于操作打印机
2	维护箱盖	更换维护箱时打开，用来收集清洗或打印期间打印机产生的少量多余墨
3	打印机盖	打开后可向墨仓补墨或取出夹纸，不用时应关闭
4	运输锁	停止供墨，运输该打印机时，设置为锁定（运输）位置
5	打印头	将墨从打印头喷嘴喷出
6	墨仓盖	打开后可向墨仓补墨
7	墨仓塞	打开后可向墨仓补墨
8	墨仓	向打印头供墨

3. EPSON L18058 型喷墨打印机的背面

EPSON L18058 型喷墨打印机的背面如图 2-2-4 所示，其中各部件的名称和功能见表 2-2-3。

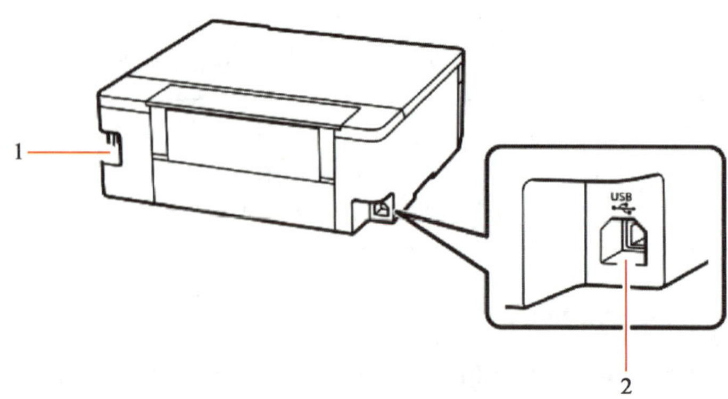

图 2-2-4　EPSON L18058 型喷墨打印机的背面

表 2-2-3 EPSON L18058 型喷墨打印机背面各部件的名称和功能

序号	名称	功能
1	交流电入口	连接电源线
2	USB 端口	使用 USB 数据线连接到计算机

4. EPSON L18058 型喷墨打印机的控制面板

EPSON L18058 型喷墨打印机的控制面板如图 2-2-5 所示，其中各按钮的名称和功能见表 2-2-4。

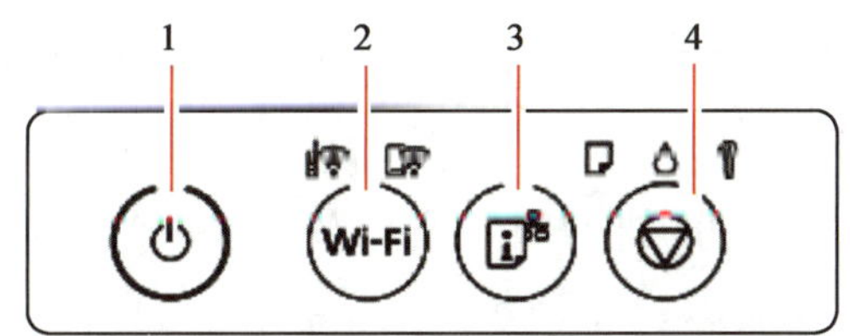

图 2-2-5 EPSON L18058 型喷墨打印机的控制面板

表 2-2-4 EPSON L18058 型喷墨打印机控制面板各按钮的名称和功能

序号	名称	功能
1	“开关”按钮	打开或关闭打印机
2	“Wi-Fi”按钮和指示灯	如果发生网络错误，则按下此按钮可取消该错误。按住此按钮 5 s 以上，可通过 WPS 一键加密执行 Wi-Fi 设置
3	“网络连接状态”按钮	通过打印网络连接报告，可以确定在网络上使用打印机时遇到问题的原因。如果需要更详细的网络设置和连接状态信息，则按住此按钮至少 5 s 来打印网络状态页
4	“停止”按钮和指示灯	停止当前操作。按住此按钮 5 s，直到⏻按钮闪烁为止，可启动清洗打印头程序

一、打开包装箱

打开打印机的包装箱，其中所包含的物品应如图 2-2-6 所示，先确认其中的附件是否齐备，需要注意的是，不同国家或地区生产的打印机，附件会略有不同。

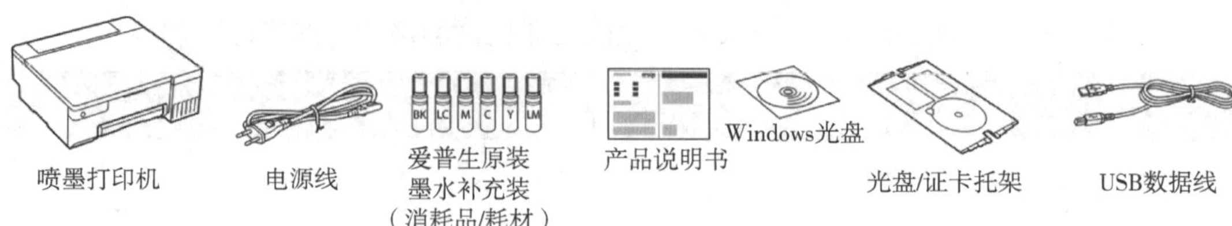

图 2-2-6　打印机包装箱中所包含的物品

二、安装设备

1. 选择打印机放置位置

打印机必须水平放置在稳定的平台上，为了日常工作和维护需要，打印机四周要预留出足够的空间，如果要将打印机与台式计算机连接，则其放置位置要靠近计算机。

2. 连接设备

首先打开包装箱，去除打印机四周的固定物，如图 2-2-7 所示。然后打开打印机盖，去除内部的固定物，如图 2-2-8 所示。

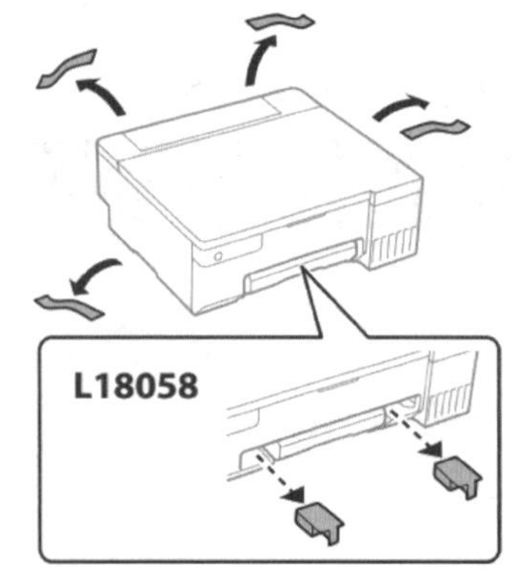

图 2-2-7　去除打印机四周的固定物

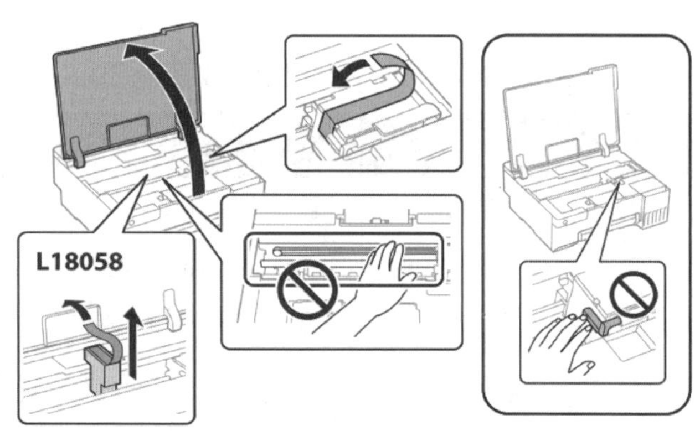

图 2-2-8　去除打印机内部的固定物

注意光盘 / 证卡托架的存放位置，如图 2-2-9 所示。存放好之后可以连接电源线，注意是电源线而不是数据线，如图 2-2-10 所示。

3. 进行打印机的初始化设置

如果身边有智能设备，可按下面的方法对 EPSON L18058 型打印机进行初始化设置。

首先按下 EPSON L18058 型打印机控制面板上的⏻按钮，直至其闪烁，然后使用智能设备扫描图 2-2-11 中的二维码，一边在智能设备上查看说明，一边设置打印机，也可以在智能设备上远程控制打印机或执行多种多样的打印。

如果身边没有智能设备，则可按下面的步骤，向打印机的墨仓加墨，其步骤如下。

（1）打开打印机盖、墨仓盖和墨仓塞，如图 2–2–12 所示，准备给墨仓加墨。

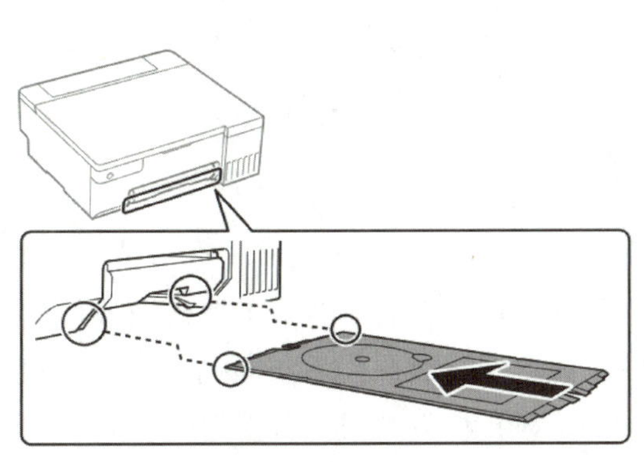

图 2-2-9　存放好光盘 / 证卡托架

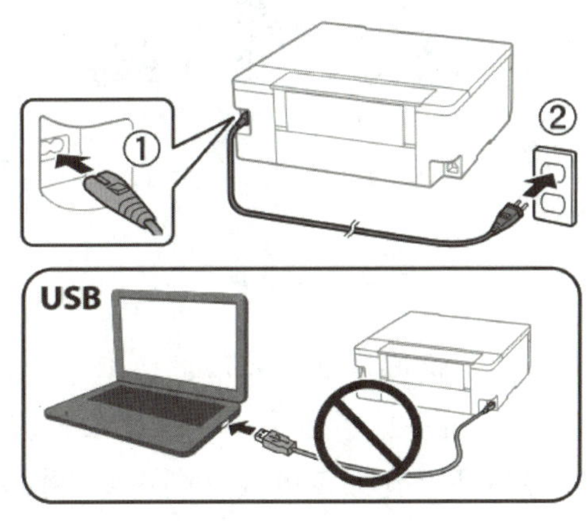

图 2-2-10　连接电源线

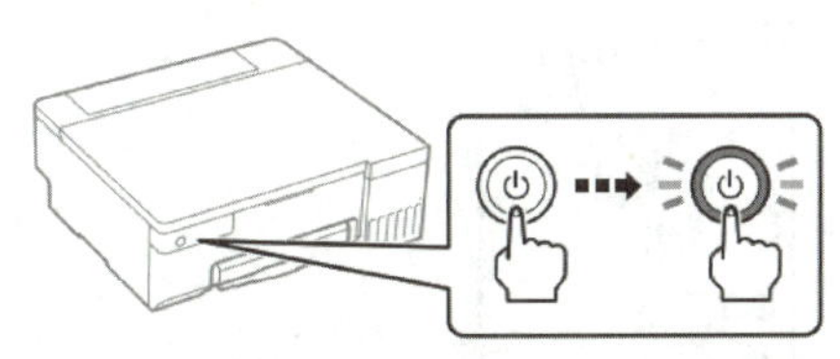

图 2-2-11　利用智能设备进行设置

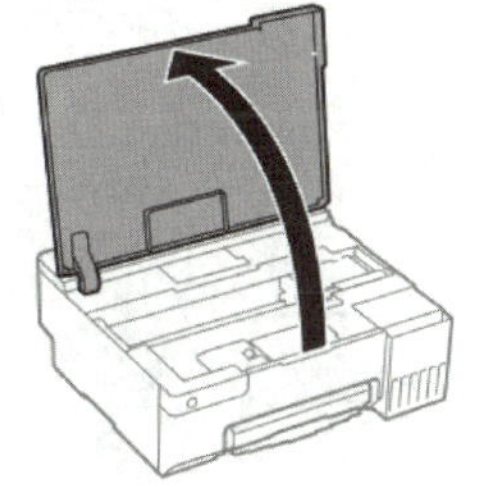

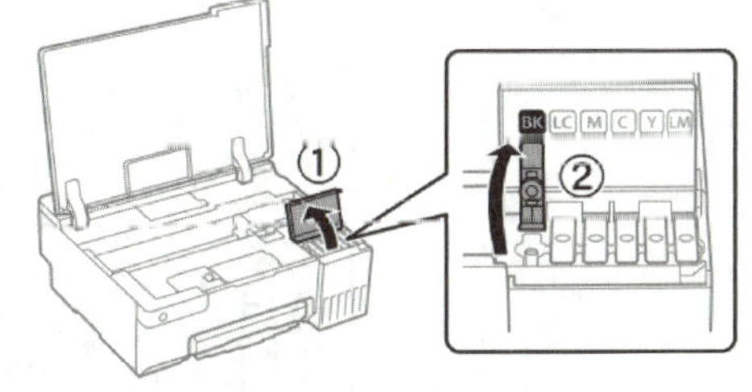

图 2-2-12　打开打印机盖、墨仓盖和墨仓塞

提示

在为墨仓加墨时，请确保墨仓的颜色与要添加的墨颜色匹配。

（2）拿出打印机随附的墨瓶并取下盖子，注意一定要在保持墨瓶竖立的情况下取出盖子，否则墨可能会泄漏，如图 2–2–13 所示。如果是已经使用过的打印机，在加墨之前一定要注意查看墨仓的上刻度线，如图 2–2–14 所示。

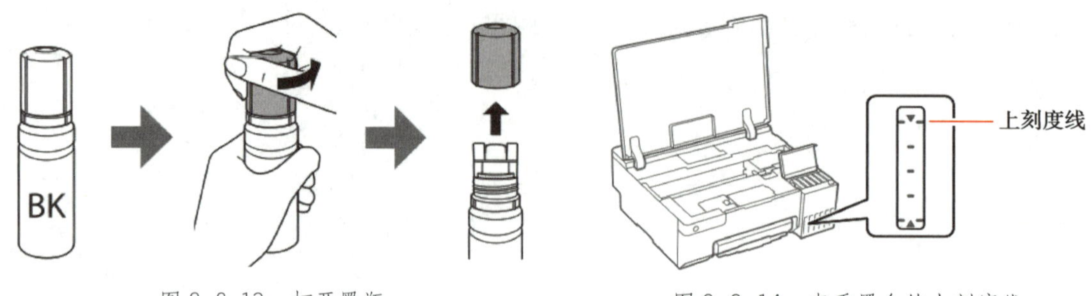

图 2-2-13　打开墨瓶　　　　图 2-2-14　查看墨仓的上刻度线

（3）将墨瓶插入对应墨色颜色的注入口，开始注墨，注意不能用手捏墨瓶或倾斜墨瓶，如图 2-2-15 所示。如果墨未流入墨仓中，需取下墨瓶，然后重新插入。如果墨已经达到墨仓上刻度线，则不要再插入墨瓶，否则墨可能会泄漏。若墨超出墨仓上刻度线，可能会导致打印机损坏。

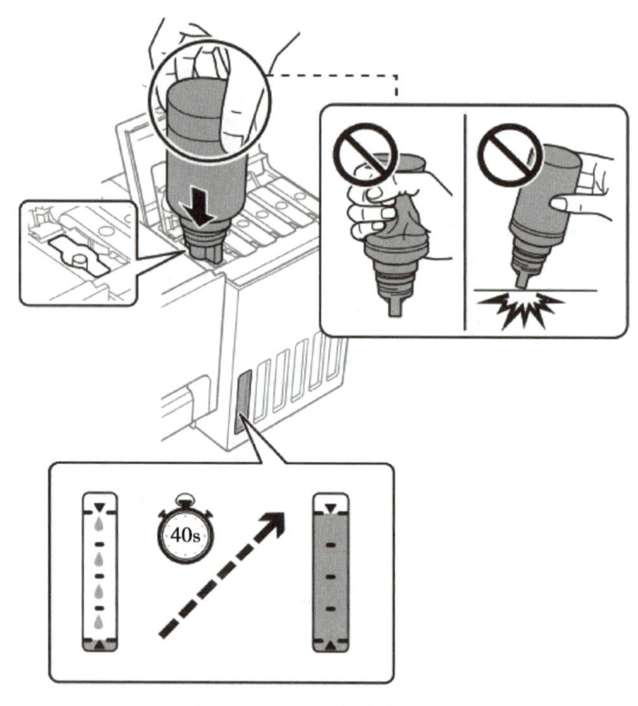

图 2-2-15　给墨仓加墨

提示

当墨达到墨仓上刻度线时，墨会自动停止注入。

（4）当墨达到墨仓上刻度线后，可取下墨瓶。如果墨瓶中还有剩余墨，一定要拧紧瓶盖，并将墨瓶直立存放，以备日后使用。然后盖好墨仓塞，如图 2-2-16 所示。

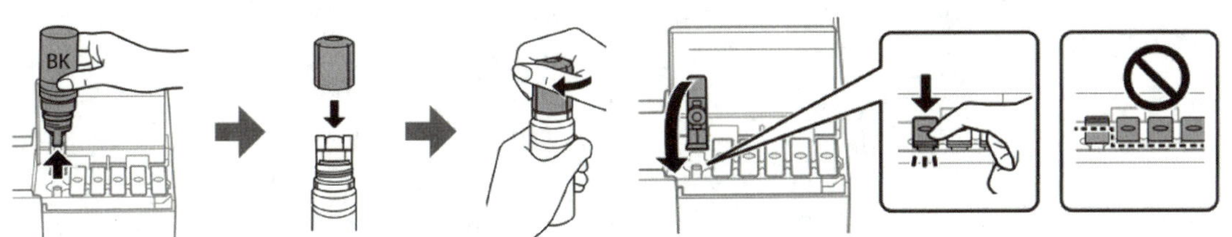

图 2-2-16　取下墨瓶，并盖好墨仓塞

（5）依次加满其他颜色的墨仓，如图 2-2-17 所示。然后盖好墨仓盖和打印机盖，如图 2-2-18 所示，完成加墨的过程。

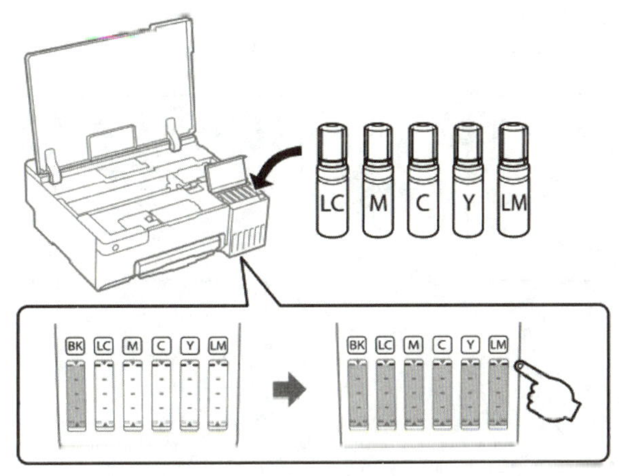

图 2-2-17　加满其他颜色的墨仓

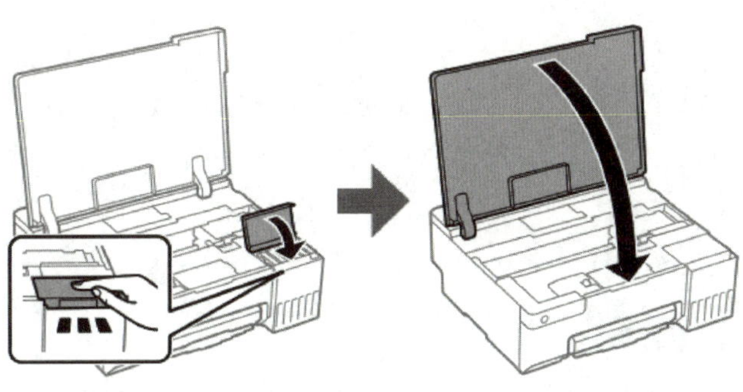

图 2-2-18　盖好墨仓盖和打印机盖

（6）在确保连接了电源线的情况下，按下⏻按钮，Wi-Fi 按钮旁边的两个指示灯会交替闪烁，直到⏻按钮亮起，如图 2-2-19 所示，则可以进行充墨了。

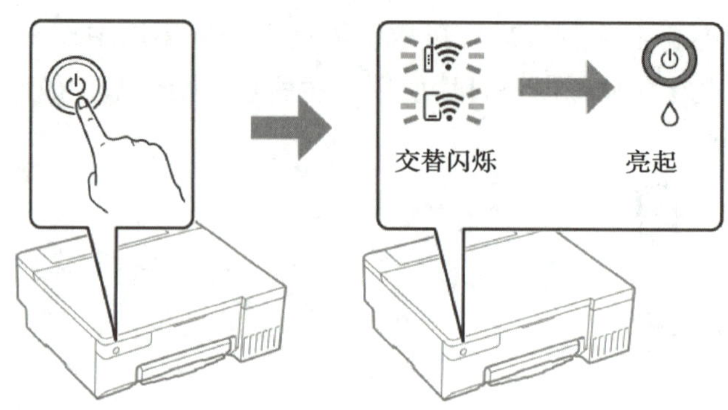

图 2-2-19　充墨前的准备

确认所有墨仓已经完成加墨后，按住▽按钮 5 s 开始给打印机充墨，⏻按钮闪烁表示充墨开始，充墨过程大约需要 7 min，当⏻按钮不再闪烁时，充墨过程完成，如图 2-2-20 所示。

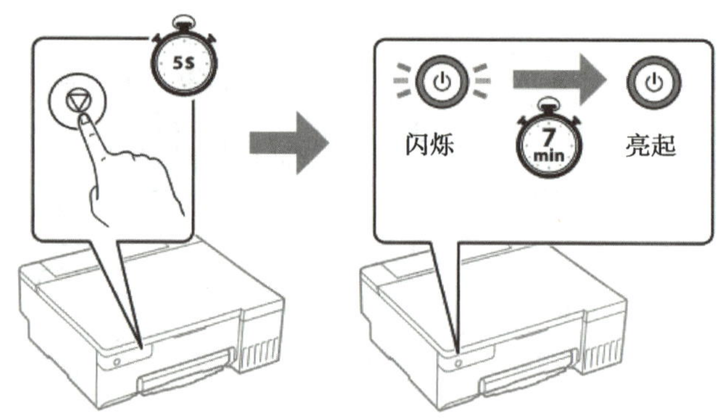

图 2-2-20　给打印机充墨

提示

需要注意的是，在充墨的过程中不能拔下电源线，也不能再按⏻按钮，更不能打开打印机盖。如果进行了以上操作，会影响充墨的过程。

三、打印检查图案

当连接打印机并充墨以后，可以通过打印测试页，检测打印头上的喷嘴是否存在堵塞等情况，其操作步骤如下。

1. 拉开打印机纸托，如图 2-2-21 所示，注意 EPSON L8058 型和 EPSON L18058 型的纸托略有不同。

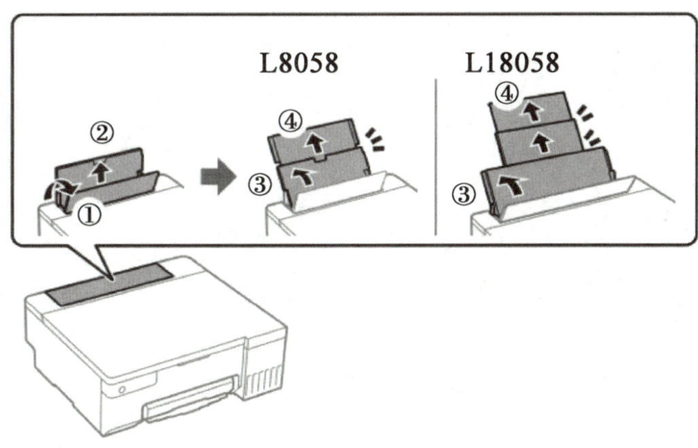

图 2-2-21　拉开打印机纸托

2. 将侧导轨拉向两侧，将 A4 尺寸普通纸的可打印面朝上装入纸托中央，并移动侧导轨，直到 A4 纸的边缘，然后拉出出纸器，如图 2-2-22 所示。

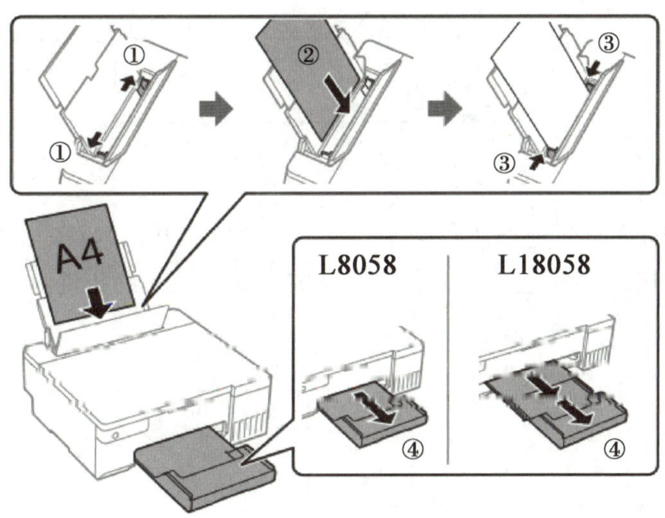

图 2-2-22　装入 A4 纸，并拉出出纸器

3. 打印检查图案，以检查打印头喷嘴是否堵塞。在按下⊽按钮的同时按下⏻按钮，以启动打印机，当⏻按钮指示灯从熄灭、闪烁到亮起时，打印机就会开始打印，如图 2-2-23 所示。

4. 检查打印的图案，查看打印头喷嘴是否堵塞，如果打印的图案为图 2-2-24 左下角的图案，则说明打印头喷嘴可能堵塞；如果为图 2-2-24 右下角的图案，则说明打印头喷嘴正常。

5. 如果出现打印头喷嘴堵塞的现象，则需要对打印头喷嘴进行清洗，清洗打印头喷嘴时会使用每个墨仓中的部分墨。

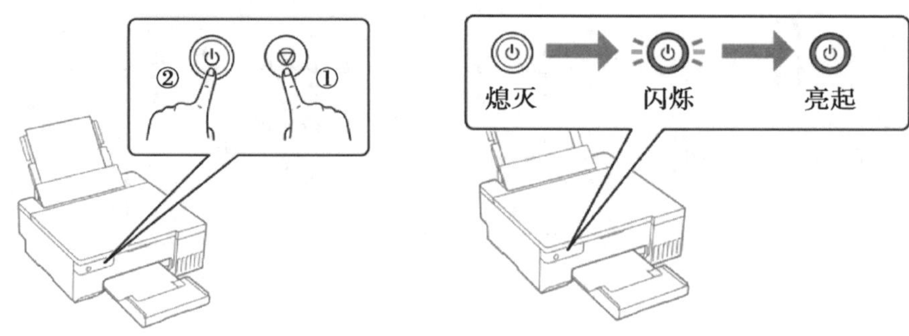

图 2-2-23　打印检查图案

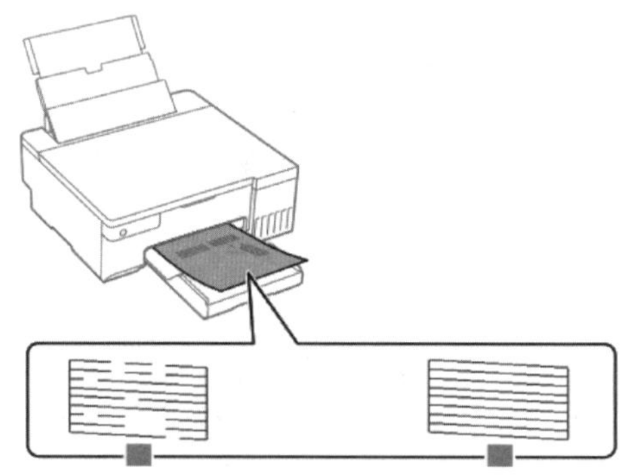

图 2-2-24　检查打印的图案

清洗打印头喷嘴时，先按住⊽按钮 5 s，当⏻按钮开始闪烁时表示开始清洗打印头喷嘴，当⏻按钮再次亮起时，表示清洗完成，此过程大约需要 3 min，如图 2-2-25 所示。

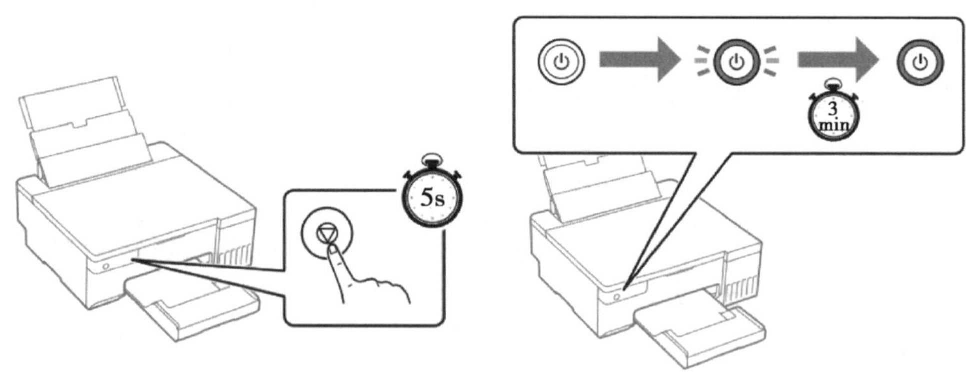

图 2-2-25　清洗打印头喷嘴

四、安装驱动程序

如果要利用计算机等操作打印机，则要在计算机上安装相应的驱动程序，操作步骤如下。

1. 运行打印机所附带光盘中的驱动程序，也可以从 EPSON 官网上下载相应的驱动程序，运行后弹出图 2-2-26 所示的软件许可协议，在该对话框中单击“接受”按钮。

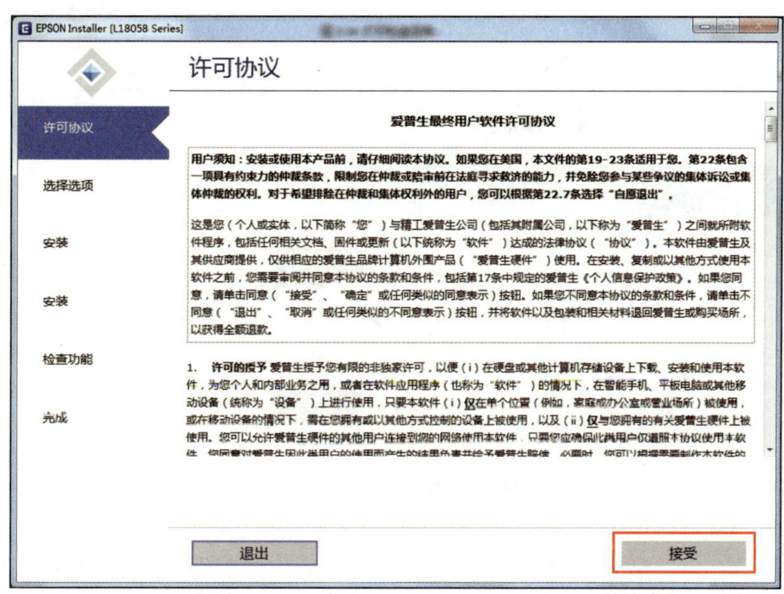

图 2-2-26　许可协议

2. 在弹出的附加协议的对话框中，可以根据自己的需要来选择是否允许采集软件使用信息和允许采集产品使用信息等，如图 2-2-27 所示。勾选后单击“下一步”按钮。

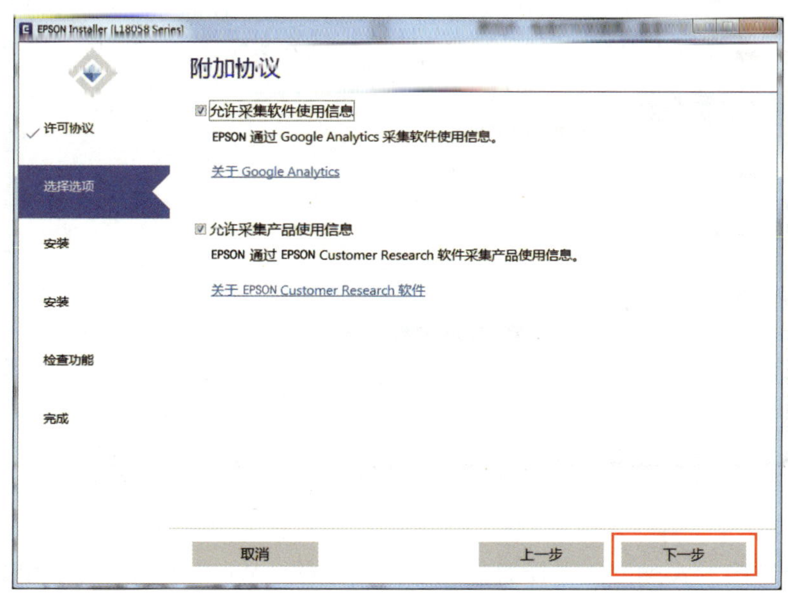

图 2-2-27　附加协议

3. 再次确认已经开启了打印机，并完成了墨仓的充墨，如图 2–2–28 所示。勾选后再单击“下一步”按钮，进行打印机驱动程序的安装，如图 2–2–29 所示。

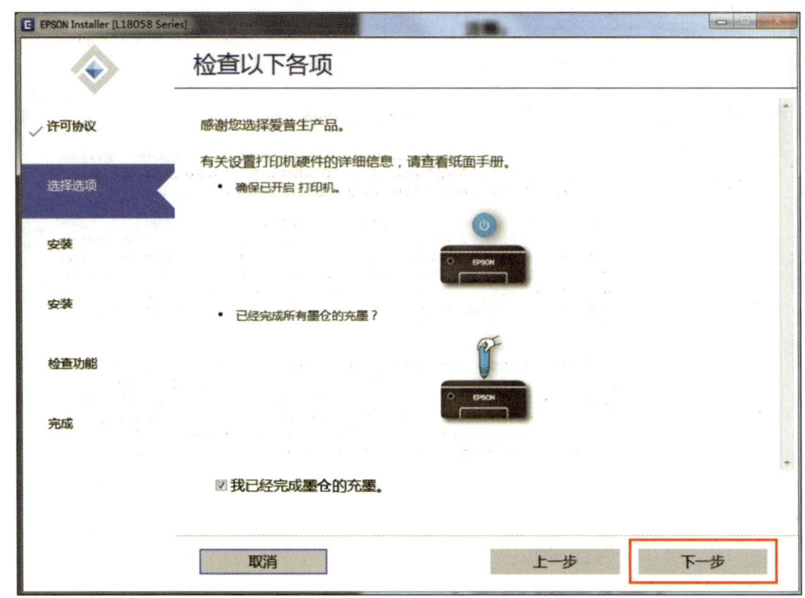

图 2-2-28　确认已开启打印机，并完成了墨仓的充墨

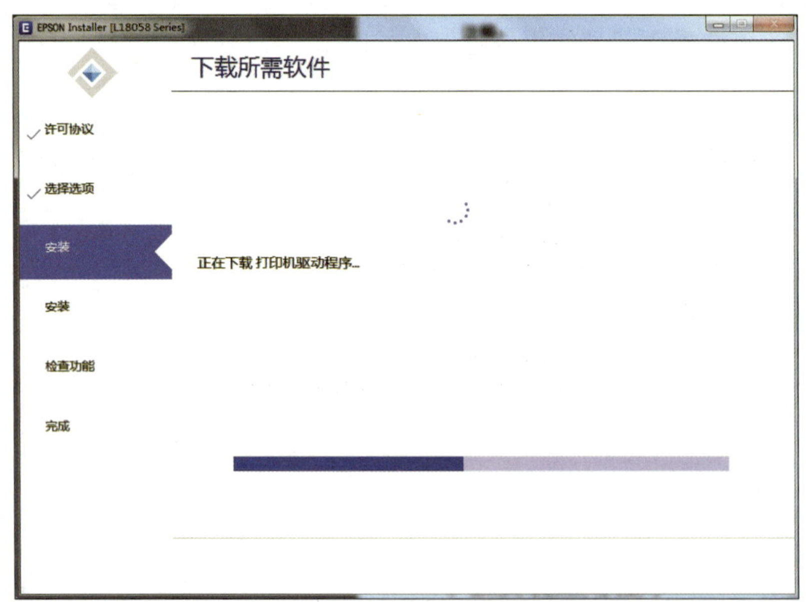

图 2-2-29　安装打印机驱动程序

4. 选择连接方式，可以选择通过无线网络连接（Wi–Fi）和通过 USB 线连接两种方式，如图 2–2–30 所示。勾选后单击“下一步”按钮。

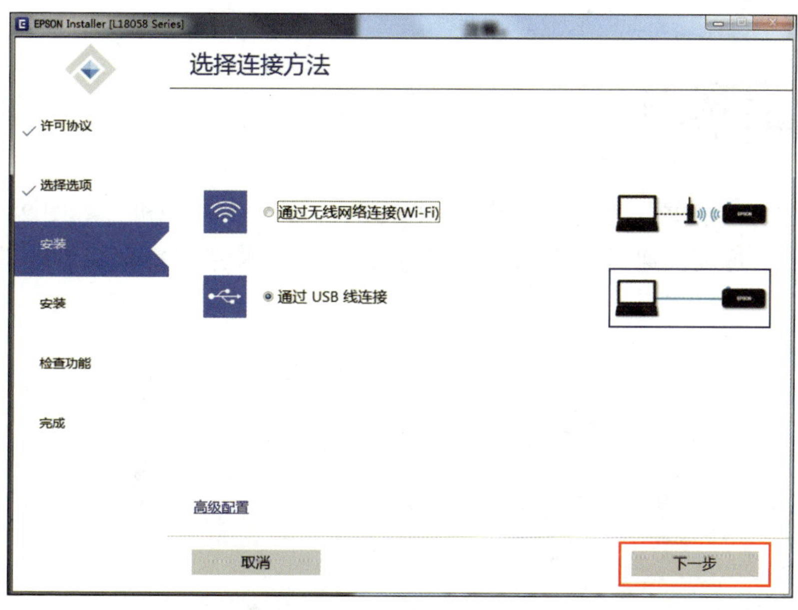

图 2-2-30　选择连接方式

5. 确认计算机是否已经连接了打印机，如果已经连接打印机，则安装会自动继续进行；如果没有连接，则必须勾选“现在不连接”复选框，如图 2-2-31 所示。再单击“下一步”按钮，完成安装。

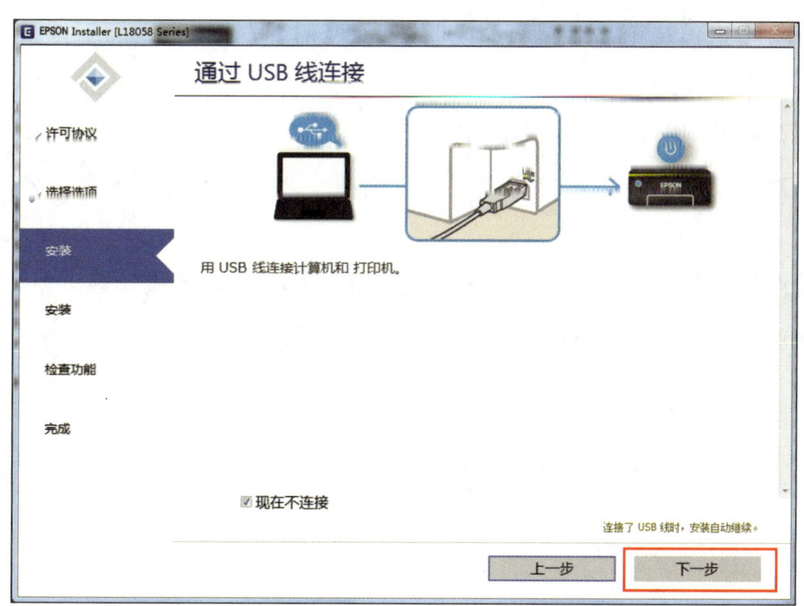

图 2-2-31　确认连接方式

至此，完成安装打印机驱动程序的过程。

巩固与练习

某企业办公室购置了一台 HUAWEI PixLab V1 型喷墨打印机，如图 2-2-32 所示，该打印机已经通过快递送达办公室，请按照以下要求完成打印机的安装和初始化工作。

图 2-2-32　HUAWEI PixLab V1 型喷墨打印机

1. 打开打印机包装箱，对照产品说明书，仔细检查包装箱内的附件是否和产品说明书中所列的一致。

2. 按照产品说明书，拆除运输固定锁。

3. 按照产品说明书，了解打印机正面、内部、背面以及控制面板上各个部件的名称及功能。

4. 参照产品说明书，完成喷头、墨瓶及纸张等部件的安装操作。

5. 按照产品说明书，校准喷嘴，尝试打印检查图案。

任务 3　使用喷墨打印机

1. 能使用喷墨打印机打印文档。
2. 能使用 EPSON Photo+ 软件打印照片和光盘封面。
3. 能使用 EPSON Smart Panel 应用程序（App）打印照片。
4. 能使用“小白智慧打印”小程序打印照片。

现在喷墨打印机已经完成安装并进行了初始化设置，小王准备打印一些照片。通过研究和分析，小王了解到 EPSON 打印机有打印机直接打印、利用 EPSON Photo+ 应用程序打印、小白智慧打印等多种打印照片的方法，他准备逐一尝试下。

一、EPSON Photo+

EPSON Photo+ 是 EPSON 公司开发的一款用于照片打印和编辑的软件，用来打印具有各种布局的图像。可以使用多种模板，并在预览文档时执行校正图像和调整位置操作，在任意位置添加文本和图案，使图像更加生动。

使用该软件还可以打印光盘封面（仅限支持的型号）、生成的二维码、照片并显示拍摄日期和时间等。其软件运行界面如图 2-3-1 所示。

二、EPSON Smart Panel

EPSON Smart Panel 用于从智能手机或平板计算机等智能设备中轻松操作 EPSON 打印机，包括打印、复印或扫描等。在该应用程序中，可以通过无线网络连接打印机和智能设备，检查打印机墨仓墨量和打印机状态，以及在发生错误时了解解决办法。

从 App Store 或应用商店搜索并安装 EPSON Smart Panel，安装并连接好打印机后的应用程序界面如图 2-3-2 所示。

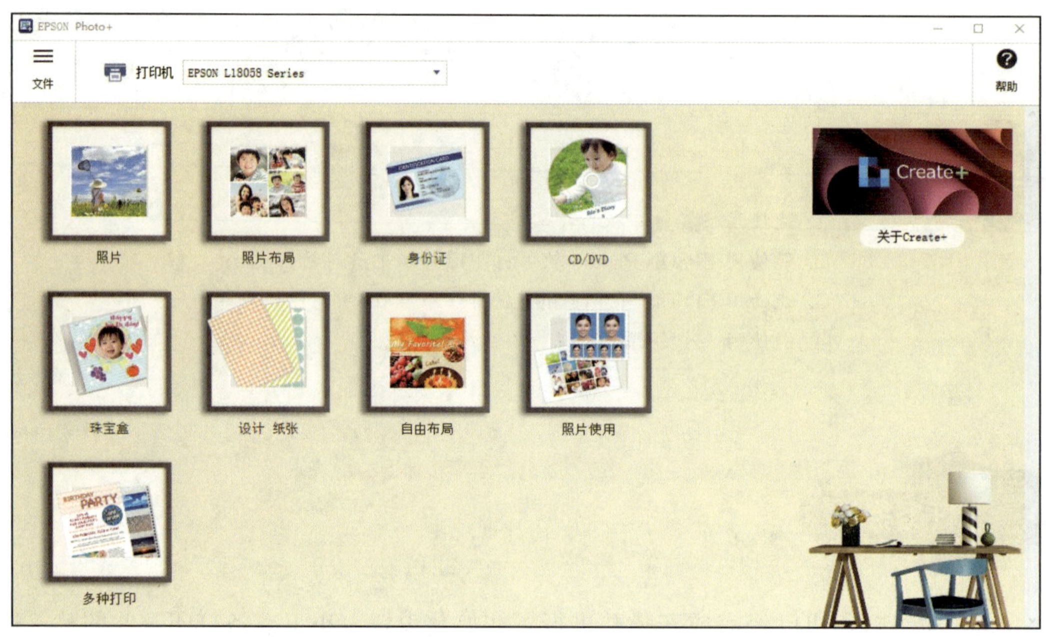

图 2-3-1 EPSON Photo+ 软件运行界面

图 2-3-2 EPSON Smart Panel 应用程序界面

三、小白智慧打印

小白智慧打印是一款基于微信小程序模式的云打印产品，可以让用户脱离传统打印中在计算机端操作的束缚。它借助微信小程序的优势，简化了打印流程。小白智慧打印增加了日常的打印功能和几种适合家庭打印的趣味产品，方便用户加深对打印产品的了解，从而实现随时随地轻松打印、全家都会打印的设想。

可以通过以下三种方式找到“小白智慧打印”小程序。

1. 打开微信，进入“发现”页面。单击页面底部的“小程序”跳转到小程序列表，单击右上角“Q”按钮搜索“小白智慧打印”。

2. 单击微信首页顶部的“搜索”按钮，输入“小白智慧打印”，在搜索结果页面上方选择小程序，并找到“小白智慧打印”。

3. 扫描下方的小程序二维码，如图 2-3-3 所示，直接进入“小白智慧打印”小程序主界面。

图 2-3-3 “小白智慧打印”小程序二维码

一、从计算机上打印文档

下面以 Windows 操作系统为例，介绍如何从计算机上打印文档。在其他操作系统上，操作步骤可能略有不同，或者某些支持受限。具体的操作可能由于应用程序的不同而不同，因此，必须通过查看具体应用程序的帮助来了解有关详细信息。

在安装 Windows 操作系统的计算机上打印文档的操作步骤如下。

1. 为打印机装入打印纸。打开打印机的进纸器挡板，拉出纸托，滑动侧导轨，将打印纸装入纸托的中央，并使打印面朝上，再将侧导轨滑到打印纸的边缘，关闭进纸器挡板，并拉出出纸器，如图 2-3-4 所示。

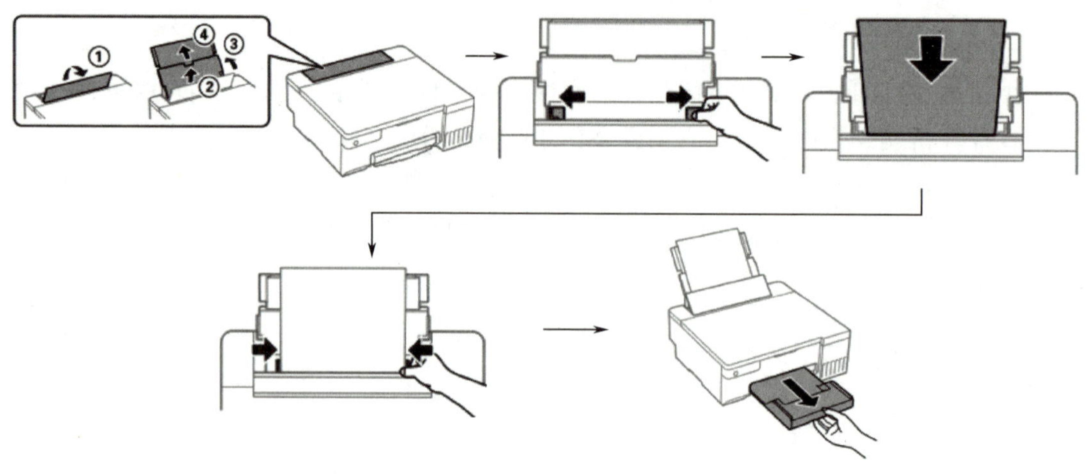

图 2-3-4　为打印机装入打印纸的过程

2. 在计算机中打开要打印的文件，在“文件”菜单中选择“打印”或“打印设置”，弹出图 2-3-5 所示的“打印”对话框，选择“EPSON L18058 Series”。

3. 单击“属性”按钮，弹出图 2-3-6 所示的对话框，在该对话框中可以进行打印纸来源、方向、打印纸类型、打印预置、双面打印、多页等各项设置。设置完成后单击“确定”按钮可回到图 2-3-5 所示的对话框。

4. 在图 2-3-6 所示的对话框中单击“确定”按钮，即可打印文档。

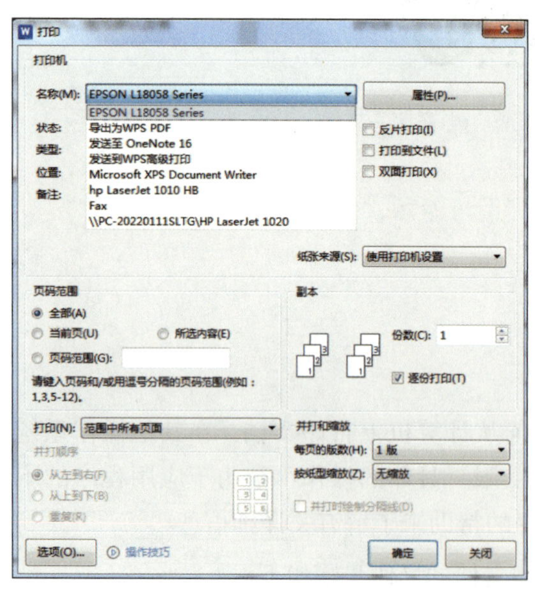

图 2-3-5　选择打印机

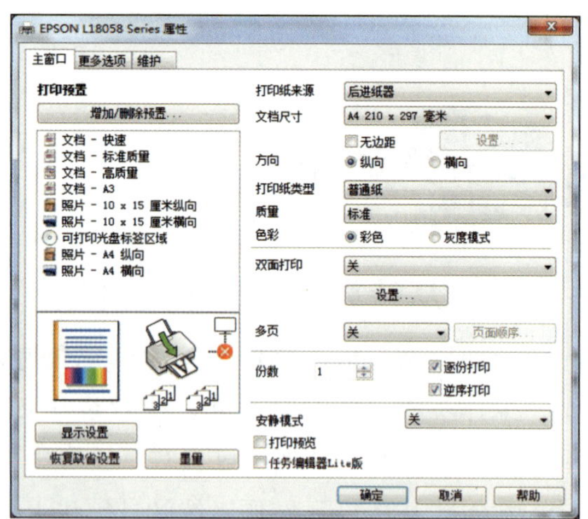

图 2-3-6　设置打印机属性

提示

如果要打印其他特殊的纸张，如信封、长纸、带孔的纸张等，可参照打印机的产品说明书进行操作或单击“帮助”按钮查看帮助文档。

二、使用 EPSON Photo+ 打印照片和光盘封面

1. 安装 EPSON Photo+ 软件

安装 EPSON Photo+ 软件可以通过更新已经安装在计算机中的驱动程序来完成，具体操作步骤如下。

（1）在计算机控制面板的“硬件和声音”选项卡中单击“设备和打印机”，打开已经安装了驱动程序的打印机，在 EPSON L18058 Series 上单击鼠标右键，弹出快捷菜单，如图 2-3-7 所示。

（2）单击快捷菜单中的“打印首选项”，弹出图 2-3-8 所示的对话框，在该对话框中单击“维护”选项卡。

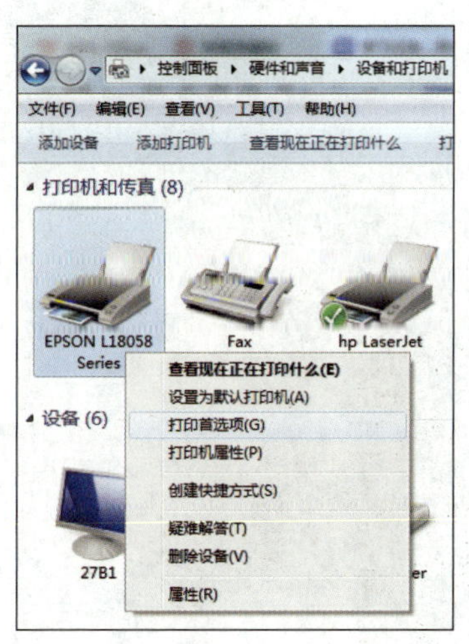

图 2-3-7　EPSON L18058 快捷菜单

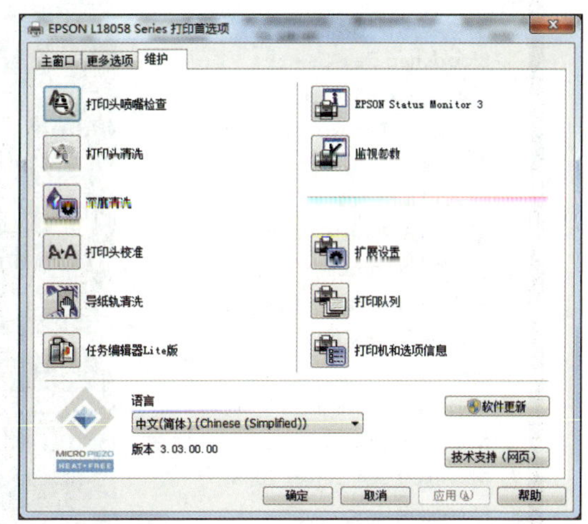

图 2-3-8　“维护”选项卡

（3）单击“维护”选项卡中右下角的“软件更新”按钮，经过系统自动识别后，弹出图 2-3-9 所示的对话框，勾选“其他有用软件”列表中的“EPSON Photo+”。

（4）单击“安装此项目”按钮，则开始安装 EPSON Photo+ 软件，如图 2-3-10 所示。

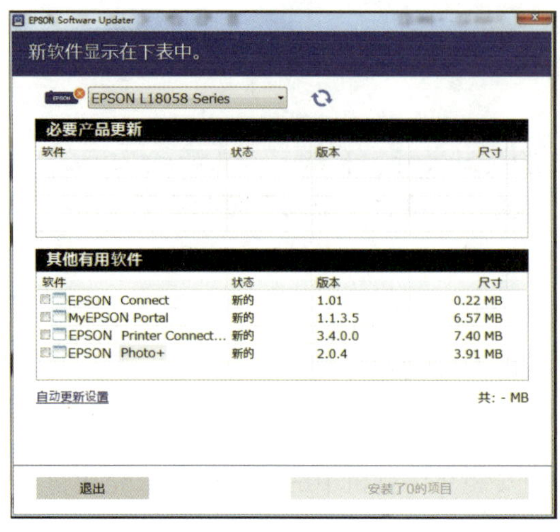

图 2-3-9　选择 EPSON Photo+ 软件

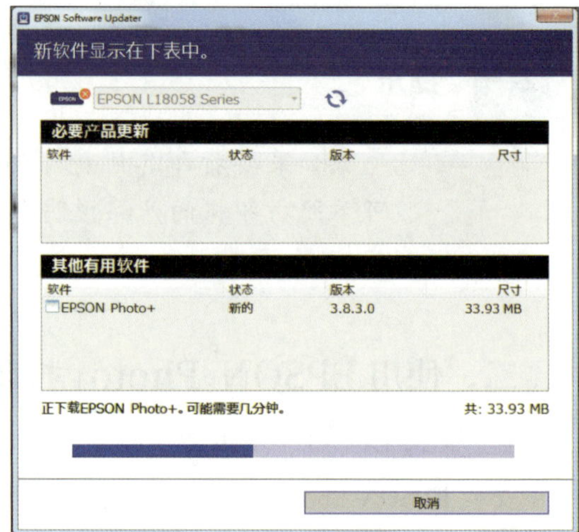

图 2-3-10　安装软件

安装完成后，在桌面和开始菜单中出现 EPSON Photo+ 软件的快捷图标，表示安装已经完成，如图 2-3-11 所示。双击快捷图标，打开 EPSON Photo+ 软件，如图 2-3-12 所示。

图 2-3-11　安装完成

图 2-3-12　EPSON Photo+ 软件界面

2. 使用 EPSON Photo+ 打印照片

EPSON Photo+ 的使用相对简单，其打印步骤如下。

（1）打开 EPSON Photo+ 软件，在其首界面中单击“照片”，弹出图 2-3-13 所示的对话框，选择打印纸尺寸，这里选择 3.5 英寸 ×5 英寸的打印纸。

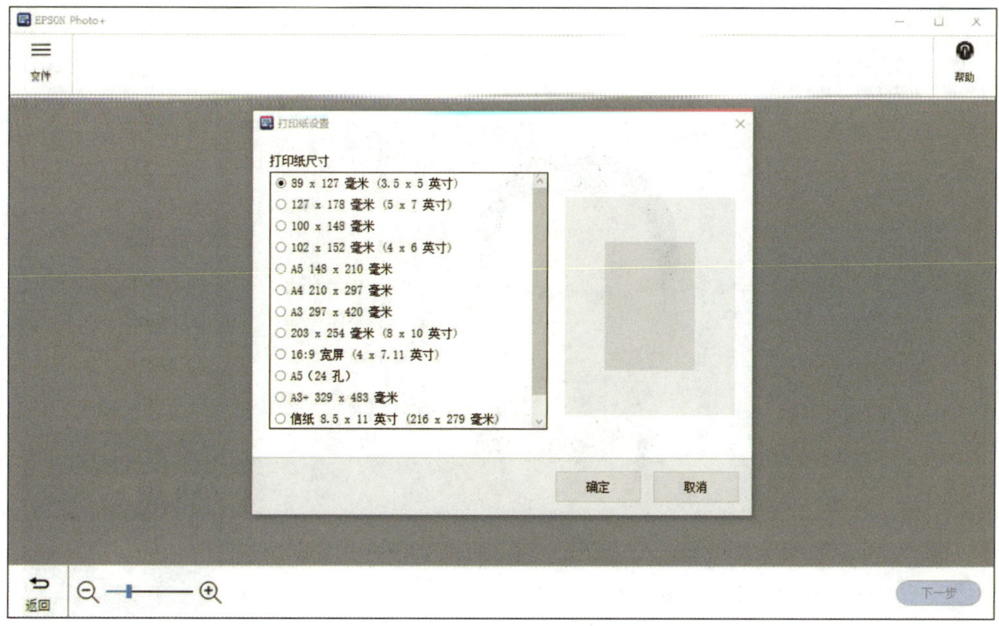

图 2-3-13　选择打印纸尺寸

（2）选择尺寸后，自动进入选择照片界面，如图 2-3-14 所示，可以在计算机的不同目录中选择照片。

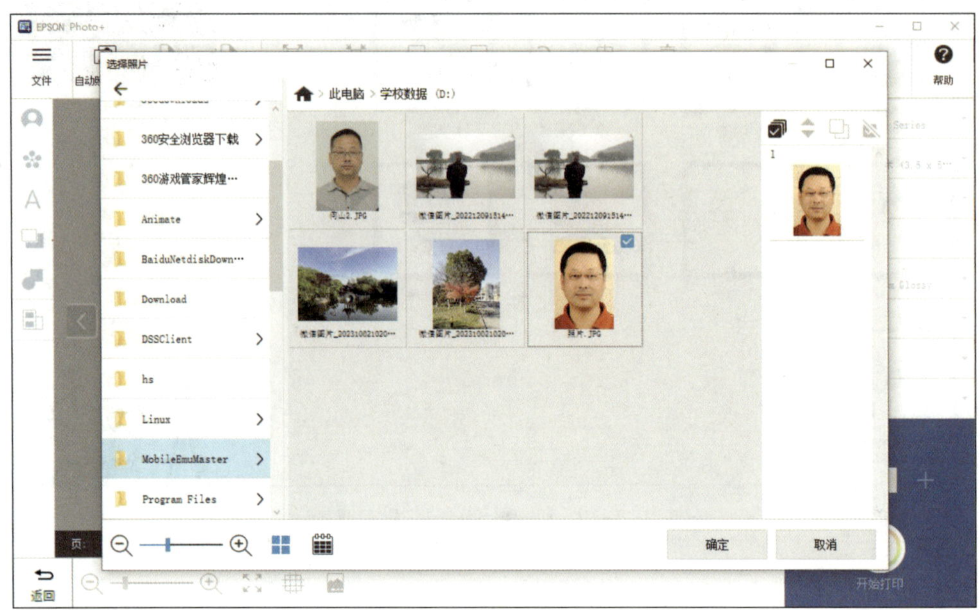

图 2-3-14　选择照片

（3）选择照片后的界面如图 2-3-15 所示，可以在该界面进行一些简单的编辑，如打印质量、介质类型的选择，也可以在此改变照片背景、添加图形等，如图 2-3-16 所示。

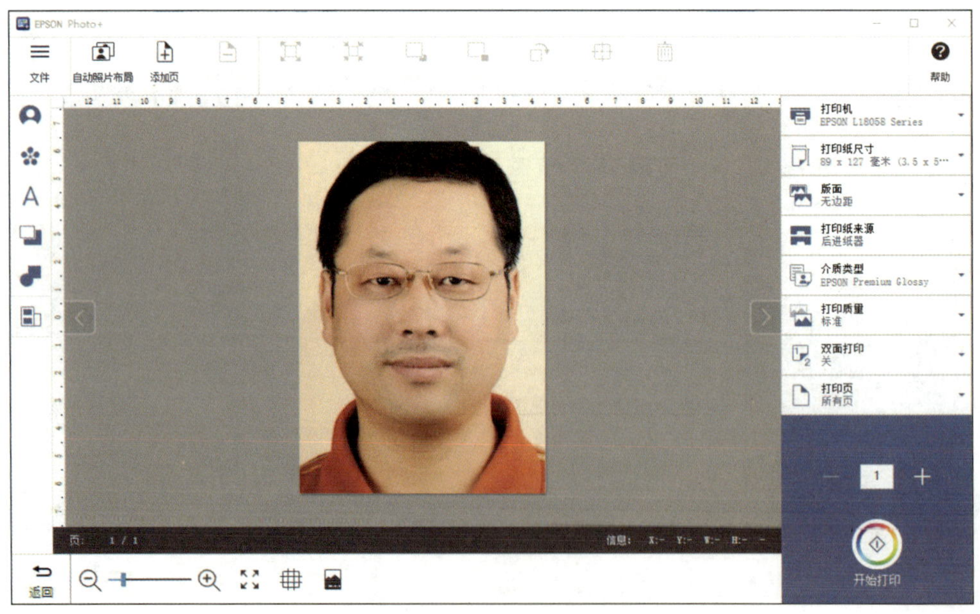

图 2-3-15　选择照片后的界面

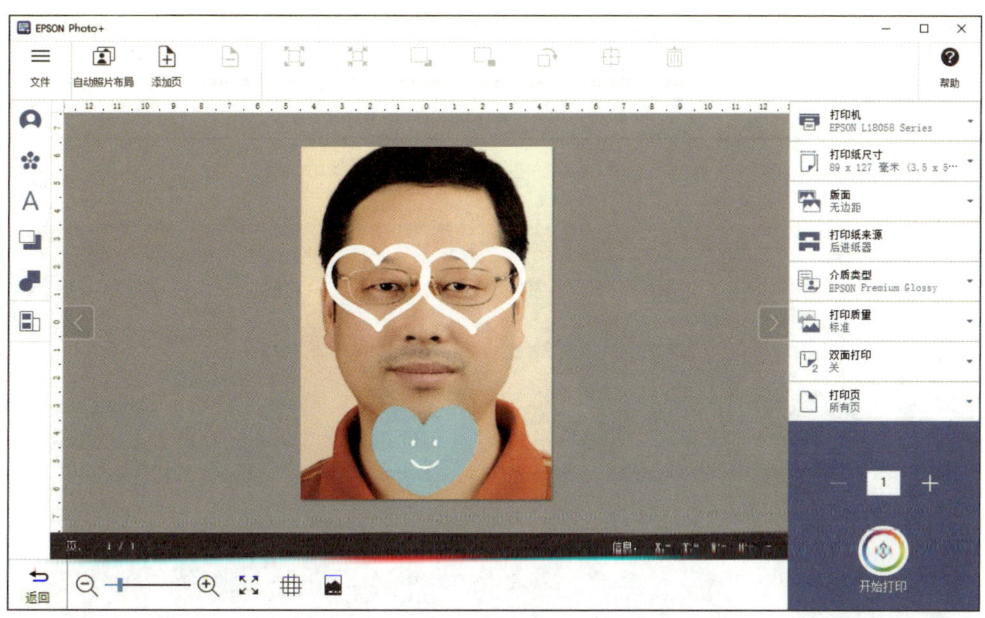

图 2-3-16 对照片进行简单的编辑

（4）编辑完成后，单击图 2-3-15 所示界面中右下角的 按钮开始打印，弹出图 2-3-17 所示的对话框，单击“确定”按钮即可完成打印。

图 2-3-17 打印界面

3. 使用 EPSON Photo+ 打印光盘封面

利用 EPSON Photo+ 打印光盘封面和 PVC 证卡的操作过程与打印照片类似，关键是要放置好光盘和 PVC 证卡，其操作步骤如下。

（1）打开 EPSON Photo+ 软件，在其首界面中单击“CD/DVD”，弹出图 2-3-18 所示的对话框，选择打印 CD/DVD 的模式，然后单击“下一步”按钮。

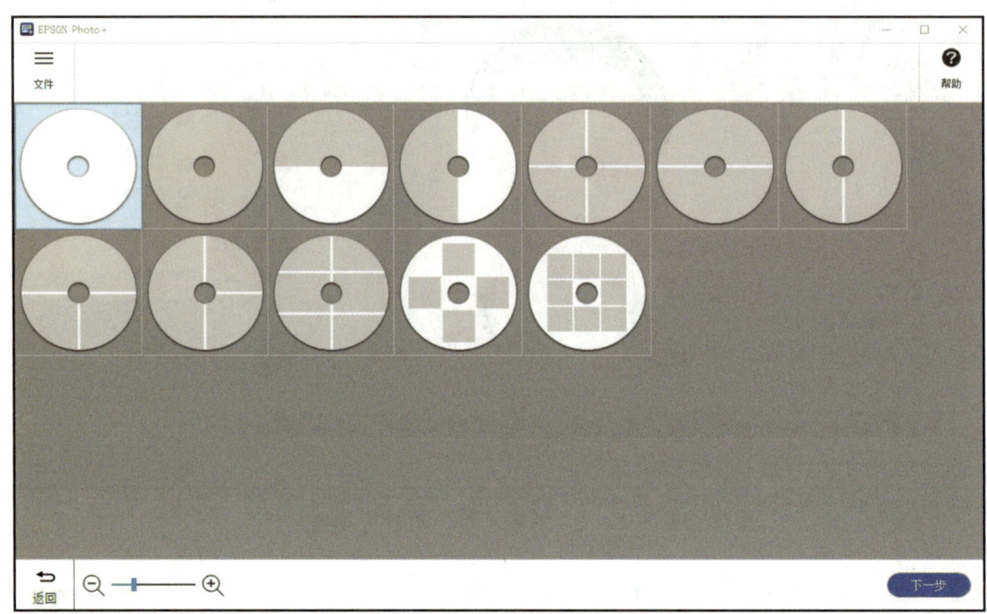

图 2-3-18　选择打印 CD/DVD 的模式

（2）在弹出的“打印纸设置”对话框中单击“确定”按钮，弹出图 2-3-19 所示的对话框。再单击对话框左侧的按钮，弹出“选择图片”对话框，如图 2-3-20 所示。

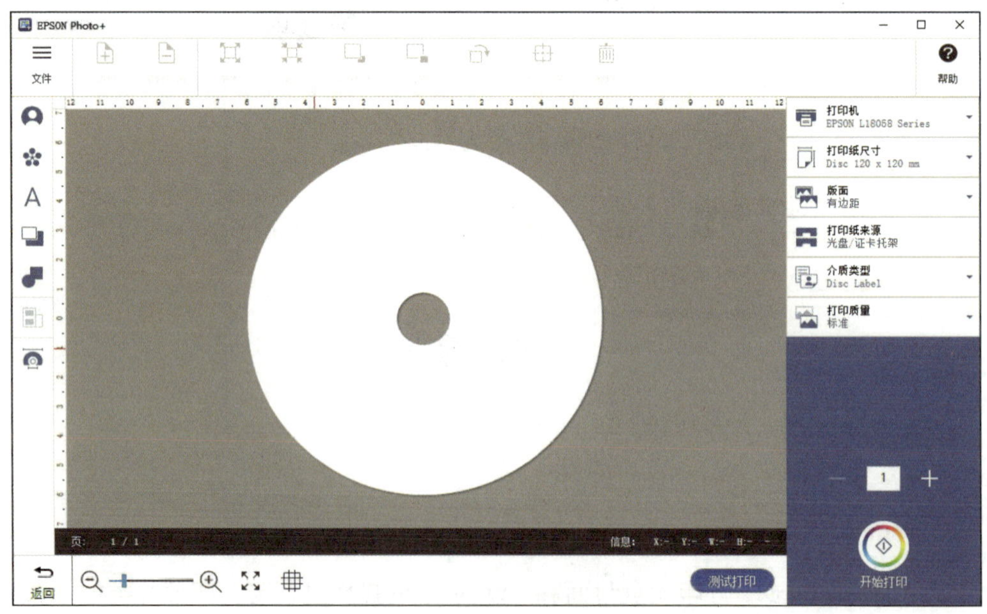

图 2-3-19　选择好 CD/DVD 模式的界面

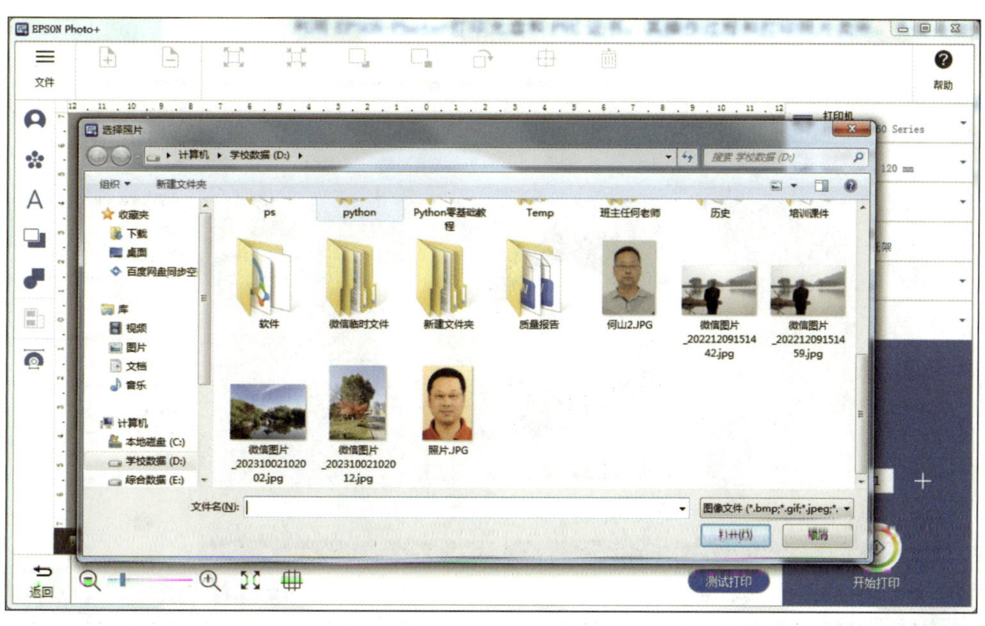

图 2-3-20　选择图片

（3）选择好图片后，弹出图 2-3-21 所示的对话框，在该对话框中可以对图片进行简单的裁剪、添加简单的几何图形等。

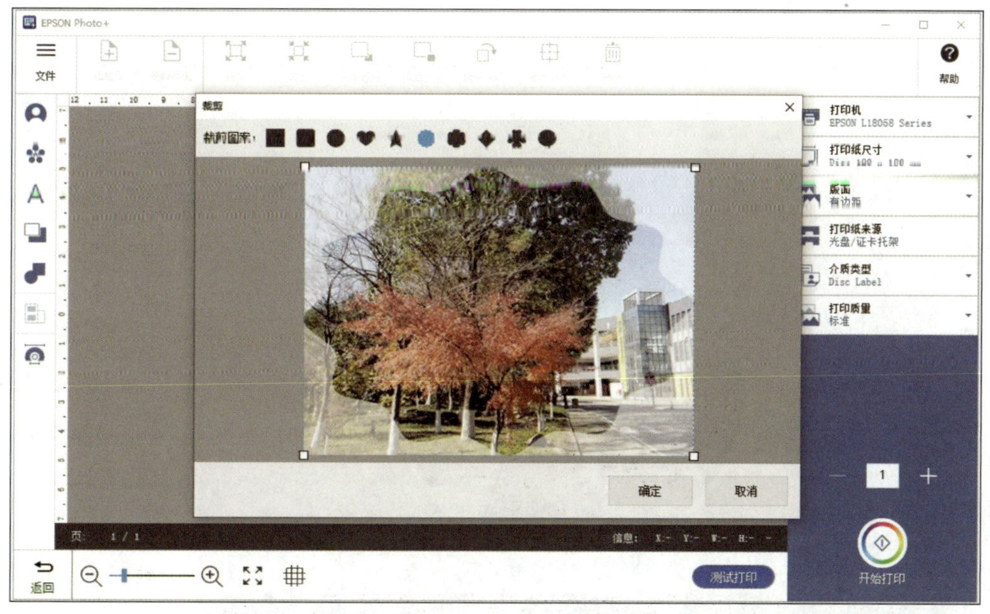

图 2-3-21　裁剪添加的图片

（4）添加到 CD/DVD 上的图片如图 2-3-22 所示，在该界面中，可以通过拖动图片四周的控制柄来改变图片的大小，也可以通过右侧的“照片编辑”对图片进行简单的编辑。

图 2-3-22　添加图片后的 CD/DVD

（5）编辑完成后的 CD/DVD 封面如图 2-3-23 所示，单击图 2-3-21 所示界面中右下角的按钮开始打印，打印结束后弹出图 2-3-24 所示的对话框，在该对话框中可以看到需要准备好光盘的提示。

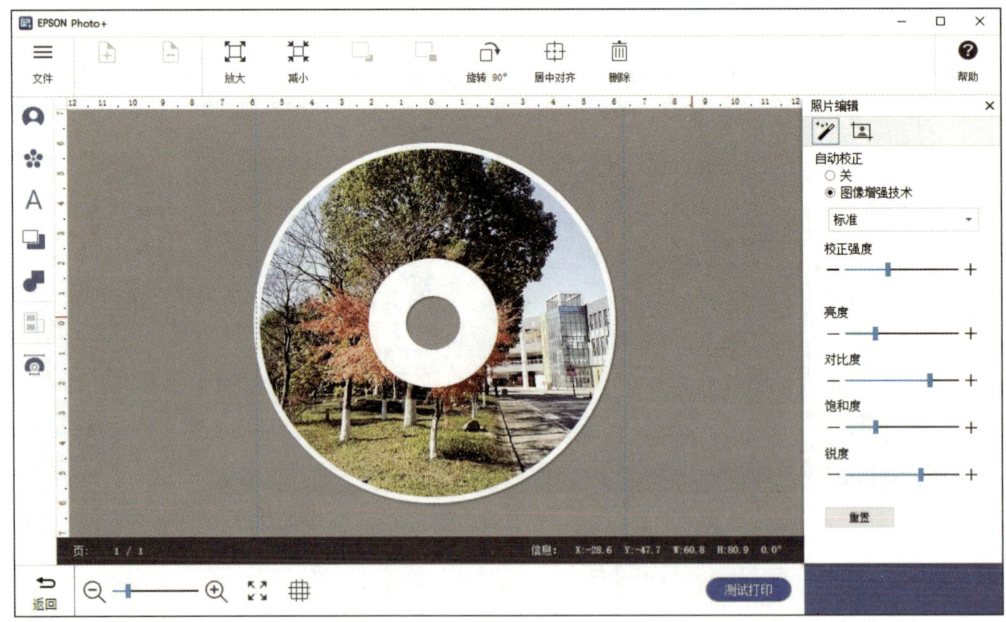

图 2-3-23　设置好的 CD/DVD 封面

图 2-3-24　提示准备好 CD/DVD

（6）取出放在出纸器下面的光盘 / 证卡托架，检查光盘 / 证卡托架是否有污物。如果有，需用湿软布清洁，如图 2-3-25 所示。

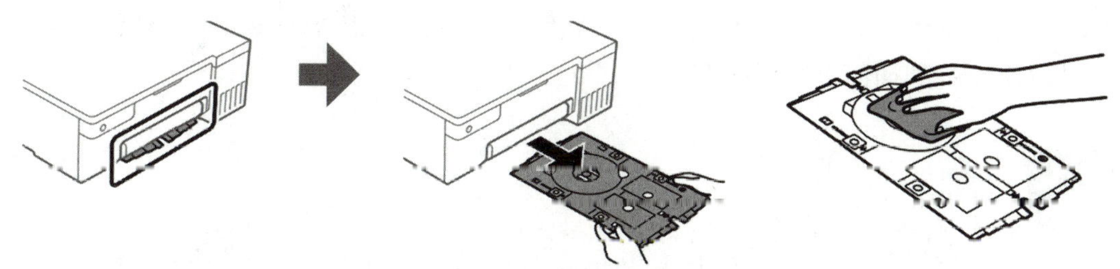

图 2-3-25　取出光盘 / 证卡托架并清洁

（7）将光盘放置在光盘 / 证卡托架上，确保光盘的可打印面朝上。按压光盘中央位置，并随后轻轻翻转光盘，以确认其放置稳固，不会脱落，如图 2-3-26 所示。

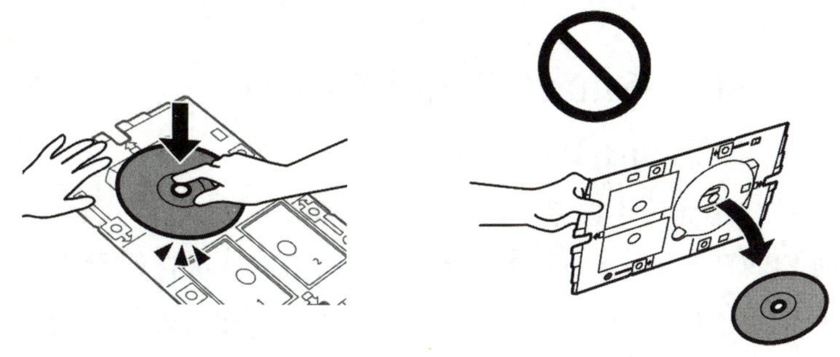

图 2-3-26　安装好光盘，并确保光盘不会脱落

（8）插入光盘/证卡托架，使托架上的光盘朝向打印机，然后将托架塞入出纸器的上方，注意插入托架时不可全部插入，只要插入到托架上提示的标记位置即可，如图 2-3-27 所示。

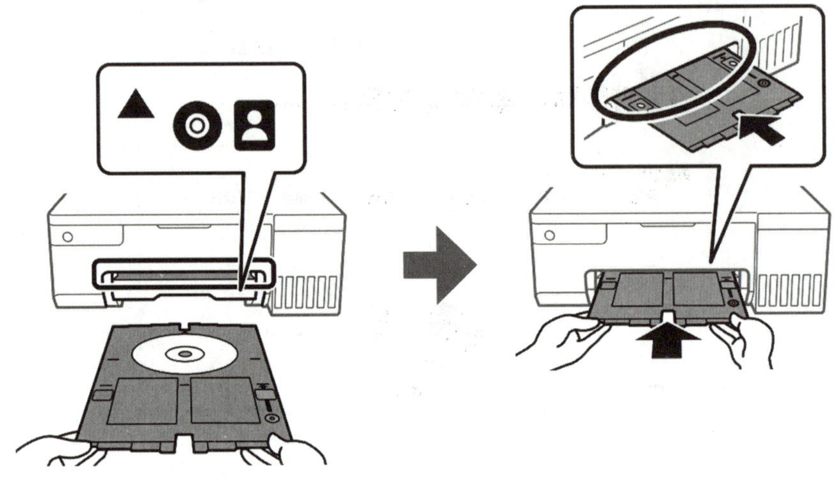

图 2-3-27　插入光盘/证卡托架

（9）按下⊙按钮后，未完全进去的光盘/证卡托架会自动插入，并开始打印光盘封面。打印完成后，光盘/证卡托架会自动弹出，在光盘/证卡托架中取下光盘，然后把光盘/证卡托架插回出纸器的下方。

提示

当把光盘/证卡托架插入打印机时，会有轻微的摩擦声，这是正常现象，应继续水平插入光盘/证卡托架。打印完光盘或证卡封面后，一定要将光盘/证卡托架取出。如果在光盘/证卡托架未取出的情况下打开或关闭打印机电源，或者进行打印头清洗操作，光盘/证卡托架会碰到打印头，并有可能导致打印机故障。

三、使用 EPSON Smart Panel 打印照片

1. 安装 EPSON Smart Panel

在 App Store 或应用商店中搜索“EPSON Smart Panel”，单击“安装”按钮安装成功后，第一次启动 EPSON Smart Panel 后要进行相应的协议认定，如图 2-3-28 所示。

单击“新产品初始化配置”按钮，应用程序会自动搜索硬件并询问打印机型号是否正确，如果正确，则选择连接，如图 2-3-29 所示。

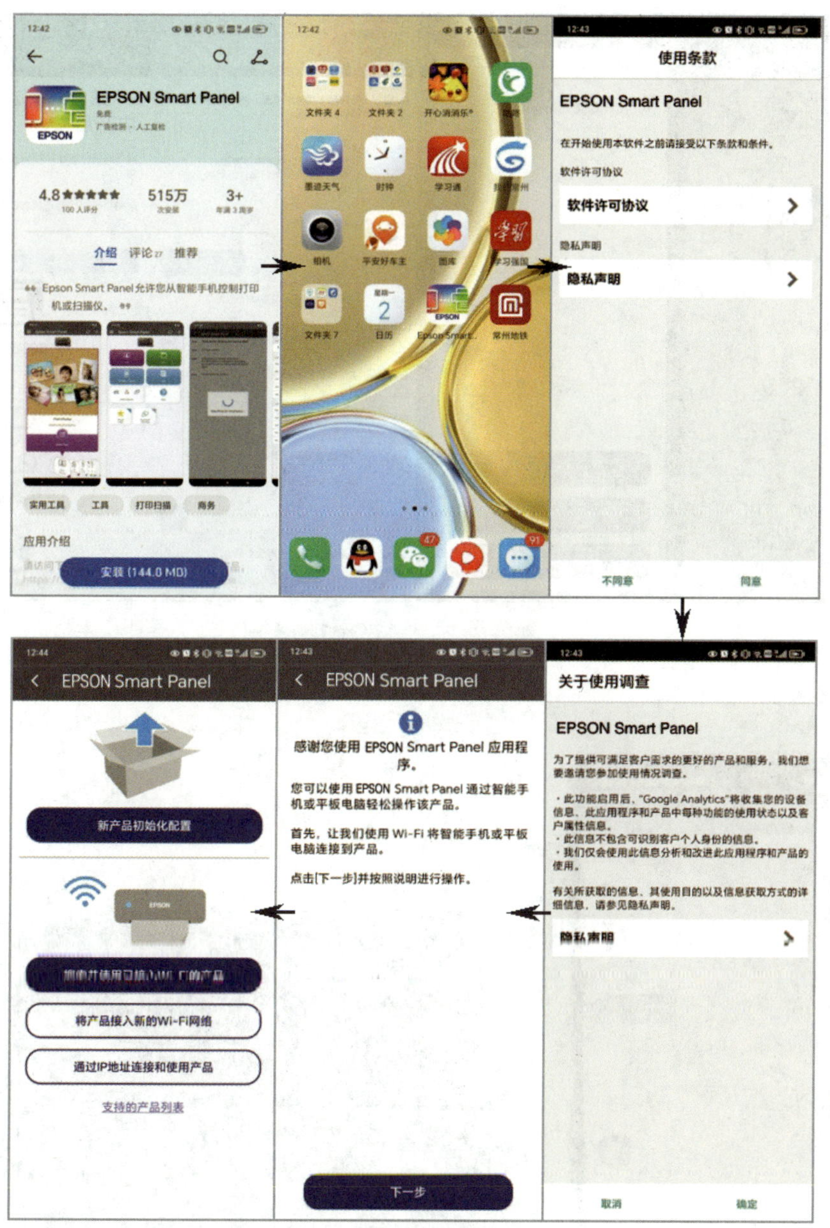

图 2-3-28　安装 EPSON Smart Panel 并启动

输入正确的 Wi-Fi 网络密码，连接成功后，在移动终端和打印机上显示如图 2-3-30 所示。

2. 打印照片

连接成功后，在启动的 EPSON Smart Panel 界面上面会显示已经连接的打印机，单击该打印机，会出现该打印机的相关信息，可以利用操作界面，进行打印头清洗、喷嘴检查、固件升级以及打印机在线注册等。

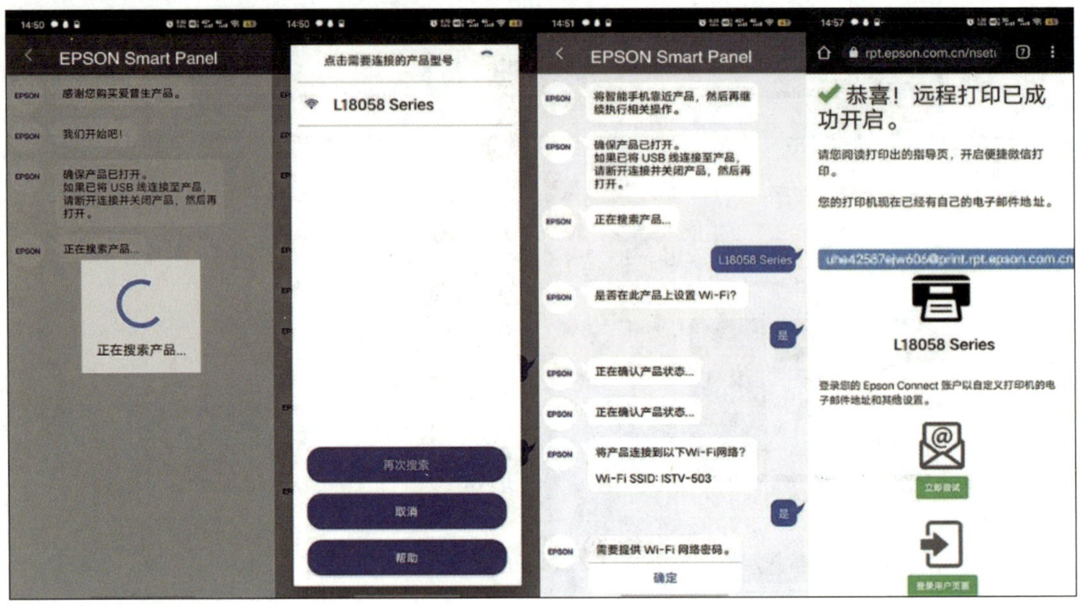

图 2-3-29　连接打印机

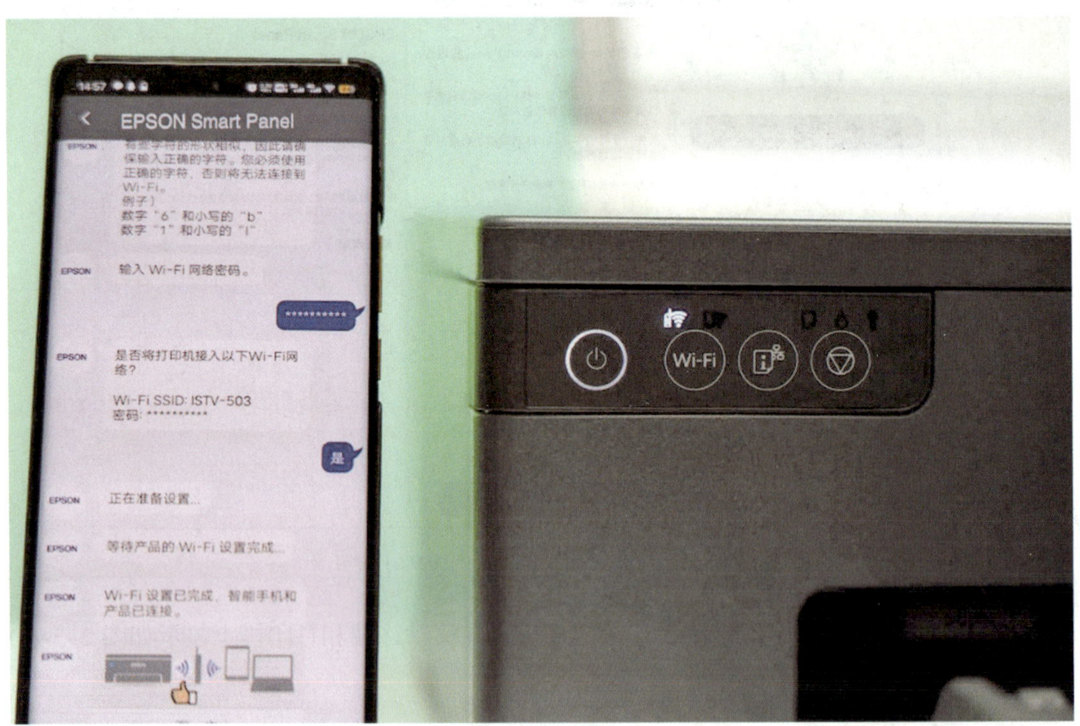

图 2-3-30　连接成功的手机和打印机

单击“选择照片”按钮，可以浏览手机中的照片，选择好后直接单击“打印”按钮即可打印照片，如图 2-3-31 所示。

EPSON Smart Panel
打印照片
选择并打印照片
选择照片
产品信息
产品
L18058 Series
打印机已准备就绪。
产品菜单
打印头清洗
喷嘴检查
固件升级
高级设置
远程打印
关
在线菜单
购买爱普生原装正品墨水
EPSON Connect 注册
EPSON Connect 登录
产品电子邮件地址
在线注册

打印照片
下一步
Screenshots
文件数：381
Jovi Vision IMG
文件数：7
WeiXin
文件数：527
Camera
文件数：2844
tmp
文件数：1
WeiXin
文件数：299
image.ddpai.10a4be06…
文件数：24
QQ_Images
文件数：2
pictures
QQ
文件数：19
打印照片
10.2 x 15.2 厘米 (4 x 6 英寸)
1/1
清除
旋转
打印

图 2-3-31　打印照片

四、使用“小白智慧打印”小程序打印照片

1. 将“小白智慧打印”小程序绑定打印设备

打开微信并往下拉，在小程序搜索栏中输入“小白智慧打印”，或者用手机微信中的“扫一扫”扫描图 2-3-3 中的二维码，就可以打开“小白智慧打印”小程序。

未绑定打印设备时可在首页单击场景选择区域直接进入，已绑定打印设备可在“维护”页面单击“查看打印机列表”，选择“点此添加新设备”，如图 2-3-32 所示。

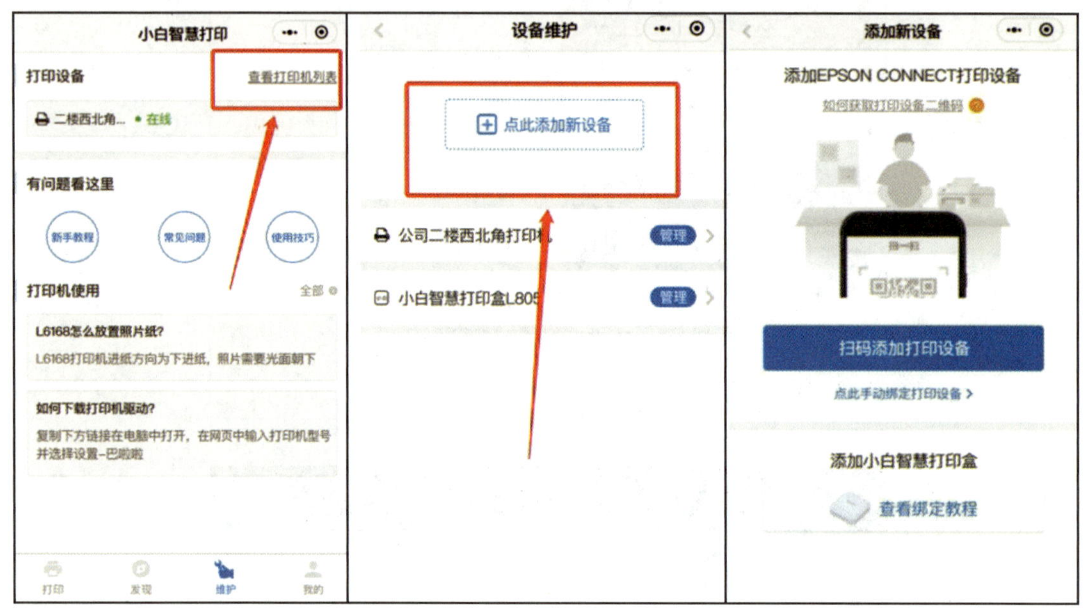

图 2-3-32　连接打印设备示意图

单击“扫码添加打印设备”，可以直接用微信中的“扫一扫”扫描打印机产品电子邮件地址上提供的二维码，即可完成绑定，单击“立即跳转”按钮即可回到“小白智慧打印”小程序首页，如图 2-3-33 所示。

2. 打印照片

进入“小白智慧打印”小程序需要获得授权，以获取用户的微信号、头像等信息，而页面自上而下依次为轮播图、设备展示区域、常用打印功能区域、趣味打印功能区域，如图 2-3-34 所示。

单击“照片打印”进入照片尺寸选择页面，选择要打印的照片尺寸。进入照片列表页面，单击左下角的“上传照片”，可选择本地的照片（可多选）或拍照上传，最多可以上传 54 张照片，如图 2-3-35 所示。

单击照片左下角的“编辑”按钮进入照片编辑页面，可以在此页面上对照片进行放大、缩小、移动位置等操作，编辑完成后单击“确认修改”按钮，返回照片列表页面。

图 2-3-33　扫码绑定打印设备

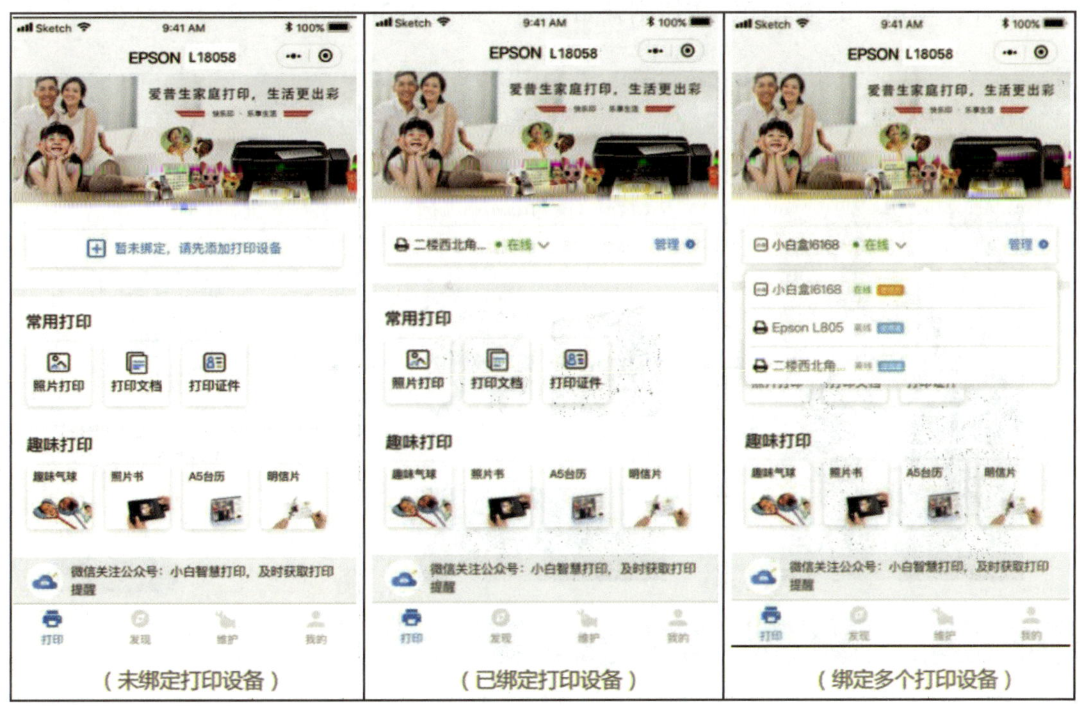

（未绑定打印设备）　（已绑定打印设备）　（绑定多个打印设备）

图 2-3-34　使用小白智慧打印首页

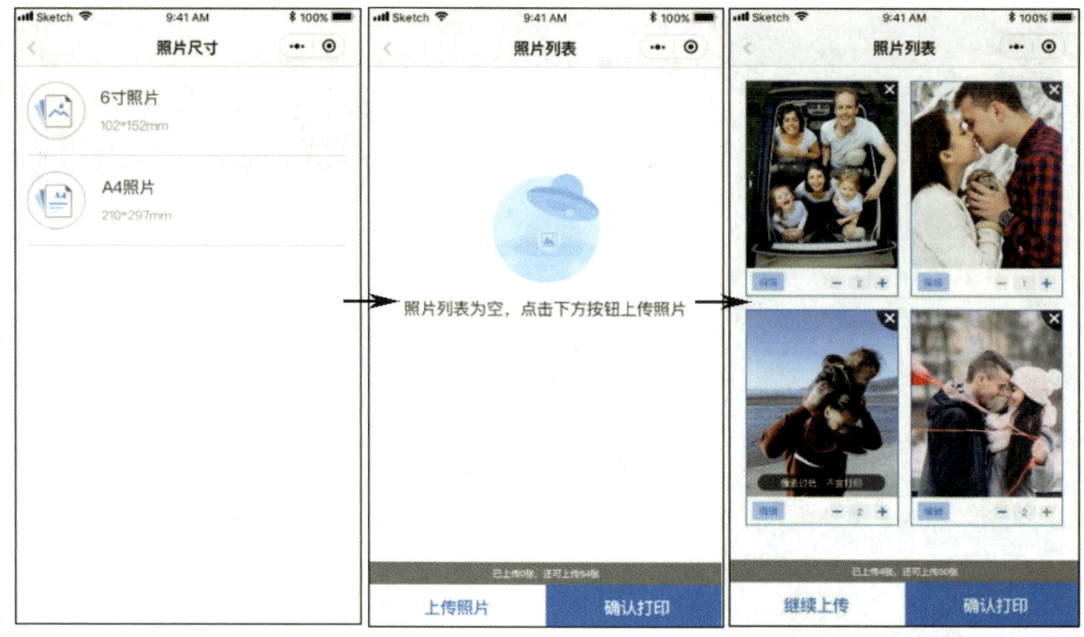

图 2-3-35　选择照片

单击“确认打印”按钮，弹出确认照片纸放置正确的对话框，单击“开始打印”按钮，打印任务开始上传，上传成功后跳转到提交成功页面，可手动返回首页或选择继续打印，单击“继续打印”按钮则开始打印，如图 2-3-36 所示。

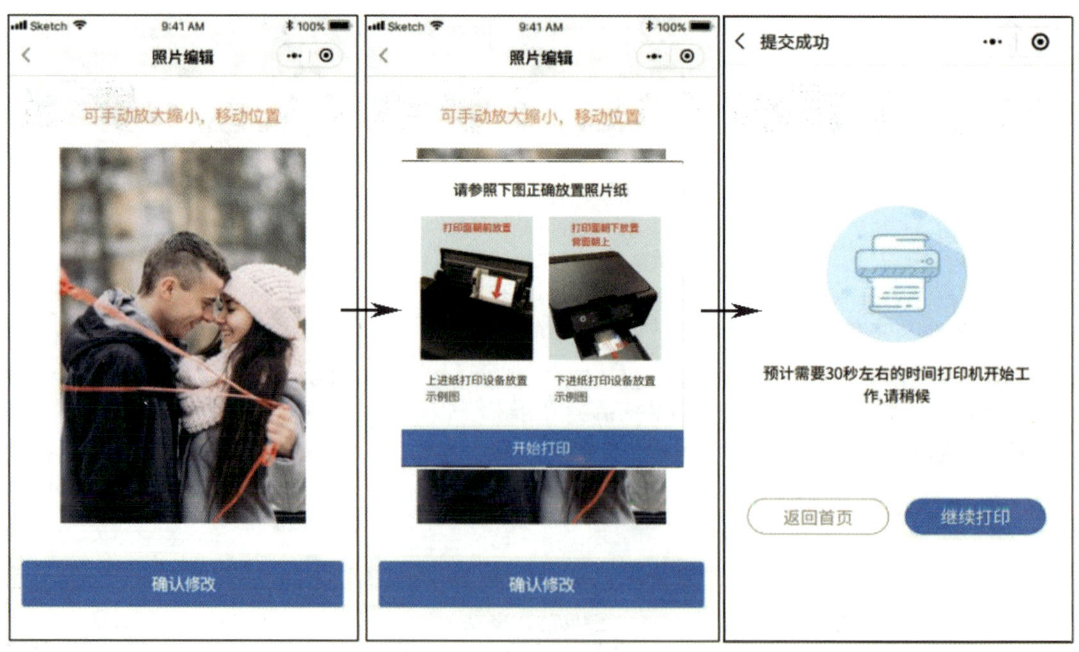

图 2-3-36　上传并打印照片

“小白智慧打印”小程序有许多功能，如打印证件照、进行趣味打印、打印台历、打印明信片等功能，其他打印方法类似于照片打印。

提示

一旦提交打印，则必须在 30 s 内完成打印机的准备工作。

某企业办公室购置了一台 HUAWEI PixLab V1 型喷墨打印机，如图 2-2-32 所示，请根据以下要求安装打印机驱动程序，打印照片和文档。

1. 在计算机上安装 HUAWEI PixLab V1 型喷墨打印机的驱动程序。

2. 打开一个文档，使用 HUAWEI PixLab V1 型喷墨打印机打印文档。

3. 在手机上安装华为智慧生活 App，利用该 App 进行照片打印操作，测试其无线打印功能。

4. 在小白智慧打印小程序中添加 HUAWEI PixLab V1 型喷墨打印机，并使用该打印机打印一张照片，进一步检查其在不同打印平台上的兼容性。

任务 4　维护和保养喷墨打印机

1. 能根据系统错误提示信息，处理喷墨打印机使用过程中出现的常见问题。
2. 能通过清洁打印机、清洗泄漏的墨等解决打印机打印效果不佳等问题。
3. 能处理打印机未正常进纸等故障。
4. 能对喷墨打印机进行日常维护和保养。

某公司的小王新购置的 EPSON L18058 型喷墨打印机在使用了一段时间后，最近使用该打印机打印文档时出现了墨迹稀少、字迹无法辨认的情况，而打印机墨仓中的墨明明是满的，但开机时操作面板仍出现故障指示灯异常亮起的现象，或出现喷嘴堵塞、检测黑线正常而打印精度明显变差等故障。

本任务的内容就是针对 EPSON L18058 型喷墨打印机的常见故障现象，完成喷墨打印机的维护和保养工作。

一、EPSON L18058 型喷墨打印机出现故障时的错误提示信息

EPSON L18058 型喷墨打印机出现故障时，常表现为打印机控制面板上的指示灯闪烁。了解指示灯闪烁的不同含义对于维护打印机是非常有意义的。EPSON L18058 型喷墨打印机出现故障时，指示灯状态以及相应的问题与解决办法见表 2-4-1。

表 2-4-1　EPSON L18058 型喷墨打印机在出现故障时指示灯状态以及相应的问题与解决办法

指示灯状态	相应的问题与解决办法
	表示发生 Wi-Fi 连接错误，按 Wi-Fi 按钮可清除错误，然后重新尝试连接 Wi-Fi
	表示未装入打印纸或者一次性进纸太多。此外，如果打印光盘 / 证卡时此指示灯闪烁，则表示光盘 / 证卡托架未正确装入
	表示夹纸或者光盘 /PVC 证卡没有正确放置在光盘 / 证卡托架上，取出夹纸或者重新放置光盘 /PVC 证卡后，按按钮。如果夹纸，按照后面“任务实施”中“清除夹纸”部分的操作进行
	表示初始化充墨可能没有完成，按照本项目任务 3 的相关内容来完成
	表示维护箱已经接近使用寿命。该指示灯会一直闪烁，直到更换维护箱，打印机仍可以继续打印，直到和指示灯交替闪烁
	表示未正确关闭打印机，按按钮清除错误。建议执行喷嘴检查操作，因为喷嘴可能已经变干或堵塞。关闭打印机时，请确保按下了按钮

续表

指示灯状态	相应的问题与解决办法
	两个指示灯同时闪烁表示废墨收集垫接近或已经达到使用寿命 两个指示灯交替闪烁表示无边距打印废墨收集垫接近或已经达到使用寿命 但要注意的是，更换废墨收集垫和更换无边距打印废墨收集垫都需要专业人员操作
	表示运输锁已经锁定，解锁运输锁后按按钮
	两个指示灯交替闪烁表示维护箱已经达到使用寿命，更换维护箱后，按按钮
	表示出纸器未拉出，拉出出纸器即可
除了指示灯，其他所有指示灯都亮起	表示固件更新失败，打印已经恢复启动
包括指示灯在内的所有指示灯都在闪烁	表示发生了打印机错误，取出打印机内的所有打印纸，关闭电源后再重新打开打印机，如果仍然发生错误，则必须由专业人员来检查解决

注：表示熄灭，表示亮起，表示闪烁。

二、EPSON L18058 型喷墨打印机使用过程中的重要安全提示

1. 电源线的使用要符合相关安全标准，不使用已经磨损或受损的电源线。

2. 除非是打印机产品说明书中已明确标注的故障情况，否则不要轻易尝试自行维修打印机。

3. 打印机一般不放在户外，以及较脏、有较多灰尘、靠近水和热源的地方，也不要放置于容易振动、摇晃、高温和高湿的地方。

4. 不要让任何液体溅到打印机上或进入打印机内部，也不能用湿手操作打印机。

5. 墨瓶要直立存放，避免物体碰撞或环境温度发生剧烈改变，也不能将墨瓶或墨仓部件存放到儿童容易接触到的地方，以免儿童误饮。

6. 如果不小心将墨沾到皮肤上，要用清水配合肥皂彻底清洗；如果不小心将墨溅入眼睛，需立即用清水冲洗眼睛。彻底冲洗后，如果眼睛仍有不适或看不清物体，应立即就医；如果不慎将墨吞入口中，也应立即就医。

任务实施

一、对打印机进行日常维修

1. 处理夹纸

夹纸是一种常见的打印故障，处理夹纸可以按照以下步骤进行。

（1）如果在后进纸器看到夹纸，则应从后进纸器拉出夹纸，如图 2–4–1 所示。

（2）如果在后进纸器看不到夹纸，但指示灯显示仍有夹纸，则要打开打印机盖，按照图 2–4–2 所示的方向拉出夹纸。

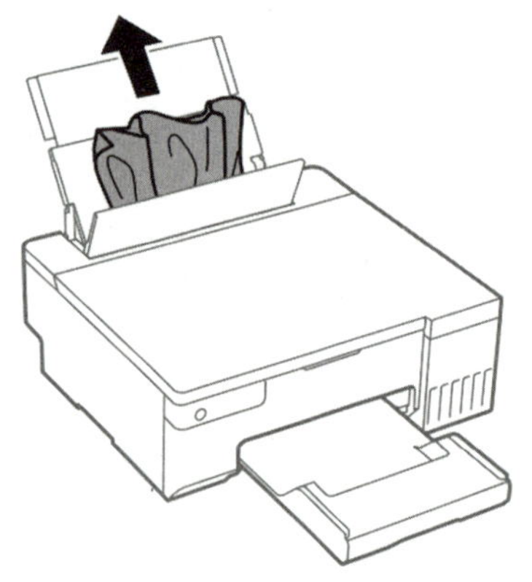

图 2–4–1 从后进纸器拉出夹纸

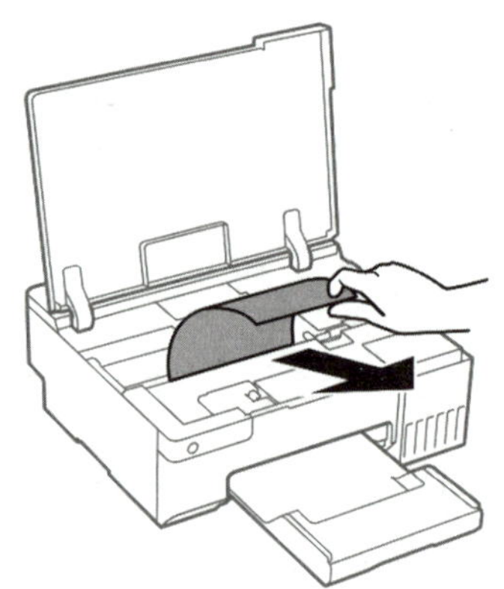

图 2–4–2 打开打印机盖拉出夹纸

（3）拉出夹纸后盖上打印机盖，打印机即可恢复正常工作。

提示

在处理打印机夹纸时，应注意以下问题。

1. 取出夹纸时不能用力过猛，以免损坏打印机。

2. 在取出夹纸时，不要倾斜打印机，也不要将打印机垂直或颠倒放置，否则墨仓中的墨可能会泄漏。

3. 在处理打印机夹纸问题时，不能触摸控制面板上的按钮，也不能运行打印机。

4. 不要触碰打印机内部的白色扁平线缆、半透明薄膜和运输锁，否则可能会引起打印机故障。

2. 更换维护箱

EPSON L18058 型喷墨打印机的维护箱是一种用于收集打印机废墨、废纸等废弃物的容器，通常位于打印机的底部或侧面，并与打印机主体相连。维护箱用于保障打印机正常工作，防止废弃物堵塞打印机，以延长打印机的使用寿命。

如果打印机的维护箱达到使用寿命，打印机将停止打印工作。维护箱是否需要更换以及更换的频率，取决于打印页数的多少以及打印介质类型的差异。打印机控制面板上的指示灯会对此进行提示，需要注意的是，维护箱需更换并不意味着打印机已达到其使用寿命而不能继续运行。

更换维护箱的步骤如下。

（1）从包装袋中取出新的维护箱，但务必注意，不能触碰维护箱侧面的绿色芯片，否则可能会导致打印机不能正常打印。新维护箱中还有一个透明袋，用来装使用过的维护箱。

（2）打开打印机盖，再打开维护箱盖，如图 2-4-3 所示，取出使用过的维护箱，如图 2-4-4 所示。

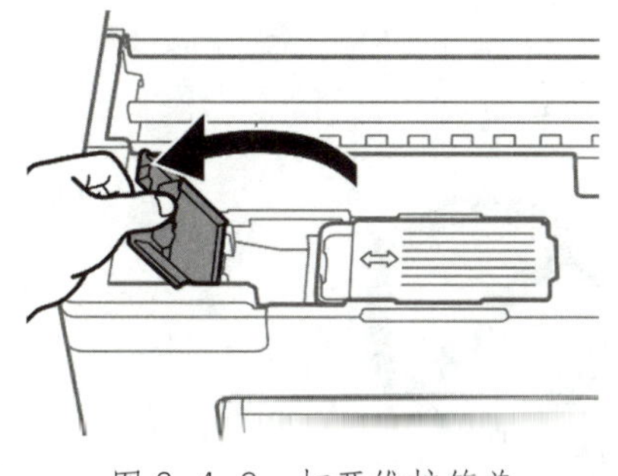
图 2-4-3　打开维护箱盖

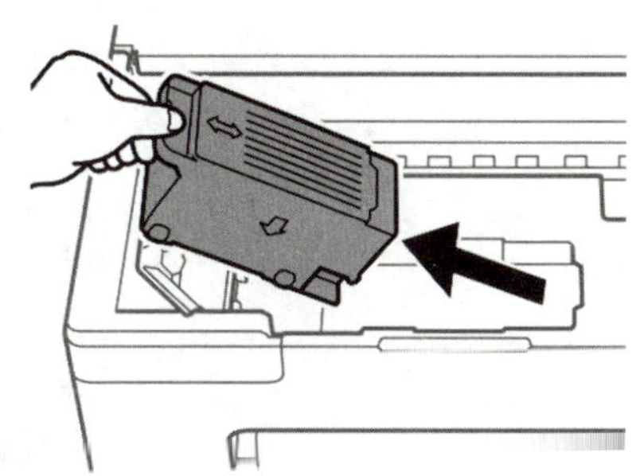
图 2-4-4　取出使用过的维护箱

（3）将使用过的维护箱装入新维护箱提供的透明袋，然后将透明袋封口，防止维护箱中的墨外漏。

（4）将新维护箱完全插入打印机，注意确保插入的方向正确，如图 2-4-5 所示。

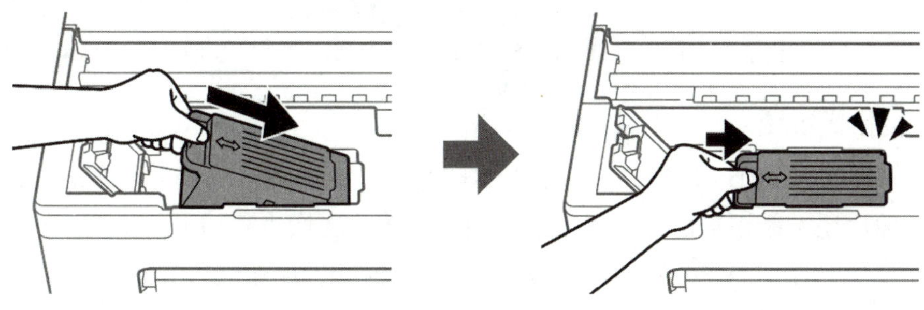
图 2-4-5　插入新维护箱

（5）合上维护箱盖，如图 2-4-6 所示，再合上打印机盖，完成维护箱的更换。

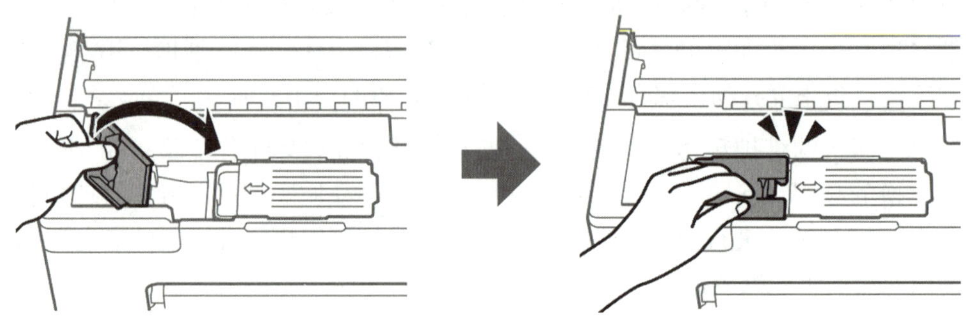

图 2-4-6　合上维护箱盖

提示

在更换维护箱时，应注意以下几个问题。

1. 维护箱已达到使用寿命时，要更换维护箱后才能进行打印和清洗打印头，否则会导致墨泄漏。

2. 在更换维护箱时，注意不可碰撞维护箱上的重要部位，如图 2-4-7 所示，否则会影响打印机的正常打印，并有可能沾上墨。

图 2-4-7　维护箱上的重要部位

3. 更换搓纸轮

如果 EPSON L18058 型喷墨打印机在打印过程中不能正常走纸，可清洁搓纸轮。若清洁搓纸轮后还不能正常走纸，就需要更换搓纸轮，更换步骤如下。

（1）关闭打印机电源，拔下打印机电源线，打开打印机盖，在图 2-4-8 所示的位置找到搓纸轮。

（2）取下搓纸轮。按下搓纸轮右侧的突出部分，向后滑动，然后将搓纸轮垂直向上拉，取出旧搓纸轮，如图 2-4-9 所示。

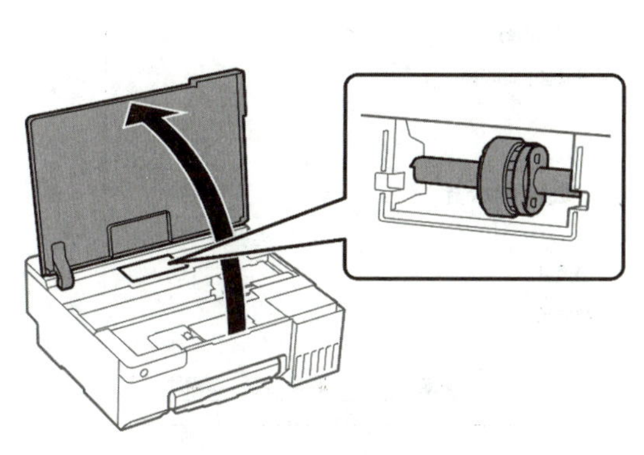

图 2-4-8 搓纸轮的位置

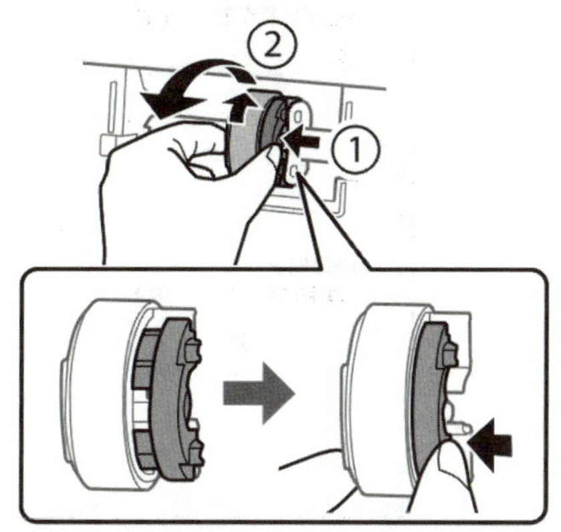

图 2-4-9 取出旧搓纸轮

（3）从包装中取出新搓纸轮，按下其右侧的突出部分，然后将突出部分与打印机上的安装孔对齐，以安装新搓纸轮，如图 2-4-10 所示。

（4）关闭打印机盖，连接打印机电源线，完成搓纸轮的更换。

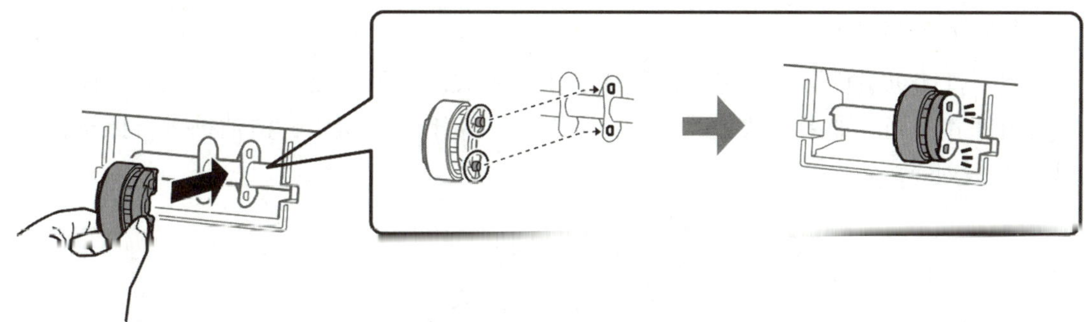

图 2-4-10 装入新搓纸轮

提示

在更换搓纸轮时，不可触摸搓纸轮上的橡胶部分。如果要重置搓纸轮计数器，需要在打印机的“属性”对话框中选择“维护”选项卡，选择“打印机和选项信息”，弹出图 2-4-11 所示的对话框，在“取纸滚轮进纸页数”中单击“重置”按钮即可。

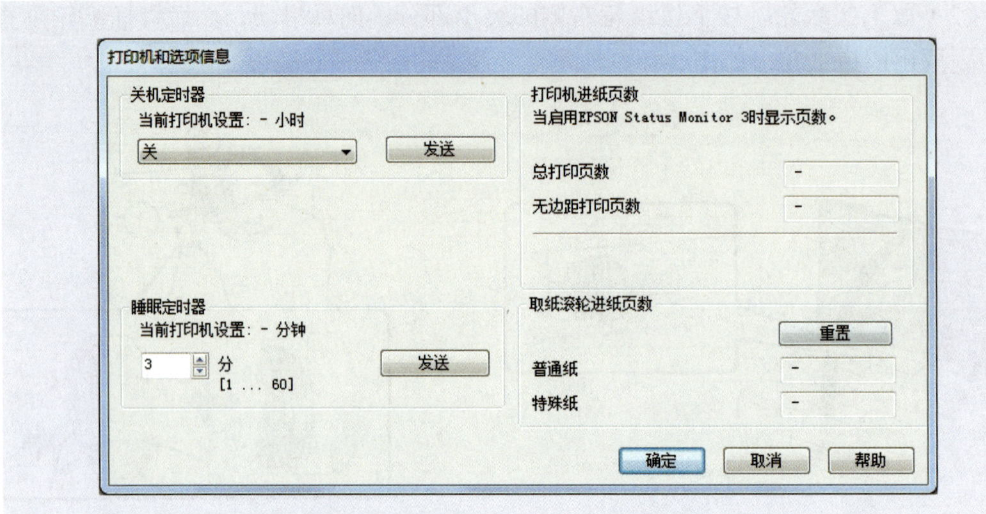

图 2-4-11　重置“取纸滚轮进纸页数”

二、对打印机进行日常保养

打印机作为高频使用的办公设备，日常的保养是必不可少的。采用正确的保养方式不仅能延长打印机的使用寿命，还能使打印机处于最佳工作状态。

1. 清洁打印机

如果打印机组件和外壳上有污物或灰尘，需关闭电源，使用干净的软湿布擦拭打印机组件和外壳。如果无法去除污物，需要往湿布上加少量中性清洁剂进行擦拭，如图 2-4-12 所示。

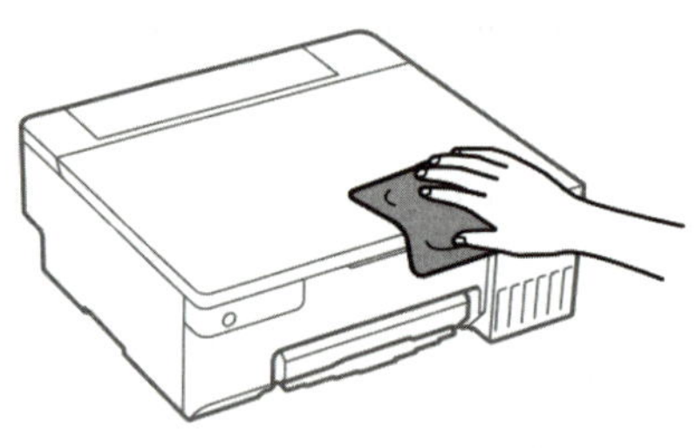
图 2-4-12　清洁打印机外壳

提示

在清洁打印机的过程中，一定要注意以下几点。

1. 不能让水进入打印机的机械结构或任何电气部件，以免损坏打印机。

2. 不能使用酒精或涂料稀释剂来清洁打印机组件和外壳，以免损坏打印机。

3. 不能触碰图 2-4-13 所示的打印机部分，以免引起打印机故障。

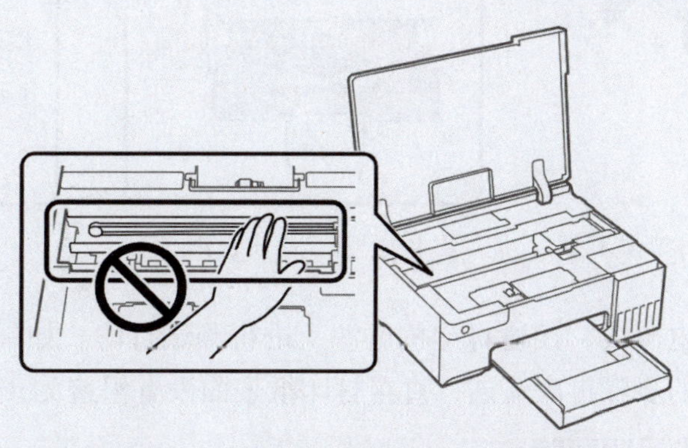

图 2-4-13　清洁打印机时不能触碰的部分

2. 清洗洒出的墨

如果在使用打印机时不慎将墨洒出，需要及时清洗干净。清洗墨的步骤如下。

（1）如果墨仓周围洒出了墨，要使用干净的无纺布或棉签擦拭。

（2）如果墨洒在桌面或地板上，要立即擦拭掉，因为墨干结后很难清除。为了防止墨扩散，要用干布先吸干墨，然后用湿布擦拭干净。

（3）如果墨沾到人手上，要立即用清水配合肥皂清洗。

3. 清洗进纸通道上的墨迹（当打印纸表面出现垂直污迹时）

若输出打印纸时出现涂污或刮擦，则需清洁打印机内部的导纸轨（走纸辊），清洁过程按照以下步骤进行。

（1）在计算机控制面板中的“设备与打印机”中找到 EPSON L18058 型喷墨打印机，在该打印机图标上单击鼠标右键，在弹开的快捷菜单中选择“打印首选项”，单击“维护”选项卡中的“导纸轨清洗”，如图 2-3-8 所示。按计算机屏幕中的提示操作即可。

重复上面的过程，直到打印纸上没有墨迹为止。如果清洗了几次之后打印纸上仍有墨迹，则必须进行下面的操作。

（2）将拧干的湿布或棉布缠在木棒的顶端，制作清洁木棒，如图 2-4-14 所示。

（3）按下⏻按钮关闭打印机，拔下电源插头，拉出出纸器，如图 2-4-15 所示。

（4）将清洁木棒放置于两个白色走纸辊中间，用清洁木棒清洁导纸轨，如图 2-4-16 所示。

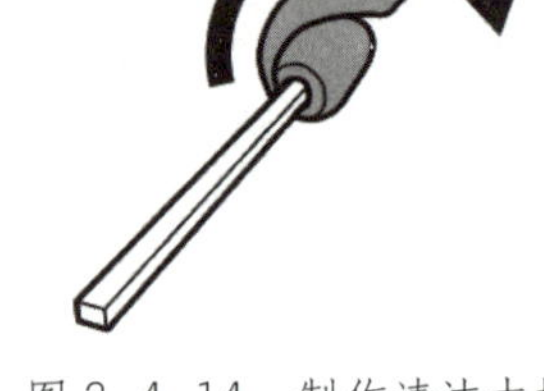

图 2-4-14　制作清洁木棒

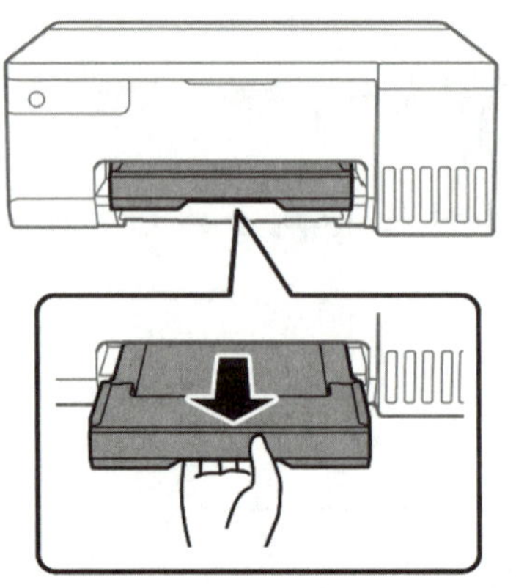

图 2-4-15　拉出出纸器

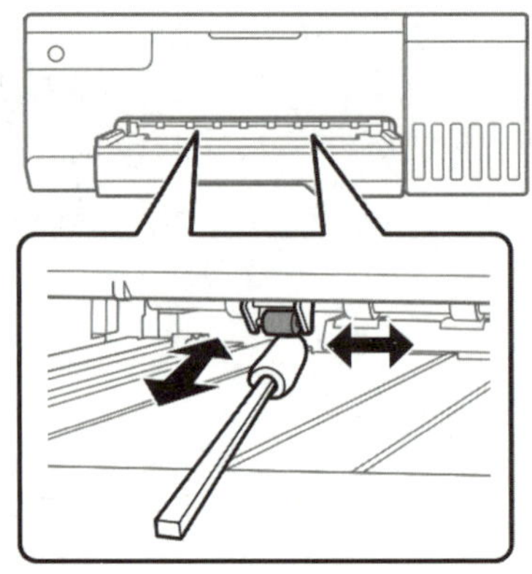

图 2-4-16　清洁导纸轨

（5）连接电源线，接通打印机电源，进行测试打印。如果输出打印纸时仍有涂污，需要重复上面的步骤再次清洁，直至打印纸表面没有墨迹为止。

4. 清洗半透明薄膜

如果校准打印头或清洁进纸通道后输出打印纸时墨迹涂污情况仍未改善，说明打印机内部的半透明薄膜可能已经出现污迹，必须清洗半透明薄膜。

清洗半透明薄膜前，要先准备好如下物品：棉签（若干）、加入了几滴清洁剂的水（按照 1/4 杯自来水加 2～3 滴清洁剂的比例配置）、用于检查污迹的灯。

清洁步骤如下。

（1）按下⏻按钮关闭打印机，拔下打印机的电源插头，打开打印机盖。

（2）检查半透明薄膜是否有污迹，通过灯光照射，如果发现半透明薄膜（图 2-4-17 中 A 所示）上有污迹（如手指印或油脂），则需要进行下一步操作，如图 2-4-17 所示。

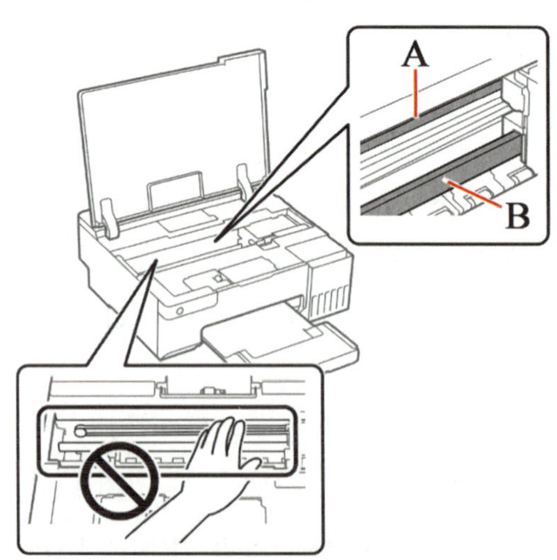

图 2-4-17　检查半透明薄膜上是否有污迹

（3）用加了几滴清洁剂的水蘸湿棉签后擦拭有污迹的部分，注意不要触摸打印机内部的墨，如图 2-4-18 所示。

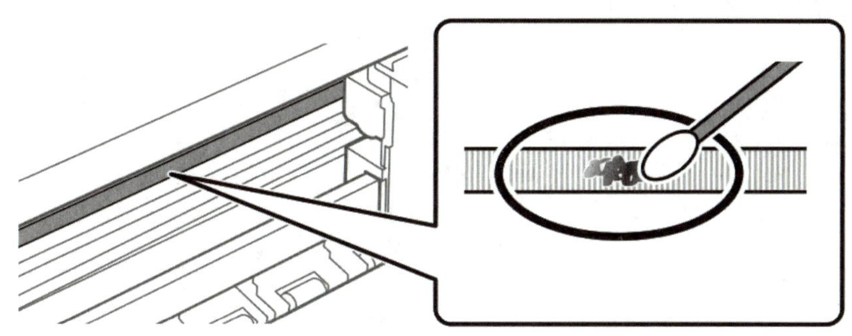

图 2-4-18　清洁半透明薄膜

（4）重复上面的步骤，使用目视检查法检查半透明薄膜的清洁情况，直到确认半透明薄膜上没有污迹为止。

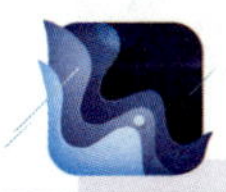

提示

在清洁打印机的过程中，要特别注意如下问题。

1. 不能触碰到导轨（图 2-4-17 中 B 所示），否则打印机可能无法打印，也不能擦掉导轨上的润滑脂，以免打印机无法正常运行。

2. 在清洁半透明薄膜的过程中，应轻轻擦拭污渍部位，避免膜片弹簧脱落，导致打印机损坏。

3. 为了防止涂污范围扩大，需要不断地更换棉签进行擦拭，注意不能让半透明薄膜沾上任何纤维。

某企业办公室购置了一台 HUAWEI PixLab V1 型喷墨打印机，如图 2-2-32 所示，请按照以下要求完成打印机的操作，进行打印机的维护与保养。

1. 若打印机在打印过程中出现夹纸故障，需依据产品说明书所提供的方法进行安全、妥善地处理，确保打印机不受损坏且故障得以有效解决。

2. 若打印彩色文档时发生打印不清晰的故障，应尝试根据产品说明书中的故障排查指南和解决方案来处理该问题。

3. 根据产品说明书，正确保养打印机。

4. 在使用打印机的过程中，一旦发现墨水不足，需查看产品说明书，正确地为打印机添加墨水，明确在操作过程中的注意事项。

项目三
激光打印机的使用与维护

激光打印机起源于20世纪60年代末的激光照排技术，自20世纪90年代中期开始广泛流行。作为一种将激光扫描技术和电子照相技术相融合的打印输出设备，它主要由激光器、声光调制器、高频驱动装置、扫描器、同步器及光偏转器等部件组成。

激光打印机是在电子照相技术的基础上，结合激光扫描技术所研制开发的一种集光学、机械、电子技术于一体的办公自动化设备。因其具备打印速度快、分辨率高、工作噪声低等诸多优势，在市场中日益受到广泛欢迎与青睐。

任务1　认识和选购激光打印机

1. 了解激光打印机的类型、功能及特点。
2. 了解激光打印机的技术指标。
3. 能按照使用需求，选购合适的激光打印机。
4. 能选购常见激光打印机的耗材。

某公司员工小王此前购置的喷墨打印机在打印质量方面表现出色，且纸张的适用性良好，然而其打印速度相对较慢，尤其是在打印普通文档时，缓慢的打印速度对工作效率产生了不利影响，因此，公司准备另行购置一台激光打印机，安排小王负责采购。

小王在明晰公司的需求后，准备先去了解一下激光打印机的市场行情，再决定选购何种品牌、型号的激光打印机。

一、激光打印机的工作原理

激光打印机的核心工作原理是将计算机传输的二进制数据信息，借助视频控制器转换为视频信号。随后，视频接口与控制系统将视频信号进一步转换为激光驱动信号，以此驱动激光扫描系统产生携带有字符信息的激光束。最后，通过电子照相系统使激光束在纸张上成像并完成转印。与其他打印设备相比，激光打印机具有打印速度快、成像质量高等优点，但使用成本相对较高。

二、激光打印机的分类及技术指标

1. 激光打印机的分类

（1）按打印速度分类

激光打印机可分为低速激光打印机、中速激光打印机和高速激光打印机三类。低速激光打印机的打印速度以 A4 幅面为基准，每分钟在 30 页以下，此类打印机结构小巧紧凑、使用便捷灵活，在办公领域应用广泛；中速激光打印机的打印速度为每分钟 40 ~ 60 页，其速度较为适中，且具有多种功能，适用于集中打印输出的应用领域；高速激光打印机的打印速度超过每分钟 60 页，此类打印机通常与大型计算机协同工作，作为集中打印输出的高速设备使用。

（2）按打印颜色分类

激光打印机可以分为彩色激光打印机和黑白激光打印机，这两类打印机的价格相差较大，彩色激光打印机能输出彩色文档，但价格相对较高。一般用户多采用价格较为便宜的黑白激光打印机。

（3）按打印幅面分类

激光打印机分为 A4 幅面、A3 幅面以及超大幅面激光打印机等类型，如果是一般的办公室打印文档使用，A4 幅面激光打印机即可以满足打印需求。

2. 激光打印机的技术指标

（1）打印速度

打印速度是指打印机每分钟可以打印的页数，用每分钟打印页数（pages per minute，简称 ppm）表示。低速激光打印机的打印速度通常在每分钟 30 页以内，能满足个人或 10 个人以内的小规模团队的日常打印任务。

（2）分辨率

分辨率决定了打印机打印的清晰度，用每英寸点数（dots per inch，简称 dpi）表示。目前，多数激光打印机的分辨率可达到 600 dpi 及以上。

（3）最大打印幅面

最大打印幅面是指激光打印机所能处理的最大纸张幅面，常见的有 A3、A4 和 A5 等。幅面越大，可打印的范围越广。

（4）首页输出时间

首页输出时间是指打印机从执行打印命令到输出第一页内容所耗费的时间。一般激光打印机可在 15 s 内完成首页输出。

（5）最大打印能力

最大打印能力是指打印机在一定时间内可负担的最大打印量，以每月可负担的最大打印量作为衡量标准。如果长期超过此标准，会缩短打印机的使用寿命。

三、激光打印机的选购

如今，中小企业和 SOHO（小型办公室、家庭办公室）用户构成了黑白激光打印机的主要消费群体。在选购激光打印机时，需根据自身实际需要，从以下方面考虑。

1. 打印速度

对于中小企业和 SOHO 用户，日常打印文稿数量较少。因此，首页输出时间成为衡量打印速度的重要指标。若单次打印内容在 60 页以内，选购时应着重关注打印机的首页输出时间。

2. 使用成本

在激光打印机领域，不仅要考虑首次购买设备的成本，还需综合评估日后耗材成本。虽然部分产品初次购买价格较低，但硒鼓容量低于标准，会导致后续耗材成本增加。

3. 设备噪声

如果打印机放在办公桌附近使用，则其噪声水平不容忽视。选购过程中，应根据实际使用环境对不同打印机的噪声情况进行对比。

4. 服务和细节

激光打印机在使用过程中可能会出现各类故障，因此，厂商的售后服务至关重要。

普通用户在选购前可以参考媒体的测评结果，综合考虑不同的产品性能和个人需求，以便选购到契合实际且性价比高的激光打印机。

四、激光打印机耗材的选购

硒鼓作为激光打印机的主要耗材，对打印机的使用寿命有着直接影响。为确保硒鼓质量，鉴别其真伪可从以下几方面入手。

1. 看包装

原装硒鼓的包装印刷精美、色彩鲜艳，背面的序列号使用特殊印刷工艺。假冒硒鼓的包装印刷粗糙、图像与文字模糊不清、颜色暗淡。以 HP 原装硒鼓为例，其外包装贴有激光防伪标签，观察角度变化时，其颜色会在黑色和蓝色之间交替变换。

2. 看外观

原装硒鼓上无任何划痕，光滑程度高，齿轮部位洁净、无污渍。而采用自行填充碳粉的硒鼓鼓芯表面相对粗糙，存在明显划痕，齿轮有印迹，鼓辊表面有细小的黑色条纹。

3. 看打印样张

用原装硒鼓打印出来的样张，其图像和文字不仅细腻清晰，而且硒鼓对碳粉的附着力强。而用假冒或自行填充碳粉的硒鼓打印时，其样张质量明显较差，甚至部分打印字迹可用手轻易擦除。

4. 看碳粉质量

尽管激光打印机的打印质量主要取决于分辨率，但与碳粉颗粒的大小也有一定的关系。判断碳粉质量的直观方法是：使用装有该硒鼓的激光打印机打印一张全黑的样张，对准亮光观察纸张上的黑色分布是否均匀。

在选购硒鼓时，只有全面考量以上几个方面，才能在硒鼓选购过程中挑选到合适的产品，为激光打印机的稳定运行提供保障。

一、明确选购目标

小王此次选购的激光打印机主要用于普通文档的打印，基于这一目标，要从以下几方面综合考虑。

1. 打印文稿的精度要较高，且具有单色打印功能。
2. 打印幅面以 A4 为主。
3. 具有胶片、信封打印功能。
4. 所用耗材的价格处于合理范围。
5. 打印机所占面积不宜过大。
6. 具有较好的售后服务。

二、市场调研及网络调研

通过分析实际需求明确了选购目标后，下一步就需要对具体的激光打印机品牌、型号进行调研，从中筛选出功能与需求相匹配、价格合适的机型作为购买对象。调研可通过市场实地走访或互联网完成，并将调研获取的信息记录在表 3-1-1 中，通过对比与分析，确定拟选购的打印机型号。

表 3-1-1　激光打印机的调研信息

品牌	型号	主要功能及特点	购买渠道	价格	评价

某公司为了提升工作质量和效率，计划购置一台彩色激光打印机用于文档输出，具体要求如下。

1. 打印幅面为 A4，需具备网络支持功能，且耗材类型为鼓粉分离式。

2. 分辨率不低于 600 dpi × 600 dpi。

3. 彩色打印速度应在每分钟 30 页及以上，黑白打印速度应在每分钟 40 页及以上。

4. 其操作系统能适配主流系统平台。

5. 打印介质能支持普通纸、宣传纸张、证券纸、光面纸、预打印纸、预打孔纸、再生纸、相纸、信封、信纸、卡片等多种类型。

6. 纸张类型为专用打印纸，包括明信片尺寸、L 尺寸、卡片尺寸、卡片尺寸方形贴纸，且需配合相应尺寸的纸盒，以便正常使用。

7. 设备价格控制在 3 000 元左右。

按照以上要求选择三种激光打印机，并将各种打印机的技术参数填入表 3–1–2 中，用于帮助该公司选购符合要求的设备。

表 3–1–2　激光打印机的技术参数

设备相关参数	备选设备 1	备选设备 2	备选设备 3
参考价格			
品牌			
型号			
……			

任务 2　安装激光打印机

1. 了解激光打印机的工作环境要求。
2. 了解激光打印机的名称及功能。
3. 能按照使用说明书安装激光打印机。
4. 能检测安装好的激光打印机。

某公司员工小王经过市场调研后，决定购买得力 P2020W 型黑白激光打印机，如图 3–2–1 所示。

图 3-2-1　得力 P2020W 型黑白激光打印机

得力 P2020W 型黑白激光打印机的外观线条流畅、设计简约，具备无线功能，可与手机和计算机直连，拥有远程打印、扫码打印、漫游打印等多种无线打印模式，能即时打印异地传输的文档，且扫码打印可保障更高的安全性。

得力 P2020W 型黑白激光打印机的打印速度为每分钟 25 页，首页输出时间为 8 s，分辨率为 1 200 dpi × 1 200 dpi。使用 T2S 硒鼓，其标准容量可打印 1 500 页左右。

当得力 P2020W 型黑白激光打印机到货后，小王打开包装箱，准备按照产品说明书进行安装。

一、激光打印机的安装注意事项

正确选择激光打印机的安装环境，对保障打印机正常工作极为关键，主要应注意以下几方面。

1. 避免将打印机放置在不稳定的台面或靠近辐射源、热源之处。

2. 切勿堵塞或遮盖打印机的插孔以及机箱开口，禁止将物品插入插孔。

3. 在打印机四周预留有足够的空间以便操作或维修，其与墙壁及其他物品的间距至少为 100 ~ 120 cm。

4. 不可将打印机放置在阳光直射、温度过高、靠近明火或热源、温度变化剧烈的环境中，也不能置于水源附近（如空调、冰箱、风扇等可能产生冷凝水之处）、潮湿环境或扬尘环境内。

二、得力 P2020W 型黑白激光打印机的各组件名称

1. 打印机正面

得力 P2020W 型黑白激光打印机的正面如图 3–2–2 所示，其各组件名称见表 3–2–1。

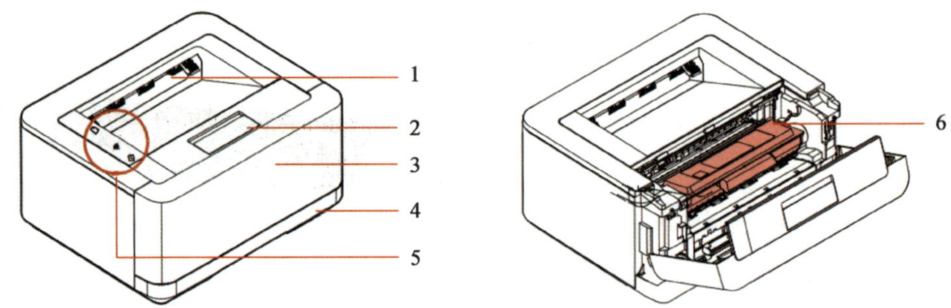

图 3–2–2　得力 P2020W 型黑白激光打印机的正面

表 3–2–1　得力 P2020W 型黑白激光打印机正面的各组件名称

序号	名称
1	打印输出口
2	出纸盘纸张挡板
3	前盖
4	纸盒
5	控制面板
6	硒鼓

2. 打印机背面和控制面板

得力 P2020W 型黑白激光打印机的背面和控制面板如图 3–2–3 所示，其各组件名称见表 3–2–2。

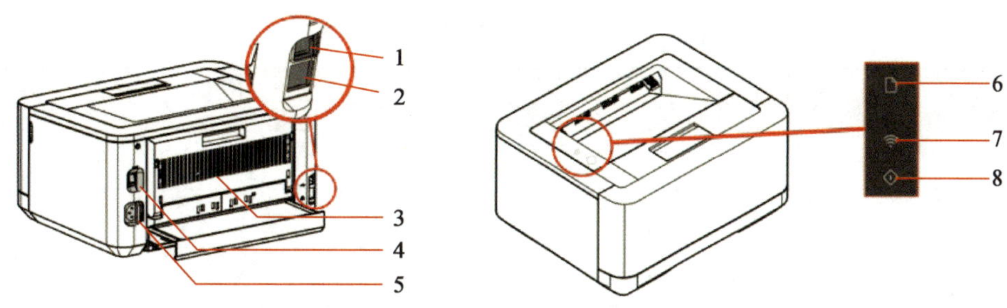

图 3-2-3　得力 P2020W 型黑白激光打印机的背面和控制面板

表 3-2-2　得力 P2020W 型黑白激光打印机的背面和控制面板的各组件名称

序号	名称
1	USB 接口
2	有线网络接口
3	后盖
4	电源开关
5	电源接口
6	纸张键
7	网络键
8	功能键

一、开箱

打开打印机的包装箱，箱内所含物品如图 3-2-4 所示，先确认附件是否齐全，需注意的是，因生产国家或地区不同，打印机的附件会稍有差异。具体附件名称见表 3-2-3。

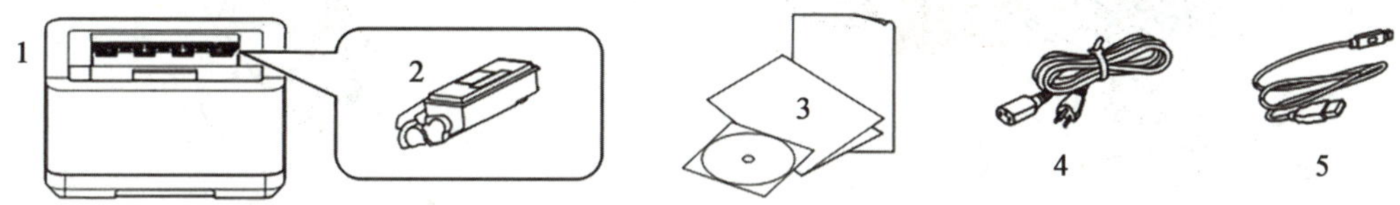

图 3-2-4　打印机包装箱中所含的物品

表 3-2-3　打印机的附件名称

序号	名称
1	打印机
2	硒鼓（已预安装）
3	产品说明书、保修卡、光盘等
4	电源线
5	USB 数据线

二、安装设备

1．安装硬件

新购打印机的安装过程较为简便，其安装步骤如下。

（1）打开包装箱，取出打印机，拆除打印机外面的 6 个固定部件，打开打印机前盖，拆除固定硒鼓的两个部件，如图 3-2-5 所示。

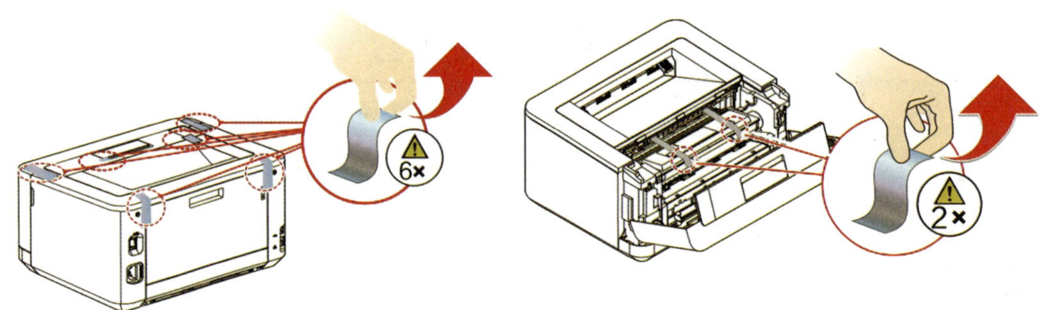

图 3-2-5　拆除打印机的固定部件

（2）打开前盖，取出设备内的硒鼓，将其沿前后左右方向摇动 5～6 次，以摇匀碳粉，有助于提升打印质量，如图 3-2-6 所示。

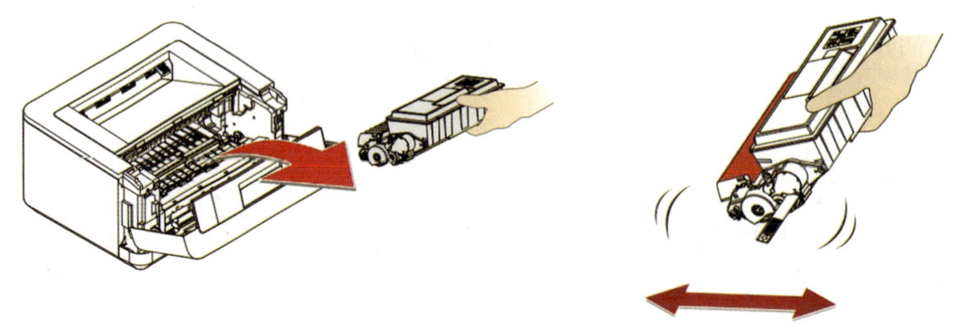

图 3-2-6　取出硒鼓，摇匀碳粉

（3）取出硒鼓并放置在平坦的桌面上，依照图 3-2-7 所示方向拉出并移除封条和四周固定物，为了避免碳粉弄脏手，拉出封条时切勿触碰感光鼓。在拉出封条后，既不可再晃动硒鼓，也不可将硒鼓直立放置，否则碳粉可能泄漏至空气中。

图 3-2-7　移除硒鼓的封条和固定物

（4）正确安装好硒鼓后，关上前盖，如图 3-2-8 所示。如果前盖无法关闭，说明硒鼓安装有误。

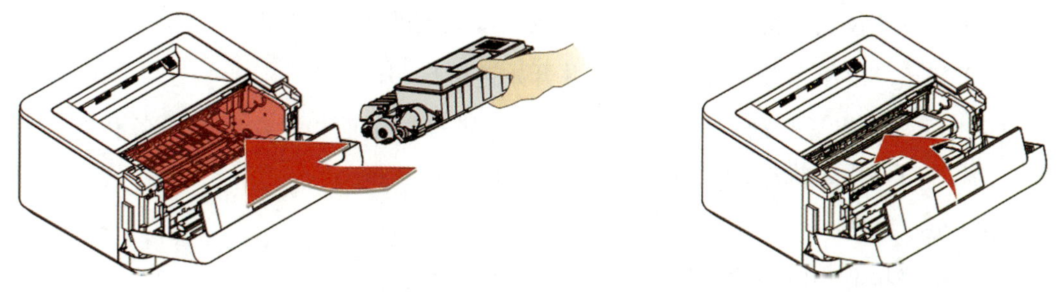

图 3-2-8　装好硒鼓，关上前盖

（5）将堆叠的纸张充分展开，拉出纸盒，调整纸张宽度挡板后，将纸张装入纸盒，如图 3-2-9 所示。

图 3-2-9　把纸张装入纸盒

（6）装入纸张时不可超出指示线，将装好纸张的纸盒推回打印机，如图 3-2-10 所示。

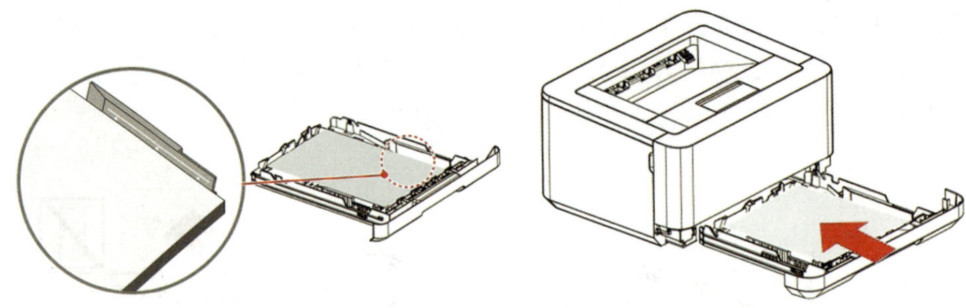

图 3-2-10　把装好纸张的纸盒推回打印机

2. 安装软件

首次使用该打印机时，需安装打印机驱动程序。可以通过所附光盘安装，或者从 www.nbdeli.com 网站下载对应的驱动程序。之后根据计算机屏幕的提示进行操作即可完成安装。

（1）找到并双击“Setup”图标。

（2）单击“安装”按钮，进入下一步。

（3）仔细阅读用户协议后，单击“同意”按钮，进入下一步。

（4）单击“继续”按钮完成安装，并开始连接打印机。

需注意，安装了驱动程序以后，还需在系统“控制面板”中的“设备和打印机”选项中添加打印机，添加完成后才可以使用。

3. 连接设备

打印机连接分为电源线连接和数据线连接两部分，如图 3-2-11 所示。

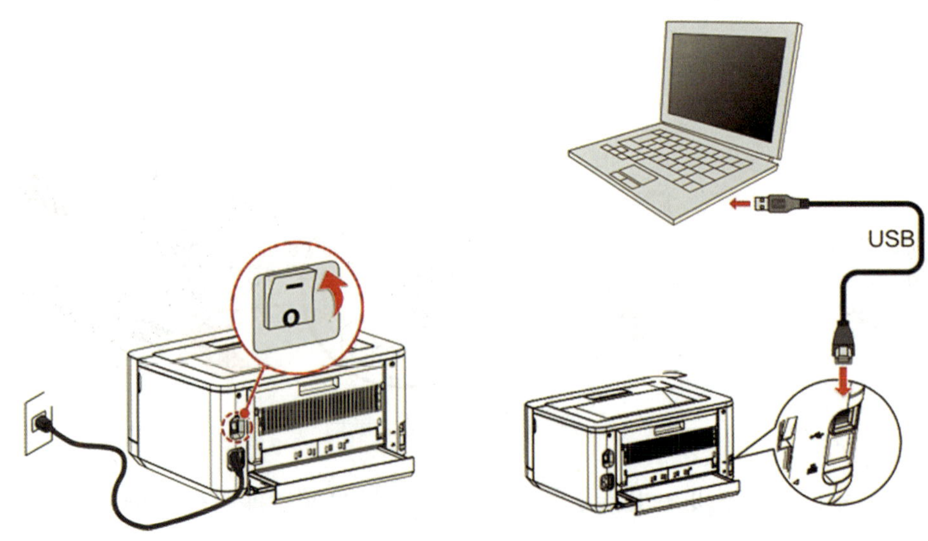

图 3-2-11　连接打印机

得力打印机支持通过 Wi-Fi 或蓝牙等无线网络进行连接，在不需要有线连接的情况下，能通过计算机、手机或平板计算机等设备执行打印任务。

得力无线打印机的连接步骤如下。

（1）确保连接打印机的设备（包括笔记本计算机、手机或平板计算机等移动设备）和打印机处于同一局域网中。

（2）长按按钮并保持 3 s 以上，打印机会自动打印配置报告，如图 3-2-12 所示。

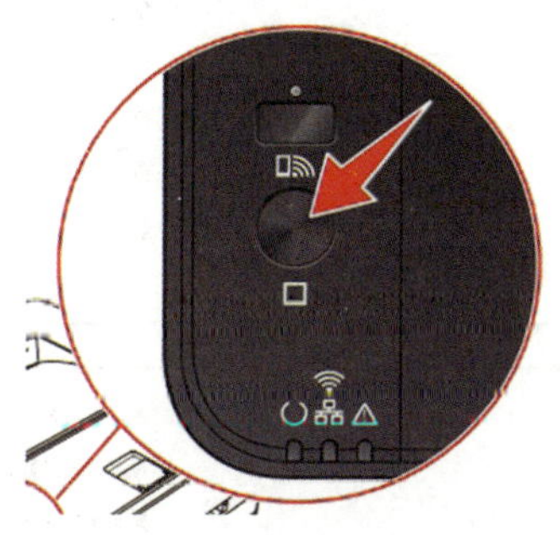

图 3-2-12　长按网络连接按钮

（3）从打印报告中获取打印机的嵌入式 Web 服务器（EWS）访问网址，如图 3-2-13 所示。

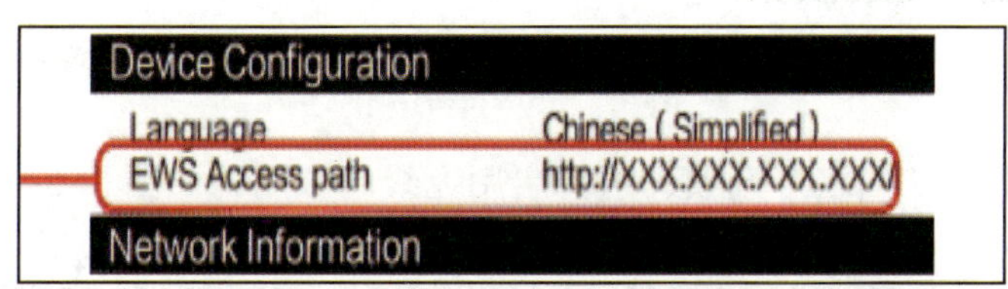

图 3-2-13　打印机的 EWS 网址

（4）启动连接打印机的设备的互联网浏览器，在浏览器地址栏中输入上述网址，如图 3-2-14 所示。

图 3-2-14　访问打印机的 EWS 网址

（5）在弹出的界面中输入连接密码，其初始密码为“admin”，如图 3-2-15 所示。

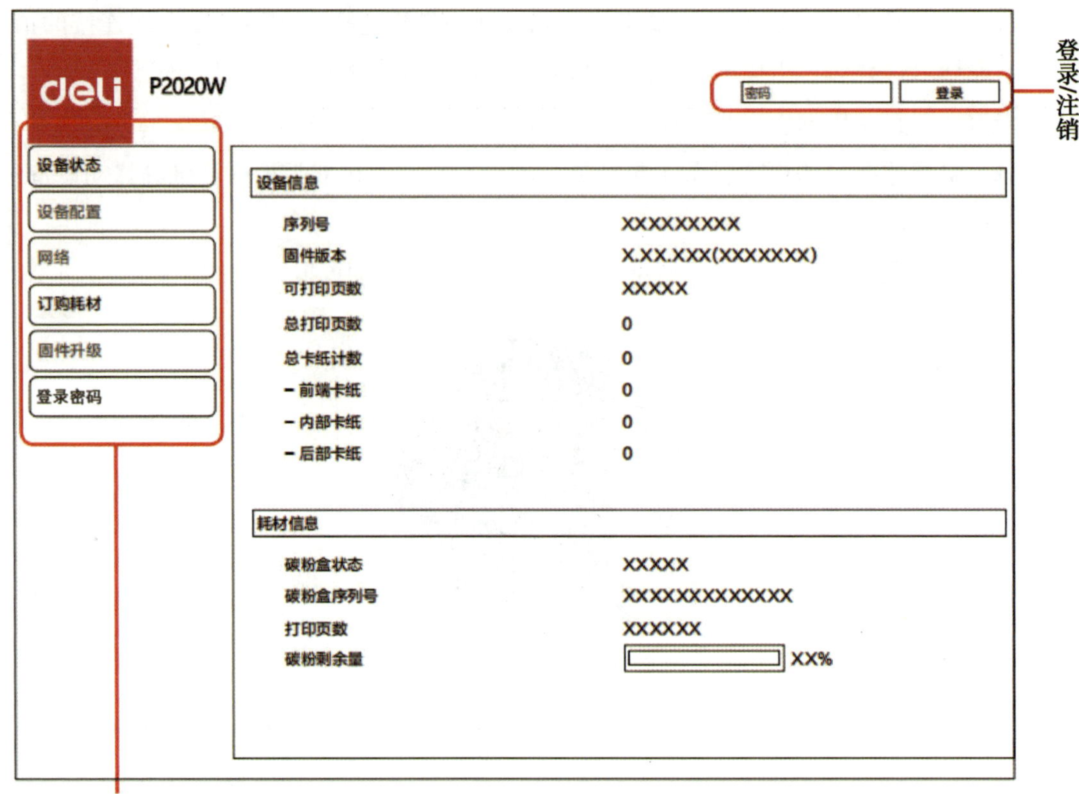

图 3-2-15　输入连接密码

（6）单击左边的“网络”选项，选择启用无线局域网，如图 3-2-16 所示。

图 3-2-16　启用无线局域网

（7）填写 Wi-Fi 的名称和密码后单击“接受”按钮，再次长按打印机的“打印”按钮超过 3 s，打印报告中会显示当前所连接的 Wi-Fi，如图 3-2-17 所示。

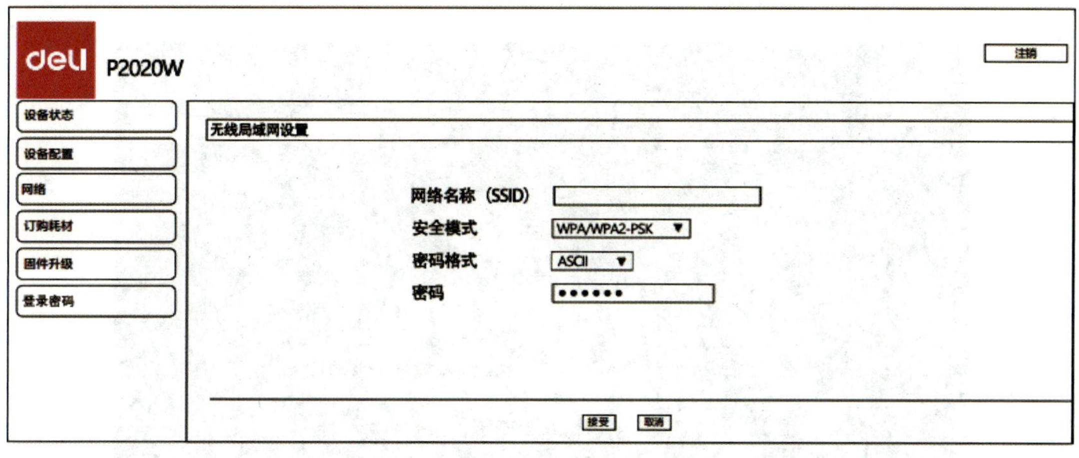

图 3-2-17　输入 Wi-Fi 名称和密码

提示

得力打印机作为便捷的无线打印设备，在不需要有线连接时可开展打印操作。在使用时需要注意驱动程序的安装、网络连接的稳定性以及打印机和计算机处在同一局域网内等因素，才能顺利完成打印。

4. 使用打印机助手

得力打印机助手是一款面向用户的应用软件，可用于调整打印机参数、下载版本及进行打印测试等操作。安装该助手可以帮助用户解决部分打印机无法打印的问题，其下载安装完成后的首页界面如图 3–2–18 所示。

（1）设备管理

在得力打印机助手中，可以添加或删除打印机。单击“设备管理”选项，可以查看已安装的打印机，如图 3–2–19 所示。单击“添加打印机”，即可自动搜索同一网段的打印机。如果打印机不在同一网段，单击其中的“手工添加”，可以选择设置搜索网段、添加指定 IP 或通过 USB 添加这三种不同的方式来完成添加。选中待删除的打印机，单击“删除打印机”，即可删除打印机。

（2）设置

通过“设置”选项，可以对该软件进行常规设置，包括语言、开机自动启动、打印机系统更新提示、应用程序更新提示等功能的设置，如图 3–2–20 所示。

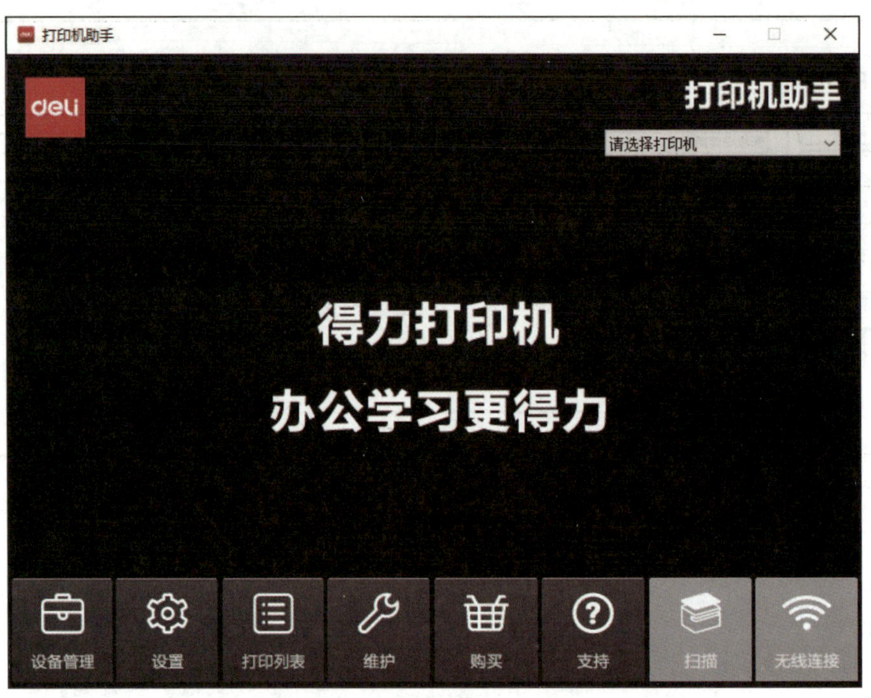

图 3-2-18　得力打印机助手首页界面

图 3-2-19　得力打印机助手的设备管理

图 3-2-20　得力打印机助手的设置

（3）打印列表

通过单击“打印列表”选项，可以查看正在打印的文档，如图 3-2-21 所示。

（4）购买、支持、扫描

单击“购买”选项，页面会跳转到购买网页；单击“支持”选项，软件会跳转到包含用户手册和常见问题解答（FQA）信息的页面；由于该打印机不具备扫描功能，因此，该“扫描”选项呈灰色不可用状态。

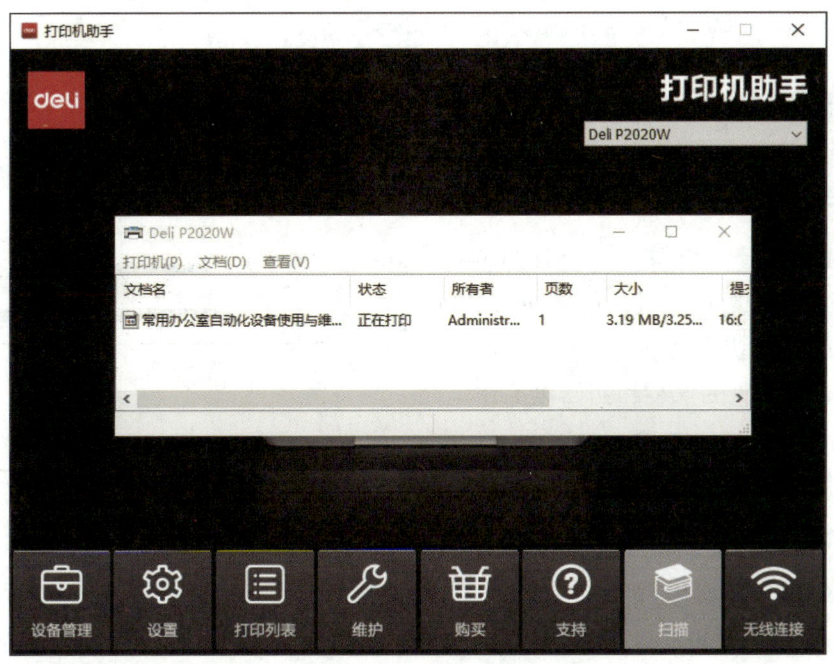

图 3-2-21　得力打印机助手的打印列表

（5）无线连接

可通过 USB 数据线对设备进行无线连接，然后单击“下一步”按钮，选择无线网络，输入密码即可为设备连接无线网络，如图 3-2-22 所示。

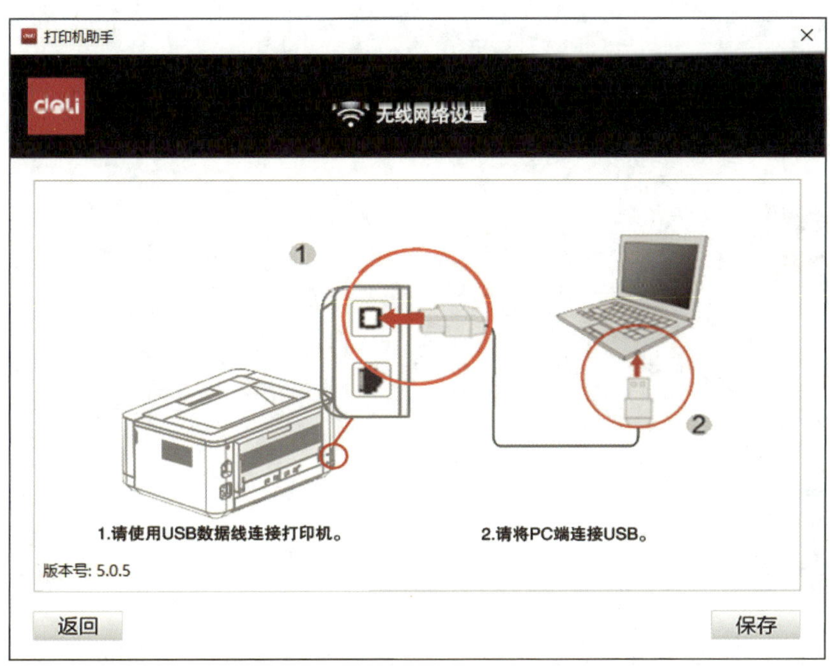

图 3-2-22　得力打印机助手的无线连接

至此，得力 P2020W 型黑白激光打印机的安装全部完成。

巩固与练习

某企业办公室新购置了一台 HP LaserJet Pro M403d 型黑白激光打印机，如图 3-2-23 所示，该设备已经通过快递送达办公室。请按照以下要求，完成打印机的安装和初始化工作。

1. 打开包装箱，参照产品说明书，仔细检查箱内的附件是否和产品说明书中所列一致。

2. 按照产品说明书，拆除运输固定锁。

3. 按照产品说明书，熟悉打印机的正面、背面、内部以及控制面板上各个部件的名称和功能。

4. 试着按照产品说明书安装打印机。

图 3-2-23　HP LaserJet Pro M403d 型黑白激光打印机

任务 3　使用激光打印机

学习目标

1. 能使用得力 P2020W 型黑白激光打印机打印文档。
2. 能使用得力 e+ App 打印文档。
3. 能使用得力云 API 打印文档。

任务描述

某公司员工小王购买的得力 P2020W 型黑白激光打印机已经完成安装和初始化工

作，现在小王准备使用该打印机打印文档。经过研究和分析，他得知得力 P2020W 型黑白激光打印机有多种打印文档的方法，准备逐一尝试。

一、得力 e+ App

得力 e+ App 是得力公司推出的智慧办公管理服务软件，集通信、协同办公等功能于一体，也是得力智能硬件管理平台。该软件可以轻松地管理企业智能设备，具备诸如自动考勤打卡、办公室温度调控、远程打印、远程开门等多种功能。

用户可以从手机应用市场搜索并下载得力 e+ App，也可以扫描图 3-3-1 所示的二维码下载。

图 3-3-1　得力 e+ App 下载二维码

二、得力云

得力云 API 是遵循国际 W3C 标准 HTTP 通信协议的基于 Web 的应用程序接口。各类网站、应用以及业务系统能借助此接口将信息传输至得力云 API，进而输出到得力云无线打印机。

得力云打印机属于支持云打印的无线业务信息打印设备，可对订单、确认单、票据、优惠券等各类业务信息进行无线打印输出。

得力云基于 Web 提供的 API（应用程序接口），可无线接收来自第三方网站或业务系统的打印请求，使得相关业务信息（如订单、确认单、发票等）可根据需要打印到分布在任意位置的得力云打印机（终端）。

一、从计算机上打印文档

下面以 Windows 操作系统为例，介绍在计算机上打印文档的流程，其他操作系统的操作步骤可能略有差异，部分支持情况也不尽相同。具体操作因应用程序而异，如需详细信息，可查看应用程序的帮助文档。

打印操作步骤如下。

1. 装入打印纸。装入打印纸的方法如本项目的任务 2 所示，并连接好设备的电源线和数据线，如果得力 P2020W 型黑白激光打印机没有故障提示，则表示打印纸已经成功装入。

2. 打开需打印的文件，在“文件”菜单中选择“打印”，弹出图 3–3–2 所示的对话框，在其中选择 Deli P2020W。

3. 单击“属性”按钮，弹出图 3–3–3 所示的“属性”对话框，在该对话框中可以进行纸张来源、打印方向、纸张类型、打印预置、双面打印、多页打印等各项设置。完成设置后单击“确定”按钮，返回图 3–3–2 所示的对话框。

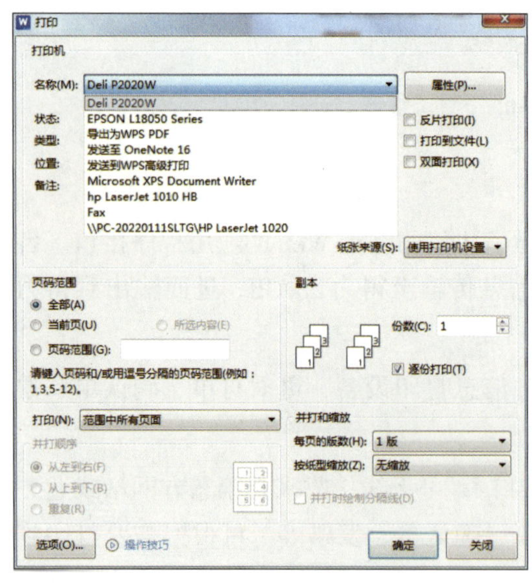

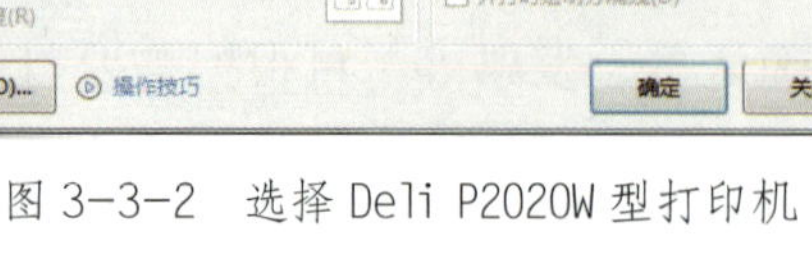

图 3–3–2　选择 Deli P2020W 型打印机

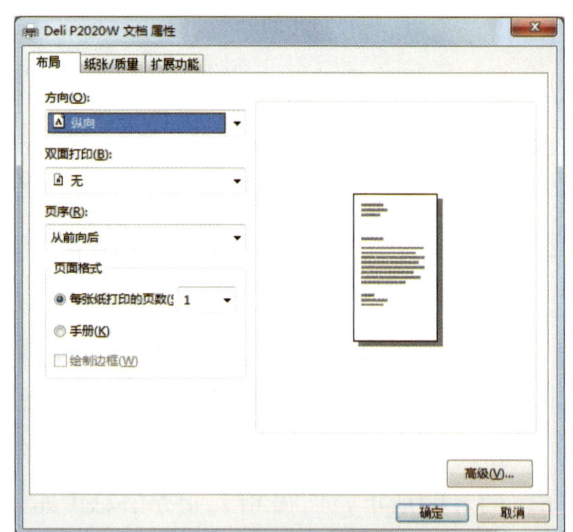

图 3–3–3　Deli P2020W 型打印机的属性设置

4. 在图 3–3–2 所示对话框中单击“确定”按钮，即可开始打印文档。

二、从得力 e+ App 上打印文档

使用得力 e+ App 打印文档，可以按照以下步骤进行。

1. 下载得力 e+ App，可以从手机应用市场下载或通过扫描图 3–3–1 所示的二维码进行。下载完成后，使用得力 e+ App 中的“扫一扫”功能，扫描打印机上的二维码，通过相关指引完成打印机的配网操作。

2. 在得力 e+ App 的打印应用中单击“图片打印”或“文件打印”，如图 3–3–4 所示，在此选择“文件打印”选项。

3. 在确认打印预览内容无误后，单击“打印”按钮，将文件发送至打印机进行打印。如需对更多打印参数进行设置，可以单击“设置”完成相关设定，如图 3–3–5 所示。

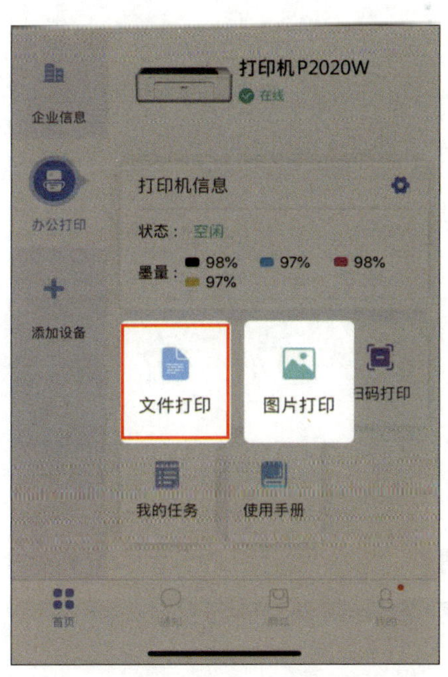

图 3–3–4　选择“文件打印”

图 3–3–5　打印预览界面

三、利用得力云打印文档

利用得力云打印文档，要在计算机上连接并配置好得力打印机，并在计算机上下载并安装计算机版得力 e+ App，可按以下步骤操作。

1. 在计算机上登录得力 e+ App 的 Web 端。网址为 https://www.delicloud.com，登录后进入“应用管理”页面，选择“云打印”应用，如图 3–3–6 所示。

2. 选择本地文件，或将需打印的文件拖动到打印区域，文件便会自动上传至服务器，操作如图 3–3–7 所示。

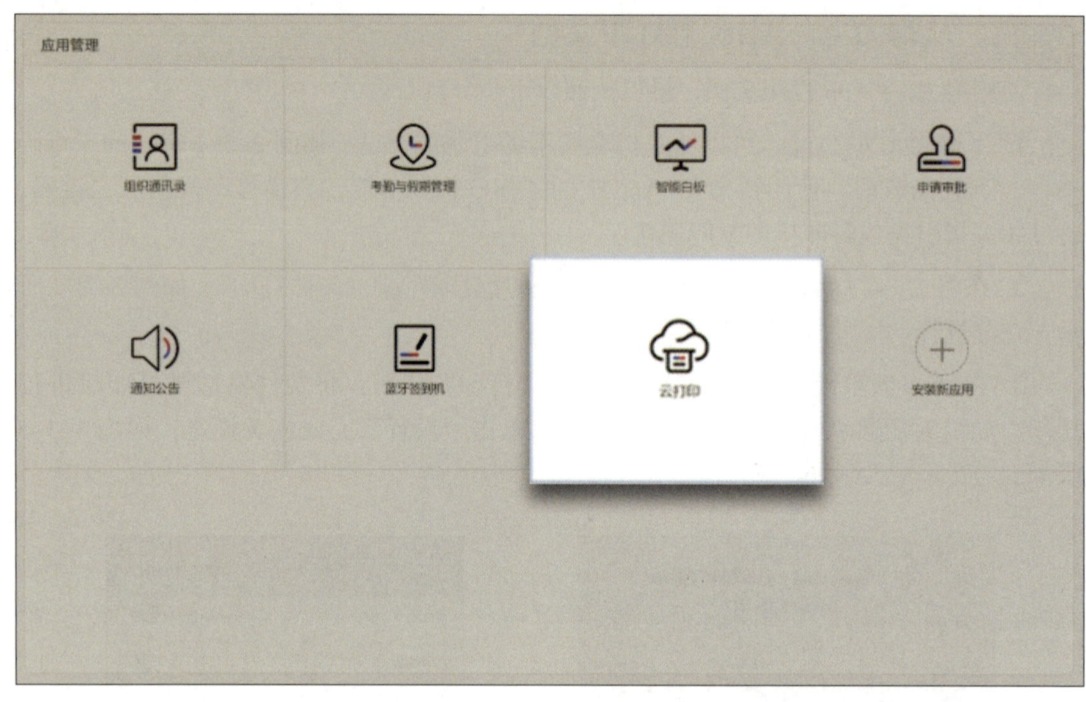

图 3-3-6 “云打印”应用

图 3-3-7 选择打印文件

3. 完成打印文件的预览和相关参数设置后，选择对应的打印机进行打印，如此即可完成文档的打印，如图 3–3–8 所示。

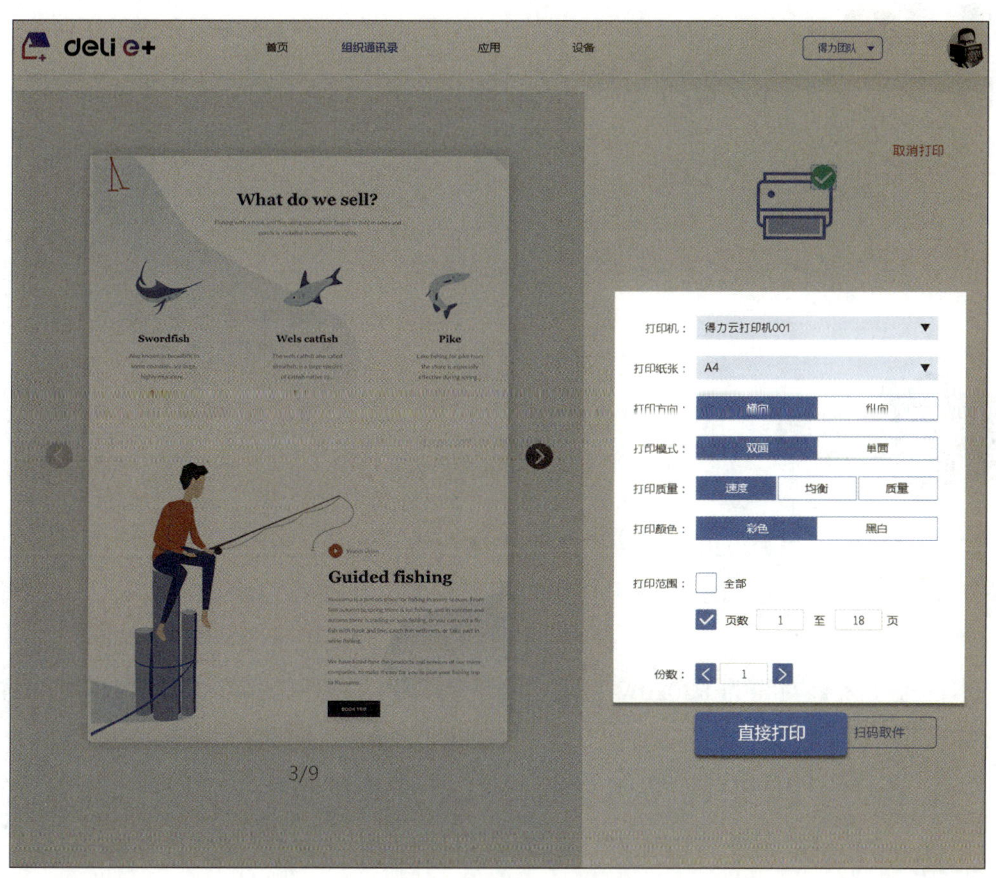

图 3–3–8　打印预览和打印参数设置

某企业办公室购置了一台 HP LaserJet Pro M403d 型黑白激光打印机，如图 3–2–23 所示，请按照以下要求完成相应的打印工作。

1. 在计算机上安装 HP LaserJet Pro M403d 型黑白激光打印机的驱动程序。

2. 打开一个文档，试着用 HP LaserJet Pro M403d 型黑白激光打印机打印。

3. 在手机端安装 HP 移动打印 App，试着用 App 操作该打印机完成文档打印工作。

4. 试着在“小白智慧打印”小程序中添加 HP LaserJet Pro M403d 型黑白激光打印机，利用小程序操作该打印机打印照片，并对照片开展趣味打印操作。

任务 4　维护和保养激光打印机

学习目标

1. 能根据系统给出的错误提示信息，处理激光打印机使用期间出现的常见问题。

2. 能通过清洗、更换硒鼓等方式解决因打印效果不佳而产生的问题。

3. 能处理打印机未正常进纸等故障。

4. 能完成激光打印机的日常维护和清洁工作。

任务描述

小王购置的得力 P2020W 型黑白激光打印机在使用一段时间后，需进行日常维护和保养。并且打印机近期还出现了打印时墨迹模糊、字迹难以辨认的情况，小王得想办法解决这些问题。

本任务主要针对得力 P2020W 型黑白激光打印机的常见故障，完成打印机的维护和保养工作。

一、得力 P2020W 型黑白激光打印机的常见故障以及排除方法

在得力 P2020W 型黑白激光打印机的使用过程中，若出现表 3-4-1 所示的错误，用户可以自行尝试解决。同时，根据最新的驱动程序和说明书，能了解常见问题解答以及故障排除技巧。

表 3-4-1　得力 P2020W 型黑白激光打印机的指示灯状态及问题与解决办法

指示灯状态	问题与解决办法
控制面板上的 LED 灯不亮	1. 确认打印机是否已开启 2. 查看电源插头是否已正确连接 3. 查看电源开关是否处于开启状态 4. 重启打印机，若 LED 灯还是不亮，则联系售后服务
安装驱动程序过程中报错或失败	1. 确认计算机系统版本是否支持该驱动程序 2. 确认是否以管理员权限安装驱动程序 3. 进入计算机的控制面板，卸载驱动程序并重新安装 4. 关闭安全管理软件（如 360、腾讯安全管家等）后重启打印机

续表

指示灯状态	问题与解决办法
驱动程序安装成功，通过 USB 添加打印机失败	1. 确认 USB 数据线是否有明显损坏。若损坏，应更换新的 USB 数据线 2. 进入计算机的打印机页面，插拔 USB 数据线，观察是否能出现该打印机（包括出现未知设备）。若在插拔过程中未出现任何设备，则表示该 USB 数据线有问题，应更换新的 USB 数据线 3. 若在插拔过程中识别打印机为未知设备或其他型号的设备，需使用打印机助手手动通过 USB 添加打印机 4. 若手动通过 USB 添加打印机失败，需重新安装打印机驱动程序
驱动程序安装成功，通过网络添加打印机失败	1. 确认打印机与计算机连接在同一个网络中，且网络正常 2. 查看打印机的 IP 地址，利用打印机助手，通过手机 IP 地址添加打印机 3. 若添加打印机失败，需重新安装驱动程序
发送任务后，打印机不工作	1. 确认打印机已开机，查看打印机状态是否正常（可重启打印机和计算机） 2. 确认打印机与计算机是否正常连接 3. 检查计算机选择的打印机是否为该打印机。当向该打印机发送任务后，查看打印机助手中的正在打印项，若显示该打印机为脱机状态，则需要重新添加打印机（如果打印队列中的该打印机为通过 USB 添加的打印设备，则实际上必须使用 USB 数据线连接打印机和计算机，若使用网络连接打印，打印任务不会被发送到打印机上） 4. 如果经过上述操作还是打印失败，需重新安装打印驱动程序
卡纸	1. 清除卡纸，打印机配备有传感器，可快速识别到卡纸，如果卡纸，打印机会立即停止进纸 2. 需检查如下三个区域：纸盒 / 手动进纸器、硒鼓附近以及设备后部（定影单元），并取出被卡住的纸
打印机的网络连接正常，但打印机图标显示为脱机	1. 查看打印机的 IP 地址并进行 ping 操作，以检查网络是否正常 2. 若网络正常，可尝试关闭 SNMP 选项，方法如下：打印机列表→在该打印机上单击鼠标右键，在弹出的快捷菜单中选择“属性”选项→端口→配置端口，取消勾选“启用了 SNMP 状态”
其他问题	1. 如果硒鼓长时间未使用，在首次打印或前几次打印时可能会出现白线或打印颜色暗淡的情况 2. 因纸张类型或尺寸不同，打印速度可能会变慢 3. 若使用不适用的纸张类型或尺寸，纸张可能会卷曲、褶皱，纸张上打印的图像会变形，纸张边缘也可能弯曲 4. 切勿将硒鼓垂直放置，也不要上下摇晃硒鼓 5. 得力官网（www.nbdeli.com）会提供最新的驱动程序、说明书、常见问题解答以及故障排除技巧，可访问查看

二、得力 P2020W 型黑白激光打印机的 LCD 显示屏信息以及指示灯工作状态

得力 P2020W 型黑白激光打印机出现故障时，常表现为打印机控制面板上的指示灯闪烁。了解不同的指示灯闪烁的含义对于维护打印机非常重要。得力 P2020W 型黑白激光打印机控制面板上的指示灯如图 3-4-1 所示。得力 P2020W 型黑白激光打印机出现故障时，其指示灯显示信息见表 3-4-2。

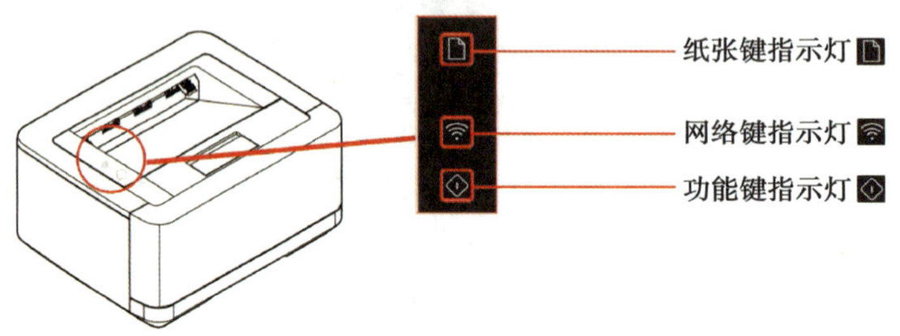

图 3-4-1　得力 P2020W 型黑白激光打印机控制面板上的指示灯

指示灯的闪烁模式如下：闪烁 1——快速闪烁；闪烁 2——亮起 1～5 s 循环闪烁；闪烁 3——慢速闪烁。

得力 P2020W 型黑白激光打印机出现故障时，其指示灯显示信息见表 3-4-2。

表 3-4-2　得力 P2020W 型黑白激光打印机出现故障时的指示灯显示信息

指示灯信息	LCD 显示屏信息	处理方法
◈红色闪烁 3	纸盒无纸	在纸盒内放入纸张 按◈（功能键）继续原来的打印任务，按住◈（功能键）不少于 3 s 取消打印任务
◈红色闪烁 3	设备内卡纸	打印机卡纸 打开打印机前盖和后盖，清除打印机内部卡住的纸张，关闭前盖，放回纸盒 按◈（功能键）继续原来的打印任务，按住◈（功能键）不少于 3 s 取消打印任务
◈红色闪烁 3	纸盒卡纸	纸盒内卡纸 拉出纸盒，清除纸盒内卡住的纸张后，放回纸盒 按◈（功能键）继续原来的打印任务，按住◈（功能键）不少于 3 s 取消打印任务

续表

指示灯信息	LCD 显示屏信息	处理方法
红色闪烁 3	打印机后部卡纸	打印机后部卡纸 打开打印机后盖，清除打印机后部卡住的纸张后，关闭打印机后盖 按（功能键）继续原来的打印任务，按住（功能键）不少于 3 s 取消打印任务
红色闪烁 3	纸张尺寸不匹配	打印设置中选择的纸张尺寸和纸盒中装入的纸张尺寸不匹配，检查打印设置以及纸盒中的纸张尺寸 按（功能键）继续原来的打印任务，按住（功能键）不少于 3 s 则取消打印任务
红色闪烁 3	双面打印失败	双面打印设置中选择的纸张尺寸与纸盒中装入的纸张尺寸不匹配，将强制取消打印任务
红色闪烁 3	纸张尺寸设置不正确	检查设置中的纸张尺寸，然后重新打印
红色闪烁 3	打印机盖板已打开	关闭盖板，确认前盖是否完全关闭
红色闪烁 3	打印机内存不足	打印机的内存已满，将无法打印所有原稿，可尝试分割文件来打印
红色闪烁 3	双面打印设置不可用	双面打印设置不符合要求，检查打印设置是否符合要求并修改，双面打印支持的纸张类型为 Letter、Legal、Folio、A4，支持的打印种类为文本、文本和照片
红色闪烁 3	硒鼓错误或缺少硒鼓	装入脏污或不支持的硒鼓，可用柔软的干布清洁硒鼓的表面或使用原装硒鼓
红色闪烁 3	打印机已超出使用寿命	打印机已超出使用寿命，无法再使用
红色闪烁 3	定影器错误	发生定影器错误时，需关闭打印机电源并避免触摸打印机后部。静置至少 40 min 后，联系售后人员解决
红色闪烁 3	系统错误	发生系统错误时需关闭设备，排除环境和温度因素 10 s 后重新启动打印机
红色闪烁 3	风扇错误	检查风扇的状态，如果风扇脏污，应在清除脏污后重新启动打印机
绿色常亮	碳粉不足或已经用完	打印机硒鼓中的碳粉严重不足，需更换硒鼓
绿色常亮	打印机正在冷却	打印机内部过热，自动进入冷却模式，此时打印机打印速度会变慢或停止打印，当内部温度变为正常时，将自动终止冷却模式

一、日常保养打印机的硒鼓

激光打印机的硒鼓是打印机的重要部件。如果硒鼓不干净或堵塞，就会导致打印机打印效果不理想，甚至无法正常工作。

在清洁打印机的硒鼓之前，需要做一些准备工作，以确保清洁的效果更好。首先，需要准备一些清洁工具，如纸巾、棉签、清洁液和吸尘器等。其次，需要关闭激光打印机并拔掉电源线，以免清洁时发生触电事故。需将硒鼓从打印机中取出并放在干净的纸巾上，以便清洁。

1. 清洁硒鼓外表面

用干净的纸巾或棉签轻轻擦拭硒鼓外表面，去除表面的灰尘和污垢。如果硒鼓表面有顽固的污垢，可以使用一些清洁液来清洁，但需要注意不要让液体进入硒鼓内部。

2. 清洁硒鼓内部

清洁硒鼓内部需要非常小心，因为硒鼓内部有非常敏感的部件，不当的清洁会导致硒鼓损坏。首先，需用吸尘器等工具将硒鼓内部的灰尘和碎屑吸走。其次，可以使用棉签或者细毛刷轻轻擦拭硒鼓内部，去除碳粉堵塞或者结块的部分。

3. 清洁硒鼓底部

硒鼓底部是碳粉传输的重要部分，如果硒鼓底部堵塞或者污垢过多，就会导致打印机不能正常工作。可以用干净的纸巾或者棉签清洁硒鼓底部。如果硒鼓底部很脏，可以使用一些清洁液来清洁，但也需注意不要让液体进入硒鼓内部。

4. 重新安装硒鼓

清洁完硒鼓之后，需要将硒鼓重新安装到打印机中。在安装之前，需检查硒鼓是否干净并且安装位置是否正确。如果安装位置不正确，硒鼓就无法正常工作。

虽然清洁激光打印机硒鼓工作看似简单，但实际上需要非常小心和仔细，否则就会导致硒鼓损坏或者打印机无法正常工作。在清洁之前需做好充分的准备工作，并在清洁过程中注意细节和安全。只有这样，才能使激光打印机一直保持良好的打印效果和工作状态。

二、处理卡纸

卡纸是激光打印机在使用过程中常见的问题，为了减少卡纸，在使用过程中不能使用不合适的纸张；不能用湿的、使用涂改液修改过的、脏污的或表面有涂改液涂层的纸张；不能使用被订书钉钉在一起的或用胶带、胶水粘住的纸张；不能使用粘贴有便签的纸张；也不能使用有折痕、褶皱或被撕开的纸张。此外，使用卷曲超过 2 cm 的纸张也容易造成卡纸。

卡纸一般发生在激光打印机的三个位置，下面分别进行介绍。

1. 清除纸盒内的卡纸

清除纸盒内的卡纸的操作步骤如下。

（1）取出纸盒，从打印机中小心地拉出卡纸，如图 3–4–2 所示。

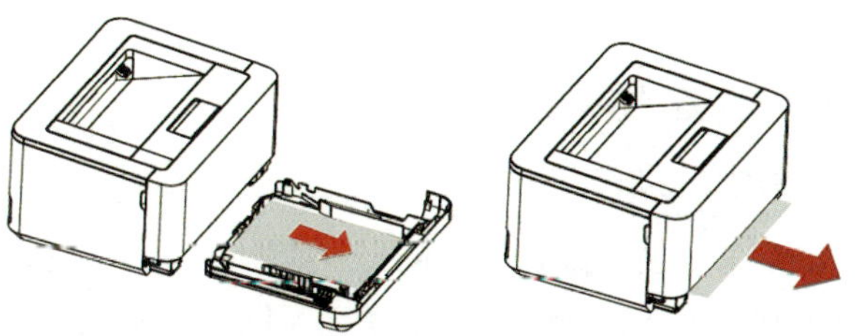

图 3–4–2　取出纸盒，拉出卡纸

（2）将纸盒装入打印机，按（功能键）重新开始其余的打印任务，如果需要取消打印任务，则长按（功能键）不少于 3 s。

2. 清除打印机内的卡纸

清除打印机内的卡纸的操作步骤如下。

（1）打开打印机的前盖，手握硒鼓的中间手柄，取出硒鼓，如图 3–4–3 所示。

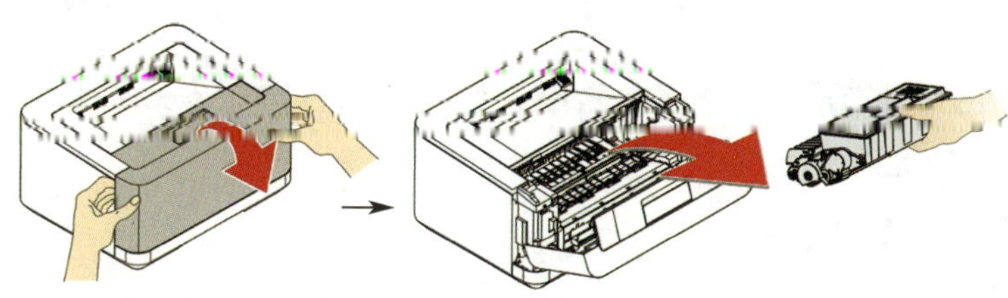

图 3–4–3　打开前盖，取出硒鼓

（2）小心地拉出卡纸，再将硒鼓装入打印机，注意硒鼓应牢固地安装到位，如图 3–4–4 所示。

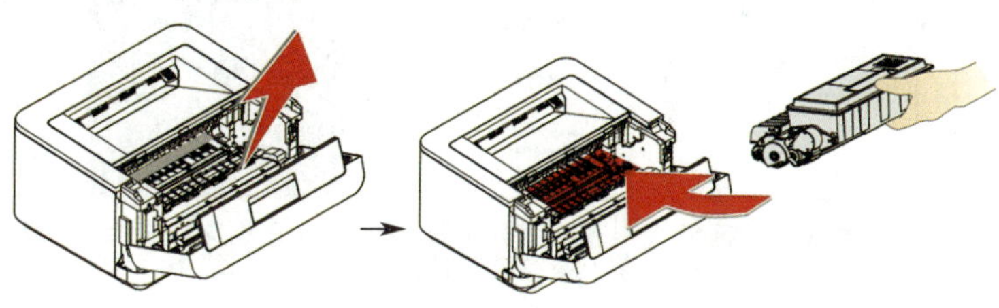

图 3–4–4　拉出卡纸，装入硒鼓

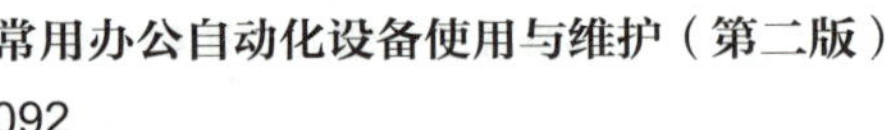

（3）盖好前盖，按◎（功能键）重新开始其余的打印任务，如果需要取消打印任务，则长按◎（功能键）不少于 3 s。

提示

如果打印机前盖关不上，说明硒鼓未正确装入。需取出硒鼓，重新正确安装。但要注意，在取出硒鼓后，不要损坏硒鼓，硒鼓损坏将影响打印质量。

3. 清除打印机后部（定影单元）的卡纸

清除打印机后部的卡纸的操作步骤如下。

（1）打开打印机的后盖，小心地拉出卡纸，如图 3–4–5 所示，但在打开打印机后盖时要注意，由于打印机在使用过程中定影单元周围会发热，打开后盖时不要触摸这些发热部件。

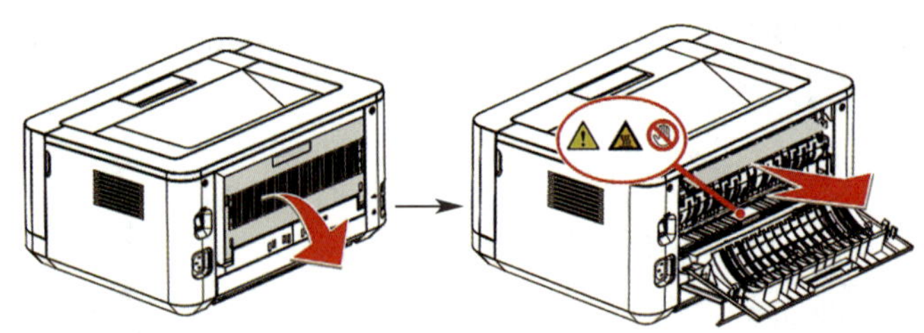

图 3–4–5　打开后盖，拉出卡纸

（2）关上后盖，按◎（功能键）重新开始其余的打印任务，如果需要取消打印任务，则长按◎（功能键）不少于 3 s。

三、改善打印质量

在打印机的使用过程中，如果出现打印图像质量变差的情况，如图 3–4–6 所示，可能是硒鼓出现问题，其解决方法一般有以下几种。

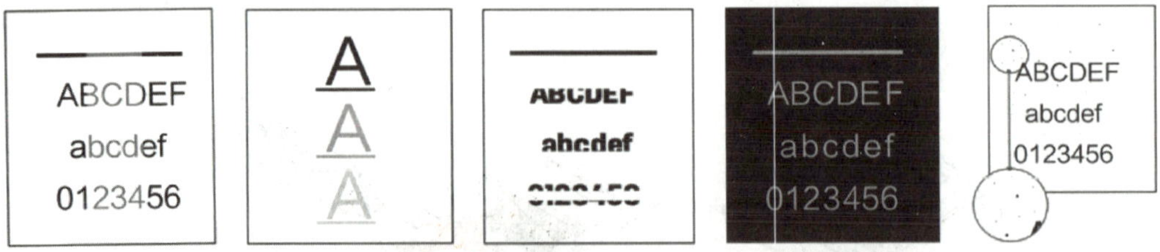

ABCDEF
abcdef
0123456
模糊或暗淡

A
A
A
字符或线条有重影

出现横穿页面的白线条、条纹或带状物

ABCDEF
abcdef
0123456
出现纵穿页面的白线条

ABCDEF
abcdef
0123456
出现间隔为64 mm的黑点

图 3–4–6　打印质量变差

1. 晃动硒鼓

如果打印机控制面板上的 LCD 显示屏未显示碳粉不足，则有可能是碳粉分布不均匀，可打开打印机前盖，用手握住硒鼓中间的手柄并取出硒鼓，从前到后晃动硒鼓几次，使碳粉均匀分散。但要注意，不能猛烈地摇晃硒鼓，否则内部的碳粉可能溢出，也不能上下晃动硒鼓。

2. 执行清洁操作

可以按照以下步骤清洁打印机。

（1）将纸张装入纸盒。

（2）按下（纸张键）10 s 以上，打印机会自动进入清洁模式。

3. 更换硒鼓

如果进行了上述操作后，打印质量还没有得到明显改善，或者打印机控制面板上的 LCD 显示器显示碳粉不足，则需要更换硒鼓。

更换硒鼓的步骤如下。

（1）关闭打印机后，打开打印机前盖，用手握住硒鼓的中间手柄，取出硒鼓，如图 3-4-3 所示。

（2）从包装盒中取出新的硒鼓，前后左右摇动硒鼓 5 ~ 6 次，使碳粉均匀分散，以改善打印质量。然后，拉出硒鼓左侧的密封条、胶带和保护纸。

（3）装入硒鼓并关上打印机前盖。

某企业办公室购置了一台 HP LaserJet Pro M403d 型黑白激光打印机，如图 3-2-23 所示，请按照以下要求完成打印机的打印工作。

1. 打印机在打印过程中夹纸，请根据产品说明书进行处理。
2. 利用打印机打印彩色文档时，发现打印不清晰，请根据产品说明书进行处理。
3. 根据产品说明书，尝试正确保养打印机。
4. 若在打印过程中发现打印机碳粉不足，请根据产品说明书进行处理。

项目四 复印机的使用与维护

在现代办公场景中，频繁涉及对众多文件和图片资料进行复制、分发以及存档等操作，而这些工作流程均高度依赖复印机。追溯复印机的发明历程，1938 年，美国律师切斯特·卡尔森成功发明了全球首台复印机；直至 1959 年，施乐（Xerox）公司（前身是哈罗依德公司）推出了施乐 914 型静电复印机，至此，商用复印机正式问世。

复印机作为一种将光、电、磁技术有机融合的高科技产品，具备快速、精准且清晰地再现文件资料与图像的能力。其复印生成的副本质量优良，适合作为档案资料长期留存，这为办公、科研以及生产活动提供了极大的便利性。

任务 1　认识和选购复印机

1. 了解常见复印机的类型、功能和特点。
2. 了解复印机的技术指标。
3. 能按照使用需求选购合适的复印机。
4. 能选购常见复印机的耗材。

某公司为提升办公自动化水平，提高工作效率，计划采购一台复印机，主要用于复印文件及学习资料。小王接到此项任务后，打算通过实地走访市场以及在网络上进行搜索调研，对当前市面上复印机的品牌及质量状况展开全面考察，以便确定最终购买哪个品牌的复印机最为合适。

一、复印机的工作原理

根据工作原理不同来分类，复印机可分为光学复印、热敏复印以及静电复印这三种类型。

1. 光学复印

光学复印借助光化学技术，当光线照射到原稿上时，不同区域会发生相应的化学反应，随后将原稿的内容转印至复印纸上，从而实现复印的效果。

2. 热敏复印

这种复印方式需使用表面涂有热敏材料的复印纸，将其与单张原稿紧密贴合在一起，并接收红外线或其他热源的照射。在这个过程中，原稿图像部分吸收的热量会传递到复印纸表面，致使热敏材料的色调变暗，进而形成复印品。目前，热敏复印主要应用于传真机接收传真的过程中。

3. 静电复印

静电复印是当今应用最为广泛的复印技术，它借助硒、氧化锌、硫化镉和有机光导体等作为光敏材料，在光线较暗的环境下，光敏材料上的电荷接收原稿图像曝光，形成静电潜像，再经显影、转印和定影等流程生成复印品。

静电复印又可分为直接法和间接法两种。直接法是在涂有光导材料的纸张上直接形成静电潜像，然后运用液体或粉末状的显影剂进行显影和定影处理，从而得到复印品；间接法则是先在光导体表面形成潜像并完成显影操作，接着将图像转印到普通纸张上，经过定影后成为复印品。自 20 世纪 70 年代起，间接法逐渐成为静电复印的主流发展方向。

静电复印机主要由如下三个关键部分构成：一是对原稿进行照明和聚焦的部分；

二是在光导体上形成潜像并对潜像进行显影的部分；三是负责复印纸的进给、转印以及定影等操作的部分。其具体工作流程如下：将原稿放置在透明的稿台上，稿台下的照明光源会以匀速移动的方式对原稿进行扫描。原稿图像会经由若干反射镜和透镜组成的光学系统，在光导体的两面聚焦成像，并且该光学系统能生成与原稿大小相同、放大或缩小的影像。

二、复印机的技术指标

1. 输出分辨率

与打印机类似，输出分辨率同样是复印机的一项关键技术指标。当前市场上复印机的输出分辨率普遍已在 600 dpi 以上，主流复印机的输出分辨率更是达到了 1 200 dpi 甚至 2 400 dpi 的水平。通常而言，600 dpi 的分辨率足以应对普通文本的复印需求，而 1 200 dpi 的分辨率对于日常办公场景而言略显高端。

2. 扫描分辨率

扫描分辨率对于确保输出原稿的清晰度具有重要意义。鉴于黑白复印机主要应用于文稿和图表的复印工作，对于黑白复印机而言，扫描分辨率为 600 dpi 已能满足基本要求。实际上，绝大多数彩色复印机的扫描分辨率也为 600 dpi。

3. 复印机的运行速度

复印机的运行速度主要由三个方面的因素所决定，即输出速度、预热时间以及首页输出时间。

（1）输出速度

输出速度是影响复印机运行效率的关键因素，并且在很大程度上左右着复印机的档次与价格。现阶段，中端复印机的输出速度通常为每分钟 25 ~ 35 页，而较为低端的复印机的输出速度一般约为每分钟 15 页。

（2）预热时间

预热时间是指复印机从开机状态直至能正常开展复印工作这一期间所耗费的时间。在此过程中，复印机需要对感光材料进行充电操作，借助电晕放电的方式使感光材料表面携带一定数量的静电电荷，进而具备开始复印工作的条件。显然，预热时间越短越好，目前中端复印机的预热时间在 30 s 左右，低端复印机的预热时间则为 30 ~ 60 s。值得注意的是，预热时间的长短主要与复印机所配备电子部件的数量以及电路的复杂程度相关联，部分高档复印机的预热时间反而更长，有的甚至长达 360 s。

（3）首页输出时间

首页输出时间是指在复印机完成预热操作且用户完成所有准备工作之后，从按下“复印”按钮开始，直至复印机输出第一张复印稿件所花费的时间。首页输出时间对于进行多页小批量复印作业时的整体速度有着较大的影响。当前市场上，低端复印机的首页输出时间大多在 5 s 以上，而中高端复印机的首页输出时间多数在 5 s 以内。

4. 存储器

一般情况下，复印机都会配备相对较大容量的内存，以此来实现连续复印功能，并且在作为网络输出设备时，能容纳尽可能多的等待打印任务队列。在高端复印机中，大多数会配备外部存储器，然而，由于成本因素的限制，大多数低端复印机通常未配备外部存储器。

除了上述几个技术指标外，复印机的体积大小、功耗高低、供纸盒的容量等指标，同样也是在选购复印机时需要综合考虑的重要因素。

三、复印机的选购注意事项

在购置复印机时，为实现质优、价低且适用、实用的目标，可从以下多个方面加以考虑。

1. 业务性质

应重点考虑复印的幅面要求。若需要复印蓝图或工程图，则必须选择工程复印机；若要复印的是普通的文件报表，那么应选择最大幅面为 A3 的复印机；如果所需复印的幅面不大，并且复印量较少，那么应选择 B4 或 A4 幅面的小型复印机便已足够。

2. 复印数量

对于每月复印量在 3 000 页以下的中小型企业而言，选择输出速度在每分钟 20 页以下，同时配备自动输稿器的低速复印机就能满足需求；对于每月复印量为 3 000～9 000 页的大中型企业，应选择输出速度在每分钟 25 页以上，且功能完备、性能稳定的复印机；针对每月复印量在 1 万页以上但在 10 万页以下的特大复印数量用户，则需选择具备选配器以及分页、装订器等功能的高速复印机。

3. 成本核算

复印机属于消耗性设备，其内部众多零部件均有一定的使用寿命，例如复印机的感光鼓、载体、碳粉盒等部件。所以在选购复印机时，一定要明确其耗材的使用寿命以及价格情况。若在这方面选择失误，必然会导致使用成本的增加。

4. 品牌选择

当前市场上的复印机品牌繁多，其中佳能、施乐、夏普等品牌的市场占有率相对较高。近些年来，国内品牌也有崛起的态势，得力、华为等企业也推出了不少优质的复印机，可供选择。

5. 售后服务

复印机是集光学、电子、机械、化工等技术于一体的精密设备。在使用期间，需

要定期进行保养，而这些保养工作通常需要专业人员来操作。因此，在选购复印机时，要挑选那些信誉良好、具备一定规模和技术实力的专业办公设备公司，并与之签订保养、保修合同，以确保复印机在使用过程中能得到及时、有效的维护和支持，从而保障其正常运行和使用寿命。

一、明确选购目标

此次，小王选购复印机旨在满足试卷、文件等资料的复印需求，因此，需从以下几个关键方面进行考虑。

1. 复印机的复印量是否能满足日常使用，需具备足够的容量。
2. 复印机的品牌是否属于市场主流。
3. 设备的型号应较新。
4. 耗材价格要处于合理适中的范围。
5. 必须具备良好的售后服务。

二、进行市场调研及网络调研

通过分析实际需求，明确了选购目标后，下一步就需要对具体的品牌、型号进行调研，选择功能匹配、价格适宜的机型作为购买对象。调研可通过市场实地走访或互联网完成，将调研获取的信息记录在表 4-1-1 中，并通过对比，确定所选的型号。

表 4-1-1　复印机的调研信息

品牌	型号	主要功能及特点	购买渠道	价格	评价

为提升产品设计效果与工作效率，某广告公司计划购置一台彩色复印机用于输出设计文档，其具体要求如下。

1. 最大复印幅面应为 A3，同时具备复印、打印和扫描功能。

2. 内存容量应在 1 GB 及以上，机载硬盘容量为 160 GB。

3. 纸盒容量不少于 500 页，打印介质质量为 60 ~ 160 g/m^2。

4. 每分钟复印页数不少于 20 页，复印分辨率为 600 dpi × 600 dpi 及以上，缩放范围为 25% ~ 400%，连续复印页数为 1 ~ 999 页。

5. 耗材可选黑色、黄色、品红色、蓝色碳粉盒。

6. 配备 USB 3.0 或更高级别的接口以及网络接口等。

7. 适用于当前主流操作系统。

8. 设备价格控制在 20 000 元左右。

按照上述要求选择三种复印机，将每种复印机的技术参数填入表 4-1-2 中，以此来帮助客户挑选出符合要求的设备。

表 4-1-2　复印机的技术参数

设备相关参数	备选设备 1	备选设备 2	备选设备 3
参考价格			
品牌			
型号			
……			

任务 2　安装复印机

1. 了解复印机的工作环境要求。
2. 了解复印机的各部件名称及功能。
3. 能按照使用说明书安装复印机。

某公司的小王在进行市场调研后，决定购置一台惠普（HP）MFP E78323dn 型复印机，如图 4-2-1 所示。该复印机凭借其成熟的设计理念以及经典的大屏幕设计，为中小企业量身打造，有效简化了打印操作流程，在办公室环境中展现出独特的便利性与实用性，受到众多用户的青睐。

在惠普（HP）MFP E78323dn 型复印机到货后，小王打开包装箱，准备按照产品说明书来安装。

图 4-2-1　惠普（HP）MFP E78323dn 型复印机

一、安装环境的选择

各种型号的复印机的安装要求大体相同，若安装环境超出要求的范围，可能会对复印机的连续工作时间和复印质量产生影响。复印机对周边环境、安装地点以及使用方式均有一定要求，其中，温度和相对湿度这两项指标要求尤为严格。在初次安装复印机时，需要注意以下几点。

1. 电源和接地要求

电源电压的波动范围应控制在额定电压的 ±10 V 以内。尽量使用复印机原装的三芯插头，并与带有地线的插座配合使用，以此保障复印机的用电安全和稳定运行。

2. 环境温度要求

复印机的使用环境温度应保持在 5～35 ℃。温度过高时，复印机散热会受到不利影响，进而缩短使用寿命并且降低复印质量；而温度过低时，复印机部分部件的性能将会受到不良影响，同时预热时间也会延长。

3. 环境的相对湿度要求

使用复印机时，室内相对湿度应维持在 20% ~ 85%。在相对湿度较高的环境下使用复印机时，会缩短其使用寿命，并影响复印质量。

4. 通风条件

复印机在使用过程中会释放一定量的有害气体并且产生热量，这对人体健康是不利的。所以，放置复印机的房间需具备良好的通风条件，以保证室内空气新鲜。

5. 安放条件

复印机应放置在远离水、具有易燃气体或腐蚀性气体的位置，并且要在少尘的环境中使用。复印机应放置在坚固的平台上，确保其不会随着自身的运转而晃动。另外，复印机靠墙的一侧应预留 15 cm 以上的空间作为通风风道，复印机的前方和左右两侧也要预留足够的空间，这样才便于对复印机进行操作、更换耗材、维修及保养等。

二、惠普（HP）MFP E78323dn 型复印机部件的名称和功能

下面从复印机的前视图、后视图、接口端口和控制面板等方面介绍惠普（HP）MFP E78323dn 复印机部件的名称和功能。

1. 惠普（HP）MFP E78323dn 型复印机的前视图

惠普（HP）MFP E78323dn 型复印机的前视图如图 4-2-2 所示，其各部件功能见表 4-2-1。

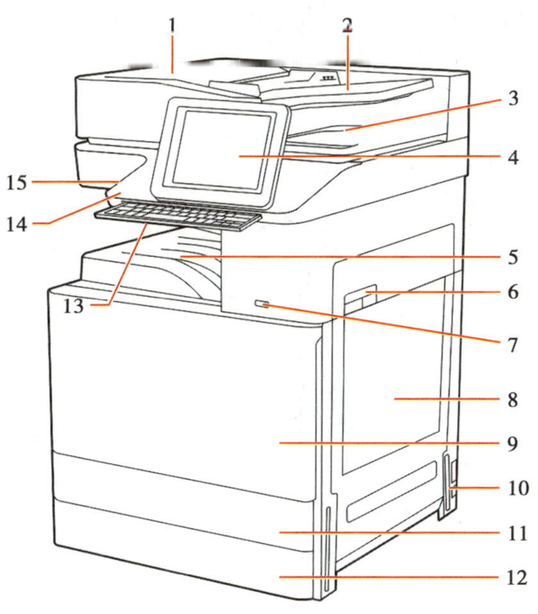

图 4-2-2 惠普（HP）MFP E78323dn 型复印机的前视图

表 4-2-1　惠普（HP）MFP E78323dn 型复印机前视图中的各部件功能

序号	说明
1	自动文档进纸器盖板，用于清除卡纸
2	自动文档进纸器进纸盘
3	自动文档进纸器出纸盘
4	控制面板和彩色触摸屏显示器（可向上倾斜，以便于更好地观看）
5	出纸槽
6	“开关”按钮
7	右挡盖，用于清除卡纸
8	纸盘 1
9	前挡盖，用于安装或更换碳粉盒
10	电源接口
11	纸盘 2
12	纸盘 3
13	可伸缩键盘（仅在 Flow 型号上有）
14	用于连接附件和第三方设备的硬件集成盒（HIP）
15	USB 端口，接入 U 盘即可进行无计算机打印、扫描、更新打印固件，在管理员启用此端口后才可以使用

2. 惠普（HP）MFP E78323dn 型复印机的后视图和接口端口

惠普（HP）MFP E78323dn 型复印机的后视图如图 4-2-3 所示，其各部件功能见表 4-2-2。接口端口如图 4-2-4 所示，其各部件功能见表 4-2-3。

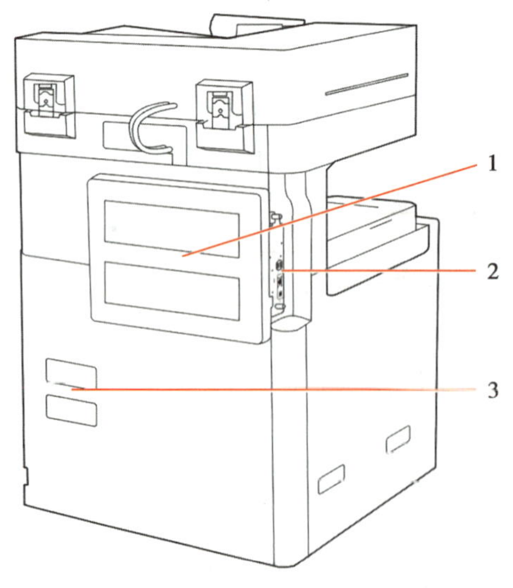

图 4-2-3　惠普（HP）MFP E78323dn 型复印机的后视图

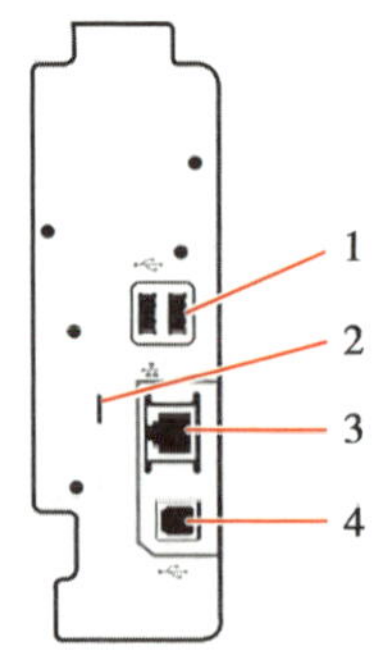

图 4-2-4　接口端口

表 4-2-2　惠普（HP）MFP E78323dn 型复印机后视图中的各部件功能

序号	说明
1	格式化板盖板
2	接口端口
3	序列号和产品编号标签

表 4-2-3　接口端口的各部件功能

序号	说明
1	用于连接外置 USB 设备的 USB 主机端口（这些端口可能被遮盖），若要直接进行 USB 打印或复印，则要使用控制面板附近的 USB 端口
2	电缆类安全锁的插槽
3	局域网（LAN）以太网网络端口（RJ-45）
4	高速 USB 2.0 打印端口

3. 惠普（HP）MFP E78323dn 型复印机的控制面板

图 4-2-5 所示为惠普（HP）MFP E78323dn 型复印机的控制面板，通过该控制面板，用户能访问复印机的各项功能，同时它还能显示复印机当下所处的状态。用户也可以随时通过轻触🏠按钮返回屏幕主页，该按钮位于控制面板的左侧。其各部件的名称和功能见表 4-2-4。

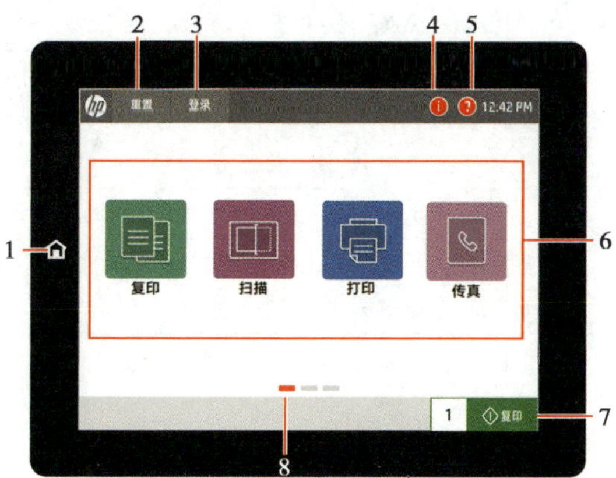

图 4-2-5　惠普（HP）MFP E78323dn 型复印机的控制面板

表 4-2-4　惠普（HP）MFP E78323dn 型复印机的控制面板中各部件的名称和功能

序号	控制面板	功能
1	“主页”按钮🏠	轻触“主页”按钮可返回屏幕主页

续表

序号	控制面板	功能
2	“重置”按钮	轻触“重置”按钮可使复印机还原到默认设置，且是在用户未登录状态时。显示“注销”按钮时，“重置”按钮不会出现。轻触“重置”按钮可以使作业脱离以前的暂停状态和中断模式而继续运行、重置份数字段中的快速复印份数、退出特殊模式、重置显示语言和键盘布局
3	“登录”或“注销”按钮	轻触“登录”按钮可访问受保护的功能 轻触“注销”按钮可从复印机注销，随后复印机将所有选项还原为默认设置，只有管理员已经配置复印机，使其需要允许访问功能时，才会显示此按钮
4	“信息”按钮	轻触“信息”按钮可以进入一个页面，从中可获取多种复印机信息，轻触该页面底部的按钮可访问下列信息 “显示语言”：更改当前用户会话的语言设置 “睡眠模式”：使复印机进入睡眠模式 “Wi-Fi Direct”：查看有关如何使用手机、平板计算机或其他移动设备连接到复印机的信息 “无线”：查看或更改无线连接设置（仅在装有可选的无线附件时可用） “以太网”：查看或更改以太网连接设置 “HP Web 服务”：查看有关使用 HP Web 服务连接和打印到复印机的信息
5	“帮助”按钮	轻触“帮助”按钮，可打开内置帮助系统
6	应用程序区域	轻触任何图标可以打开该应用程序，向两边滑动屏幕可以访问更多的应用程序，可用的应用程序因复印机型号而异，管理员可配置显示哪些应用程序以及显示顺序
7	“复印”按钮	轻触“复印”按钮可以开始复印作业
8	主屏幕页面指示器	显示主屏幕页面或应用程序上的页数。以高亮度显示当前页面，向两边滑动屏幕可以滚动查看页面

一、开箱检查

打开复印机的包装箱后，箱内所包含的物品如图 4-2-6 所示。需确认箱内的附件是否齐全。不过值得注意的是，由于复印机可能产自不同的国家或地区，所以其配备的附件会存在些许差异。

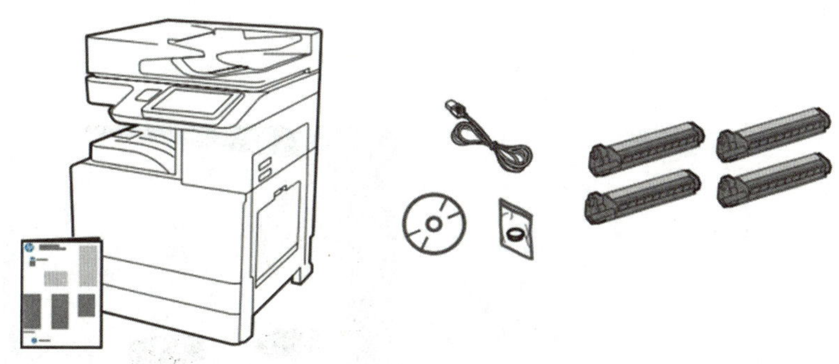

图 4-2-6　复印机及其附件

二、安装设备

在安装惠普打印机之前，用户可以先登录网站 www.support.hp.com 查看安装指南，或者扫描复印机附带的二维码观看安装视频，做好准备工作后再着手进行安装操作。复印机的安装过程主要分为以下步骤。

1. 从包装箱中取出复印机、成像鼓、碳粉收集装置以及与之相关联的硬件。在将复印机和耗材从包装中取出后，需要让它们适应新环境，这个适应时间通常为 4 h。

若复印机和硬件此前是存放在 0 ℃以下的环境中，那么其适应新环境的时间应适当延长。当适应时间达到要求后，方可将保护性透明塑料膜下拉至复印机底部，以便能接触移动手柄，具体可参照图 4-2-7 所示操作。

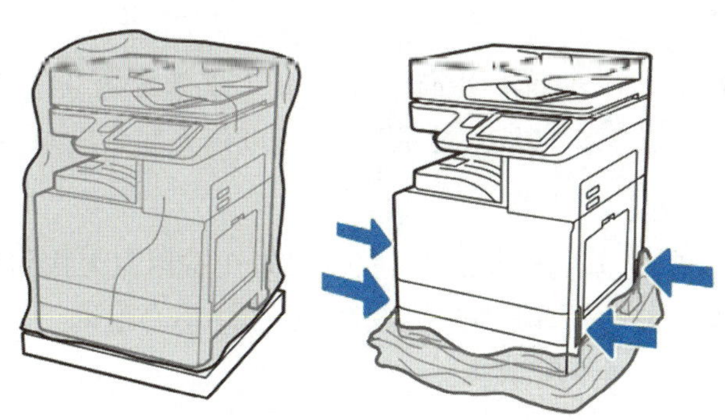

图 4-2-7　取出打印机以适应新环境

另外，成像鼓一般存放在出纸槽区域或者自动文档进纸器的下方。

2. 按照包装箱内的说明，从包装中依次取出双纸盒进纸器、大容量进纸器以及底座。将双纸盒进纸器、大容量进纸器放置在复印机附近，并先放下底座上的稳定器，以此防止复印机在后续操作中移动。接着，把两个可重复使用的提手装入复印机左侧的手托（图 4-2-8 中的 1 所示），然后打开复印机右侧的两个升降标（图 4-2-8 中的 2

所示）。

4 个人小心地抬起复印机，将复印机与附件上的对齐销和接口对齐，小心地将复印机放在附件上，如图 4–2–8 所示。

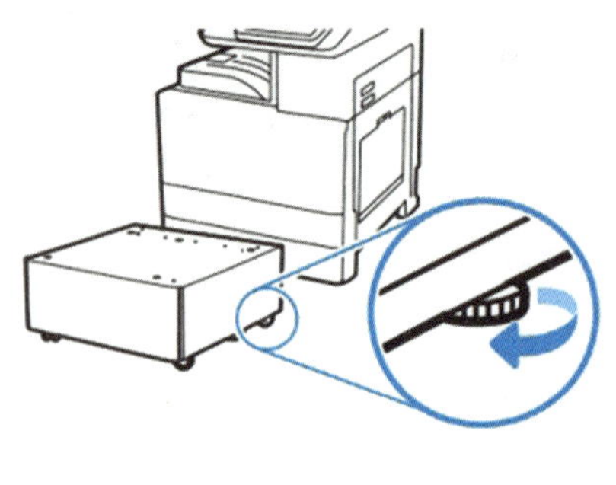

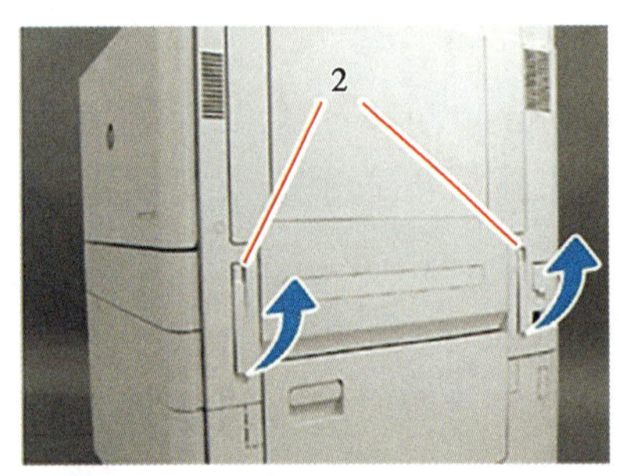

图 4–2–8　取出打印机，并安装到附件上

提示

由于复印机组合件的质量较大（质量可达 90 kg），必须由 4 个人抬起并安装在双纸盒进纸器、2 000 张大容量进纸器或底座上。

3. 拆除复印机各处的包装材料与固定胶带。先在右挡盖上找到装运标签说明压片，打开右挡盖，然后揭下前往转印区域的装运标签，并小心地取下转印装置背面的捆扎带，操作示意可参照图 4–2–9 所示。

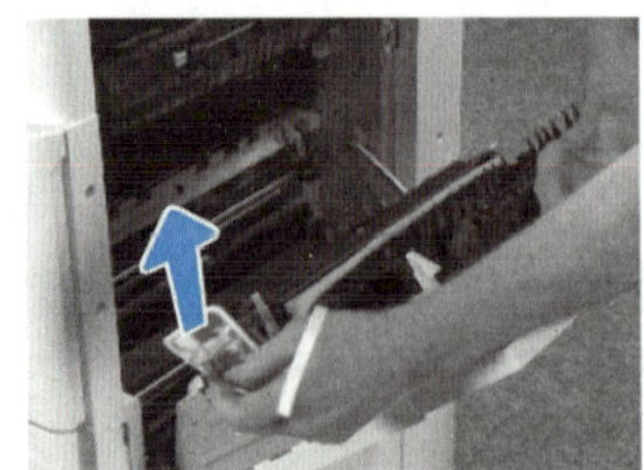

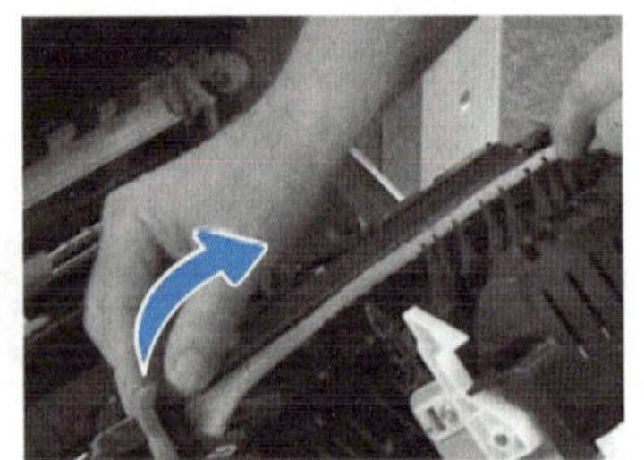

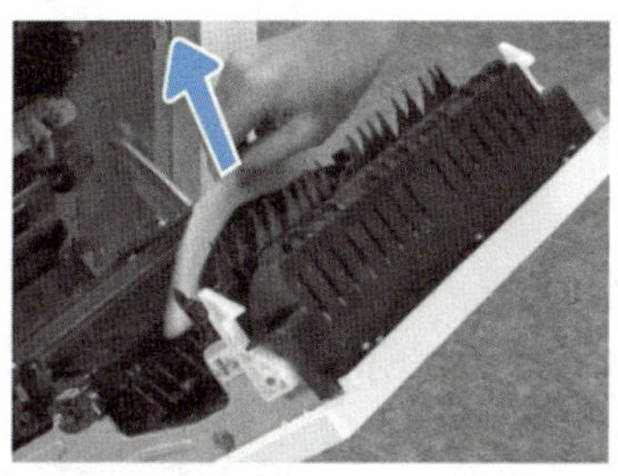
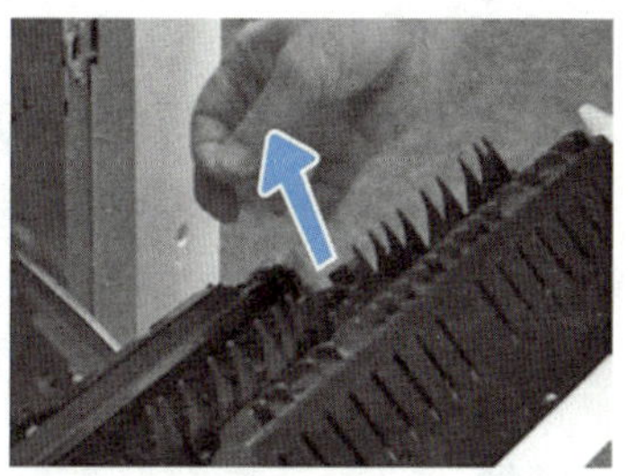

图 4-2-9　取出复印机转印装置附近的固定物

之后，打开右侧的纸盘 1，取下进纸轮附近的泡沫；接着打开纸盘 2 和纸盘 3，取下所有胶带以及泡沫包装材料；再取下复印机左侧的扫描仪锁螺钉和红色贴纸，如图 4-2-10 所示。

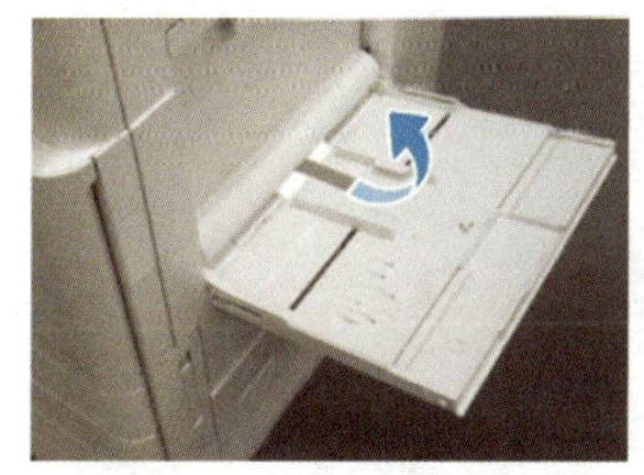
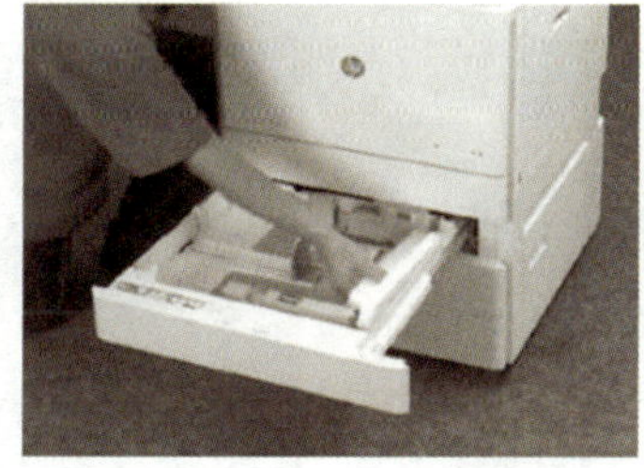
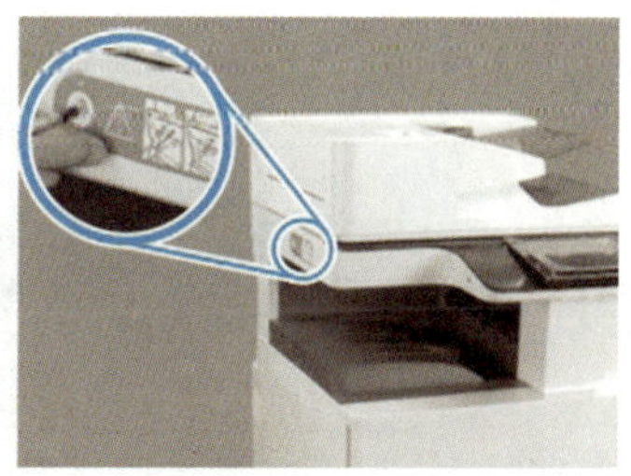

图 4-2-10　取出进纸轮和纸盘的固定物

提示

在接通复印机电源之前，必须先卸下复印机锁螺钉。

4. 安装碳粉盒。先打开复印机的前挡盖，取下碳粉收集装置的闩锁，卸下碳粉收集装置，然后取出碳粉盒包装。接着，左右摇晃每个碳粉盒 5 次，使碳粉能均匀分散，再依据复印机上的颜色编码，将每个碳粉盒准确装入对应的插槽内，最后向内推碳粉盒，直至其完全固定，详细操作可参照图 4-2-11。

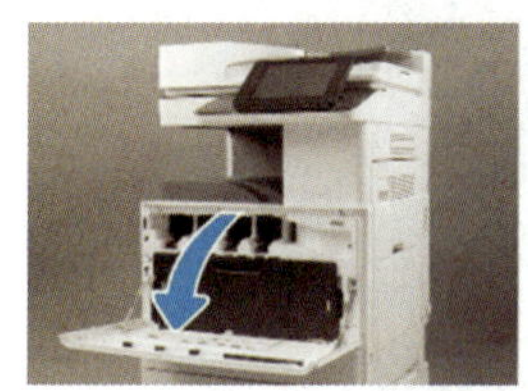
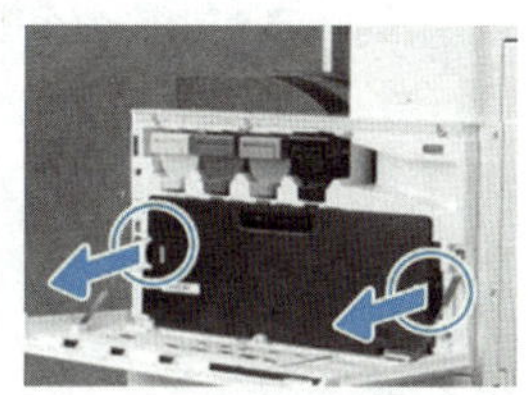
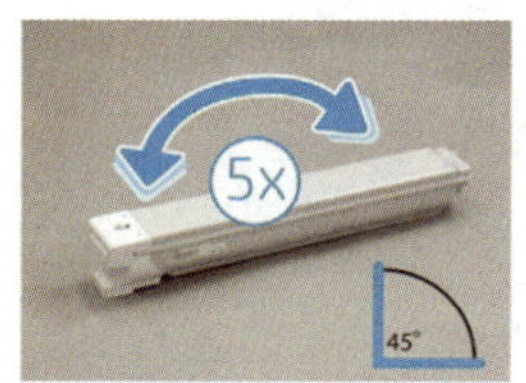

图 4-2-11　取出进纸轮和纸盘的固定物

5. 安装成像鼓装置。打开成像鼓装置前盖，向下旋转成像鼓装置锁，然后卸下所有橙色的装运空闲挡板。随后，从泡沫包装和塑料袋中取出成像鼓装置，取下其上白色的保护盖，在此过程中切记不能触碰成像鼓的表面。操作时，可用一只手握住成像鼓装置的底部，用另一只手握住成像鼓正面的手柄，通过将成像鼓装置顶部的沟槽与开口顶部的导板对齐的方式来安装成像鼓装置。安装完成后，向上旋转成像鼓装置锁，将成像鼓装置锁定到位，接着安装剩余的成像鼓，并确认每个锁杆朝上，且每个碳粉耗材的遮挡板处于打开状态，具体可参照图 4-2-12 所示。

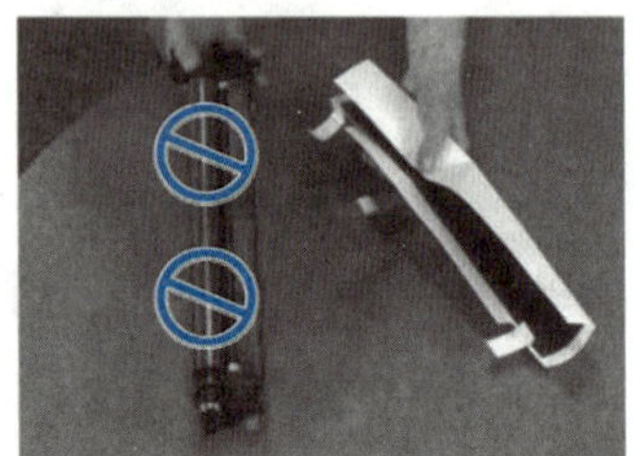
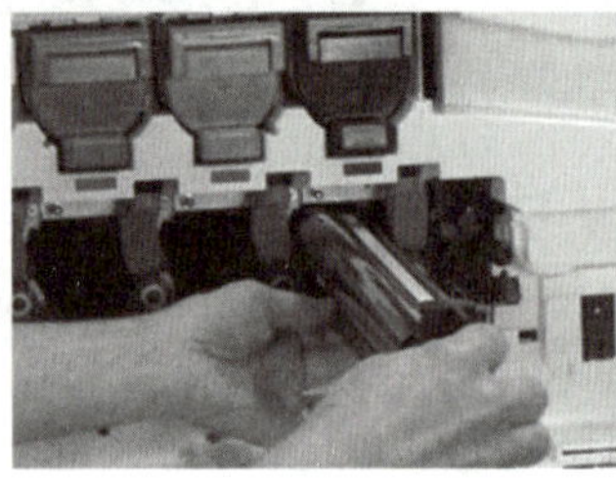

图 4-2-12　装入成像鼓

提示

只有在成像鼓装置准备好并完成安装后，才能打开其包装，因为成像鼓长时间受亮光照射可能会损坏，进而产生图像质量问题。

6. 安装碳粉收集装置和纸张固定导板。先安装好碳粉收集装置，如图 4-2-13a 所示，然后将纸张固定导板安装在第一个出口上的两个位置处，如图 4-2-13b 所示。

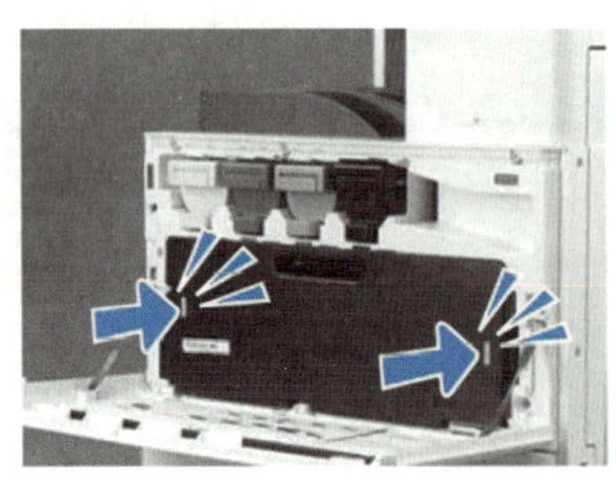
a）

b）

图 4-2-13　安装碳粉收集装置和纸张固定导板
a）安装碳粉收集装置　b）安装纸张固定导板

7. 装入纸张至纸盘 2。打开纸盘 2，接着将位于纸盘背面的蓝色压片向下按入。与此同时，在纸盘正面捏紧蓝色压片，并通过滑动该压片的方式来调整到正确的纸张长度（需要注意的是，这两个蓝色压片均装有弹簧，一旦松开手，它们就会自动锁住）。然后，捏紧压片的两侧，再滑动压片以调整纸张宽度，最后将纸张装入纸盘，具体操作可参照图 4–2–14 所示。

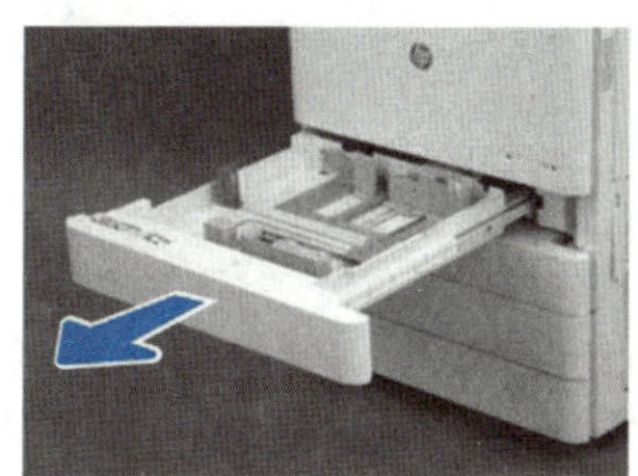
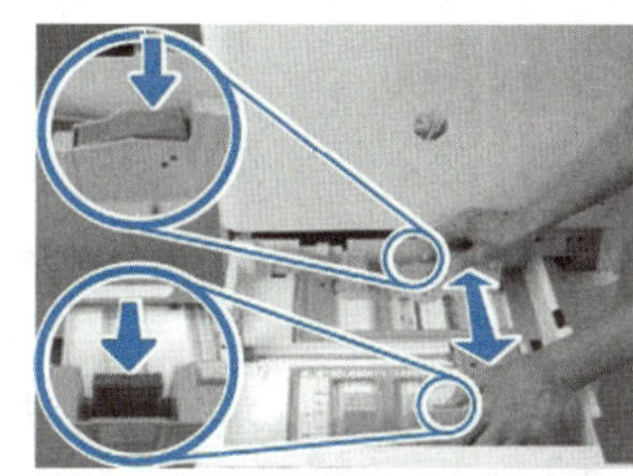
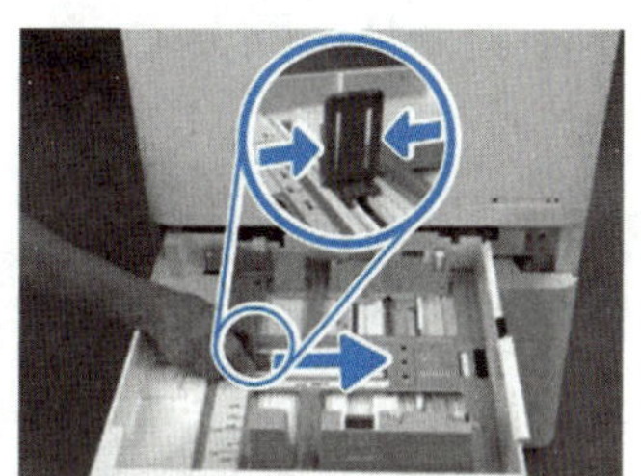
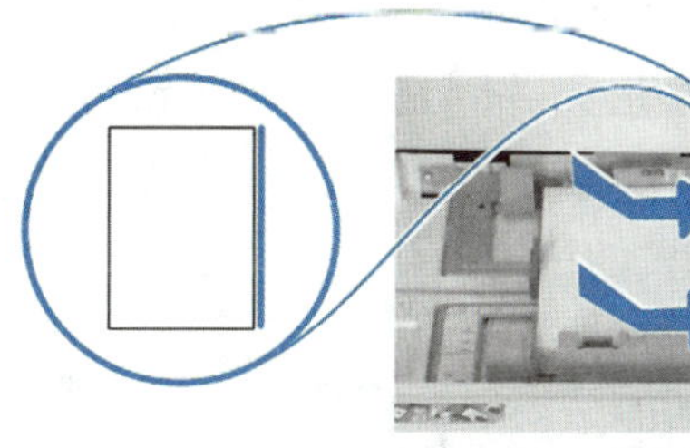

图 4–2–14　为纸盘 2 装入纸张

提示

在装入 A4 纸或 Letter 纸张时，纸张的长边应在纸盘的右侧。

8. 初始化复印机。将电源线连接到复印机以及墙壁的插座上（图 4–2–15 中的 1 所示），使用复印机电源开关打开复印机电源（图 4–2–15 中的 2 所示）。按下控制面板下面的“开关”按钮，按照控制面板的提示来设置国家 / 地区、语言、日期以及时间等相关信息。随后，等待 5 ~ 10 min，以供复印机自动完成初始化过程。在此期间，复印机会打印一张配置页，以确保复印机能正常工作，在打印的页面上会标“1”来表示这是首次初始化，具体情况可参照图 4–2–15。

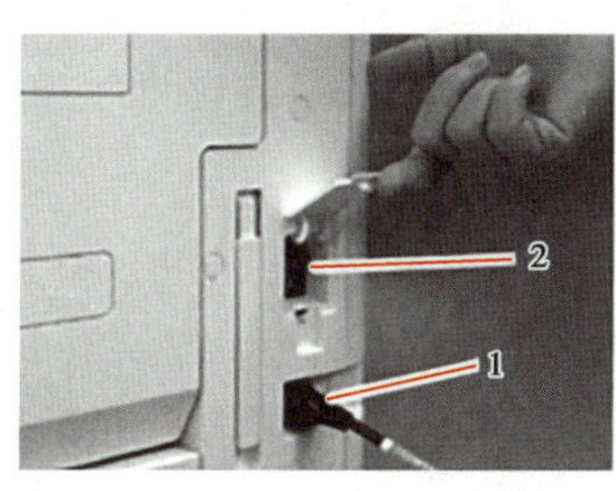

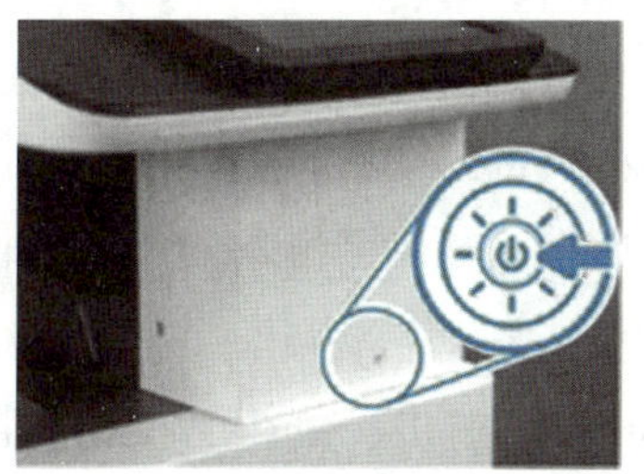

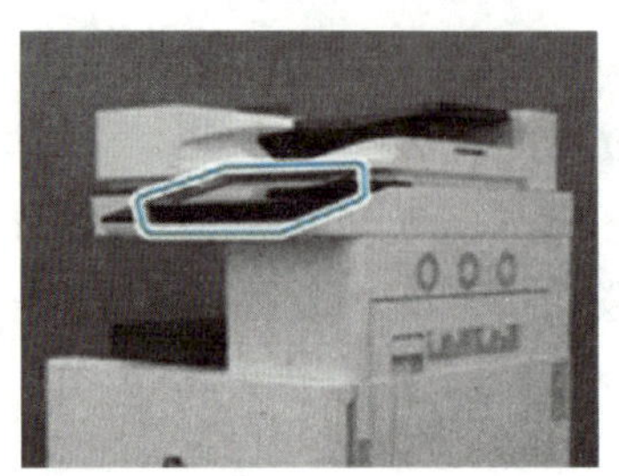

图 4-2-15　初始化复印机

提示

在初始化复印机时，复印机不能连接网络。

9. 安装型号标签、铭牌和条形码并固定复印机。型号标签、铭牌在大包装箱内，该包装箱内还装有 CD、电源线、纸盘标签以及其他物品，如图 4-2-16 所示。按照要求贴上标签和铭牌，完成对复印机的固定操作。

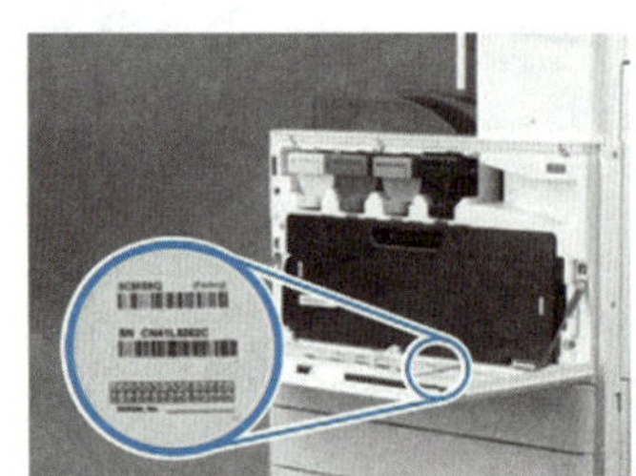

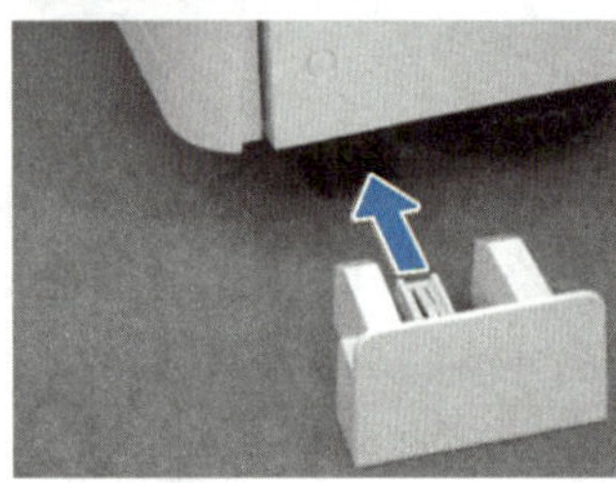

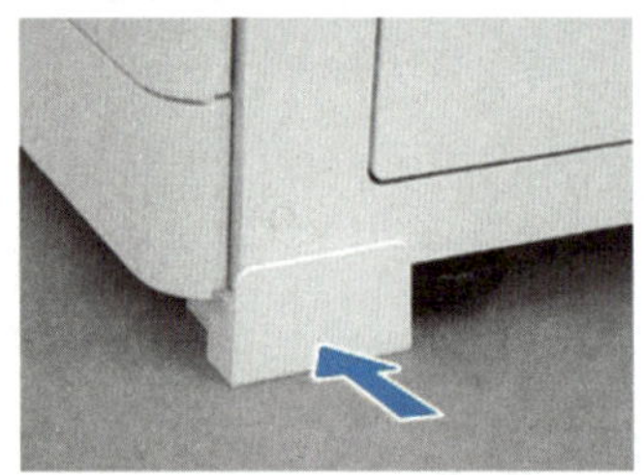

图 4-2-16　安装型号标签、铭牌和条形码，固定复印机

三、安装驱动程序

惠普（HP）MFP E78323dn 型复印机具备打印功能，在进行打印操作前，必须先安装与之对应的驱动程序，具体操作步骤如下。

1. 在需要与复印机建立连接的计算机上，先下载惠普（HP）MFP E78323dn 型复印机的驱动程序。完成下载后，双击该驱动程序，此时会弹出图 4-2-17 所示的对话框。在此对话框中，单击“继续”按钮，随后会弹出“安装协议和设置”对话框，如

图 4-2-18 所示。在此对话框中，勾选“我已查看并接受安装协议和设置”选项，接着再次单击“接受”按钮，以继续后续的安装流程。

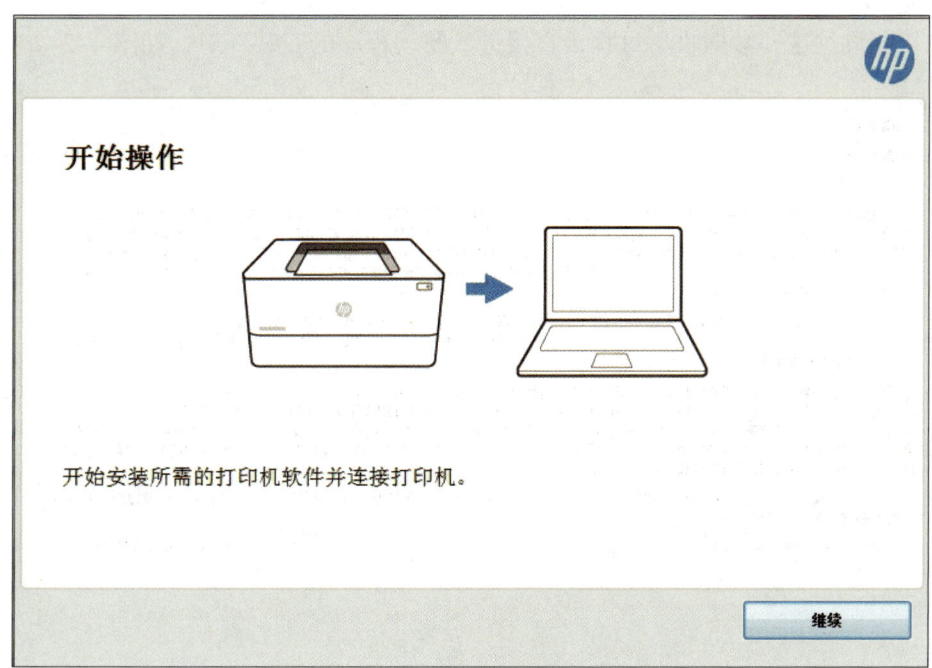

图 4-2-17　准备安装驱动程序

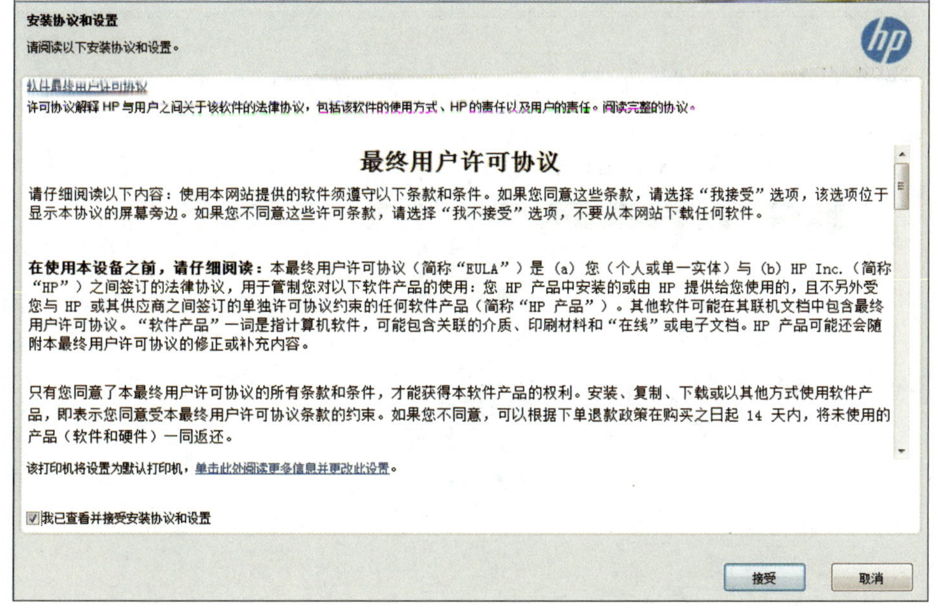

图 4-2-18　最终用户许可协议

2. 单击“接受”按钮后，系统会弹出“打印机分析”对话框，如图 4-2-19 所示。若单击“是”按钮，那么将会对计算机所连接复印机的基本数据展开分析与收集工作；若计算机尚未连接复印机，或者用户不希望自己复印机的数据被收集，此时可单击“不，谢谢”按钮，从而跳过这一数据收集过程，直接进入驱动程序的安装环节，如图 4-2-20 所示。

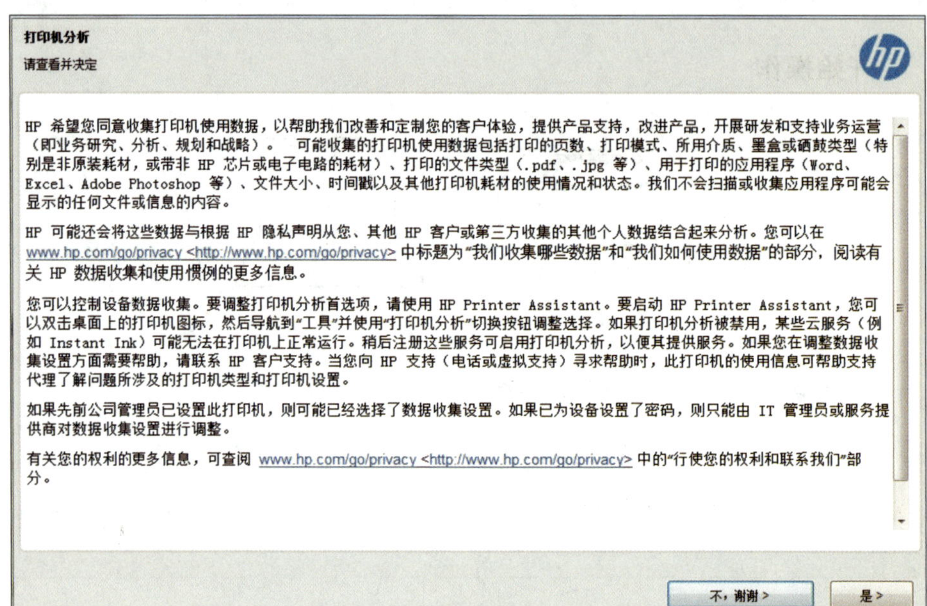

图 4-2-19 “打印机分析”对话框

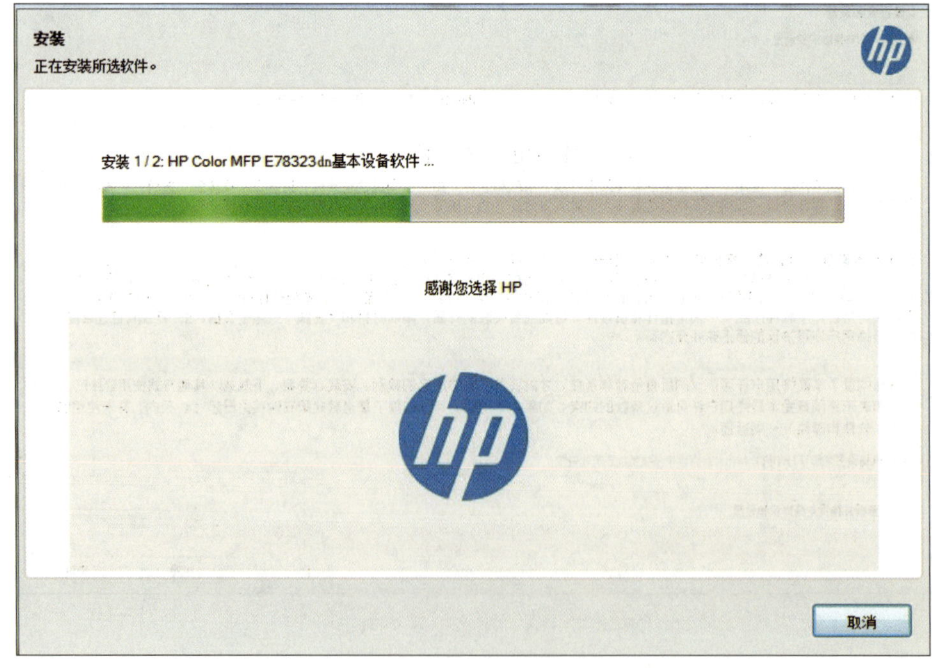

图 4-2-20 安装驱动程序

3. 驱动程序安装完毕，会弹出图 4-2-21 所示的“连接选项”对话框。在此对话框中，用户可以选择有线连接、USB 或者稍后连接。需要注意的是，如果在前面的步骤中选择了收集复印机信息，那么此时将不会弹出该对话框。若此对话框出现，则用户必须从中选择一种连接方式，然后单击“下一步”按钮，接着会弹出图 4-2-22 所示的“完成”对话框。

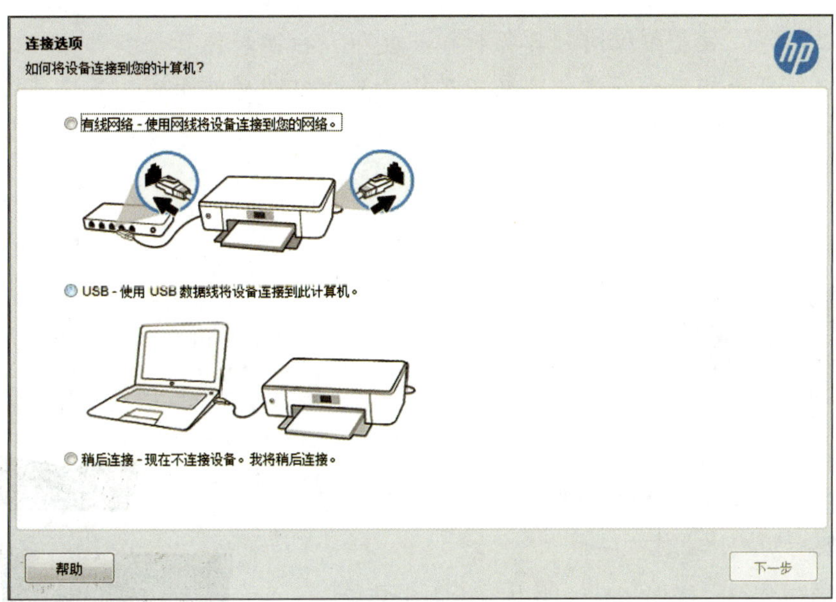

图 4-2-21　连接选项

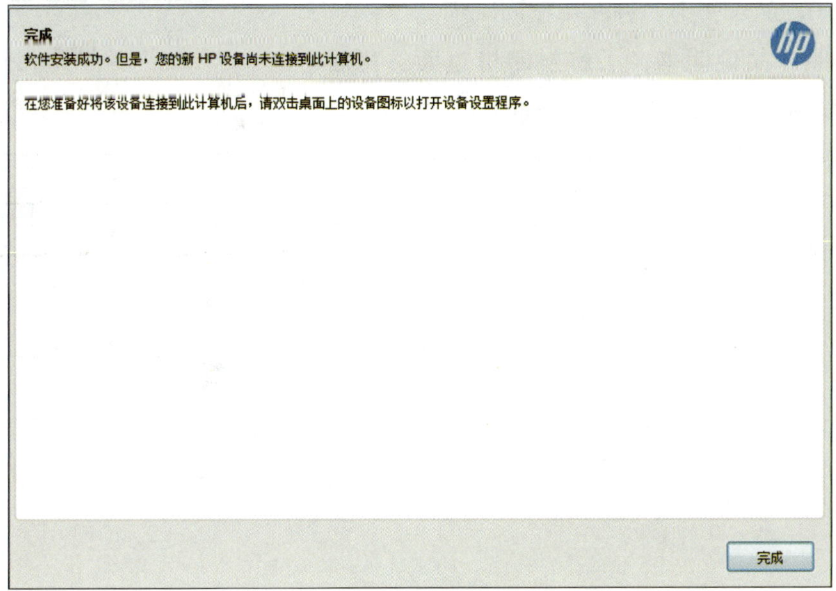

图 4-2-22　安装完成

至此，复印机的驱动程序已成功安装。此后，用户可以直接在相关软件的“文件”菜单中选择“打印”选项，并在打印机列表里选中惠普（HP）MFP E78323dn 型复印机，这样就能完成对文档的打印操作。

提示

该复印机同时具备打印、复印、扫描和传真等多种功能，而本任务的重点在于介绍复印功能。对于打印功能而言，其操作过程与之前学习打印机时的操作较为相似，用户也可以借助产品说明书来进一步熟悉和完成产品的打印工作。

某企业办公室购置了一台佳能 iR C3226 型复印机，如图 4-2-23 所示，现需按照以下要求完成该复印机的安装与初始化工作。

1. 开启包装箱，依据产品说明书，检查包装箱内的附件是否与说明书中所列一致。

2. 按照产品说明书，拆除运输固定锁。

3. 按照产品说明书，了解复印机正面、背面、内部以及控制面板上各个部件的名称和功能。

4. 按照产品说明书安装复印机、碳粉盒、成像装置等。

5. 按照产品说明书复印测试页。

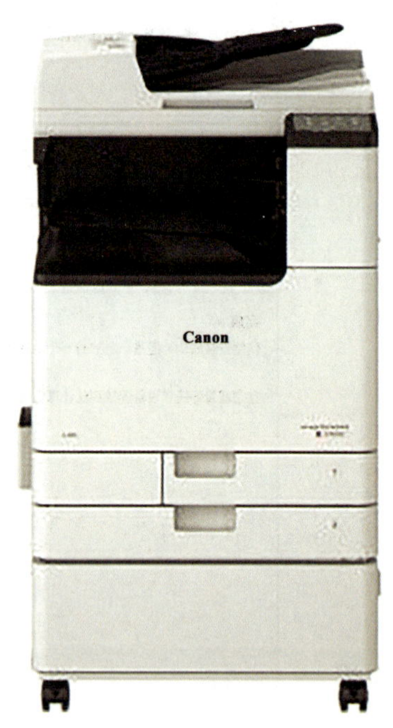

图 4-2-23 佳能 iR C3226 型复印机

任务 3　使用复印机

1. 能使用惠普（HP）MFP E78323dn 型复印机复印文档。
2. 能使用惠普（HP）MFP E78323dn 型复印机进行特殊复印。

复印机安装好以后，需要装入复印纸才能复印文档。小王将复印纸装入复印机，准备使用复印机复印一些文档。

一、惠普（HP）MFP E78323dn 型复印机的基本功能

惠普（HP）MFP E78323dn 型复印机具备多种功能，不仅能执行复印操作，还可进行打印、传真等其他相关操作。以下是其各项基本功能的具体介绍。

1. 复印

惠普（HP）MFP E78323dn 型复印机除了拥有常规的复印功能之外，还为用户提供了诸如合并复印、双面复印、小册子复印等一系列方便快捷的特殊复印功能，极大地满足了不同用户在复印方面多样化的需求。

2. 打印

当惠普（HP）MFP E78323dn 型复印机与计算机成功连接后，便能像普通打印机一样，用于打印各类文档，为用户日常的文档打印工作提供了便利。

3. 过程控制

惠普（HP）MFP E78323dn 型复印机支持通过计算机的网络浏览器对其各种功能进行控制，例如，用户能借助该方式确认复印机的当前状态以及作业操作情况等，便于实时掌握复印机的运行动态并进行相应的操作管理。

4. 过程扫描

惠普（HP）MFP E78323dn 型复印机还可充当传统扫描仪来使用。用户可以利用该

复印机扫描文件，之后便能在计算机上相应的应用程序中读取扫描所得的文件，实现文件的电子化存档或进一步编辑处理等操作。

二、惠普（HP）MFP E78323dn 型复印机控制面板的功能介绍

惠普（HP）MFP E78323dn 型复印机的复印、打印、扫描、传真等功能都需要通过其控制面板来进行操作。轻触任何一个图标，就能打开对应的应用程序；向两边滑动屏幕，则可以访问更多的应用程序。不过，具体可用的应用程序会因复印机的型号不同而有所差异，复印机的管理员可以对显示的应用程序以及它们的显示顺序进行配置。控制面板的主页面可参照图 4-3-1。

图 4-3-1　惠普（HP）MFP E78323dn 型复印机的控制面板

1. 复印：可以利用图像预览功能，对文档复印设置进行更改，并能创建、保存和加载已经保存的快速设置。

2. 扫描：扫描包括“扫描到电子邮件”“扫描到网络文件夹”“扫描到 U 盘”“扫描到作业存储”和“扫描到 SharePoint®”。

3. 打印：从作业存储或便携式 USB 闪存驱动器中打印文档。

4. 传真：能扫描文档并将其发送到传真机。

5. Jet Advantage：通过此功能可以访问 HP Jet Advantage 解决方案，这些解决方

案涵盖了安全解决方案、管理解决方案、工作流程解决方案和移动打印解决方案。

6. 快速设置：在 EWS（嵌入式 Web 服务器）上存储和配置已经保存的快速设置，用于打印、发送电子邮件、复印、扫描和传真等作业。

7. 耗材：用于检查耗材和套件的状态。

8. 纸盘：可以检查纸盘状态，并能对纸张的类型和尺寸进行配置。

9. 联系人：用于创建和管理“联系人”，以便在进行“扫描到电子邮件”或者传真作业时使用。

10. 报告：可以查看和打印与复印机相关的报告，例如配置页面等。

11. 设置：用于查看和管理打印机的各种设置，包括复印、打印、扫描、数字发送、传真、耗材和网络等方面的设置。

12. 支持工具：可以使用支持工具来排除故障、执行维护操作以及访问“服务”菜单。

13. 作业日志：能查看已经完成作业的列表，还可以查看作业的详细信息。

14. 辅助功能：辅助功能选项能帮助视觉或者行动有障碍的人士更改复印机面板，例如更改为高对比度、反色或者屏幕放大等模式，以此来改善视觉效果。

一、复印文档

使用惠普（HP）MFP E78323dn 型复印机进行文档复印的操作较为简便，其具体步骤如下。

1. 将需要复印的文档面朝下放置在复印机玻璃板上，或者将文档面朝上放入文档进纸器中，随后调整纸张导板，使其与文档尺寸相适配。

2. 在复印机控制面板的屏幕主页面上，通过导航找到“复印”应用程序，并选择“复印”图标。

3. 在“选项”窗格中选择原件面数，然后选择描述原文档的选项。

（1）若选择“自动检测”，复印机将自动判断原件是单面还是双面。

（2）若原件为单面打印，那么应选择“单面”。

（3）如果原件为页面右边 / 左边翻转（类似书籍的排版方式），那么应选择“双面（书籍样式）”。此时，若图像为纵向的，输出件会在页面短边翻转；若图像为横向的，输出件则在页面长边翻转。

（4）如果原件为页面顶边 / 底边翻转（如同日历的排版形式），那么应选择“双面（翻转样式）”。同样，若图像为纵向的，输出件会在页面短边翻转；若图像为横向的，输出件则在页面长边翻转。

4. 选择“输出面数”，然后选择以下选项之一。

（1）“匹配原件”：表示输出的格式将与原件格式保持一致。例如，若原件为单面打印，则输出件也为单面打印。不过，如果管理员对单面打印进行了限制，而原件又是单面打印时，输出件将采用双面（书籍样式）打印的方式。

（2）“单面”：输出件会被设置为单面打印。若管理员限制了单面打印，那么输出件将采用双面（书籍样式）打印。

（3）“双面（书籍样式）”：输出件将在页面右边 / 左边翻转，如同书籍一般。若图像为纵向的，输出件会在页面长边翻转；若图像为横向的，输出件会在页面短边翻转。

（4）“双面（翻转样式）”：输出件将在页面顶边 / 底边翻转，类似日历的样式。若图像为纵向的，输出件会在页面短边翻转；若图像为横向的，输出件会在页面长边翻转。

5. 在使用预览功能前，需先设置带有黄色三角形标记的选项。

在完成预览扫描之后，这些选项将会从主选项列表中移除，并统一汇总至预扫描选项列表里。若想更改上述任何一个选项，就需要放弃当前的预览状态，然后重新开始整个操作流程。预览窗格右侧的按钮功能介绍见表 4–3–1。

表 4–3–1　预览窗格右侧的按钮功能

按钮	功能
	使用这些按钮，能在单页视图与缩略图视图之间进行切换。相较于单页视图，缩略图视图为用户提供了更多的操作选项
	使用这些按钮，能对选定的页面进行放大或缩小操作。不过需要留意的是，若使用这些按钮来操作页面，每次只能选择其中一个页面进行相应处理
	使用此按钮可将页面旋转 180°，此按钮只在缩略图视图中可用
	使用此按钮可删除选定的页面，此按钮只在缩略图视图中可用
	使用这些按钮，能对文档中的页面重新进行排列。具体方法如下：先选择一个或多个页面，然后将其向左或向右移动，而且这些按钮也只有在缩略图视图中才可以使用
	使用该按钮，可以向文档中添加页面，此时复印机会提示用户扫描其他页面，以使完成添加操作
	使用此按钮，能清除在预览过程中所做的全部更改，并让整个操作流程从头开始
	轻触此按钮，便可折叠预览界面，并返回复印机屏幕主页面

6. 轻触屏幕右侧窗格，以对文档进行预览。在预览页面中，可使用屏幕右侧的按钮来调整预览选项，还能对文档页面进行重新排列、旋转、插入或取出纸张等操作。

7. 当文档准备就绪后，轻触“复印”按钮，复印机便开始进行复印工作。

二、将文档复印或扫描成小册子格式

借助小册子功能，能将两页或者更多页的文档复印或扫描到一张纸的正面与背面，而且复印机会按照正确的顺序对各页进行排列。例如，若文档原件包含 4 页内容，那么复印机会把第 1 页和第 4 页打印在纸张的同一面，把第 2 页和第 3 页打印在纸张的另一面，具体情况可参照图 4–3–2。

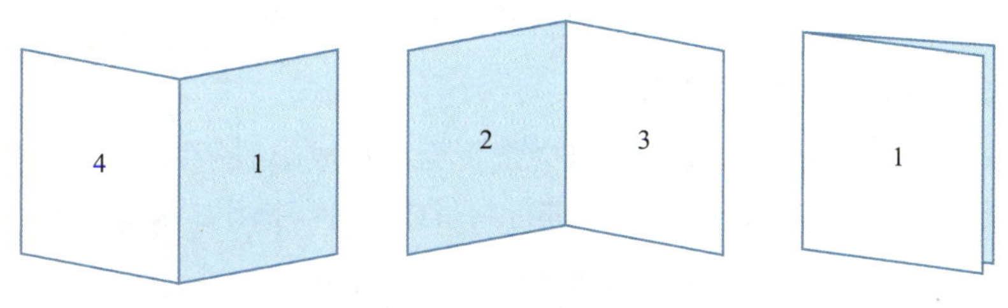

图 4–3–2　小册子的样式

1. 将文档复印成小册子格式

若在复印机上选择了复印选项，复印机便会先对页面进行复印，随后立即以小册子格式将页面打印出来，其具体操作步骤如下。

（1）将文档面朝上放入文档进纸器中，接着对纸张导板进行相应调整，确保纸张尺寸与文档大小相适配。

（2）从复印机控制面板上的屏幕主页面开始操作，依次轻触“复印”→“选项”按钮，从而进入相关的设置页面。

（3）在出现的选项列表中，通过滚动屏幕找到并轻触“小册子”选项，然后勾选小册子格式旁边的复选框。对于内容周边的边距设置，需轻触“每页边框”旁边的复选框，完成上述操作后再轻触“完成”按钮。

（4）在选项菜单中，对诸如面数、内容方向、纸张选择（也就是出纸的尺寸）等各项设置进行选择操作。若出现相应提示，针对每一项设置都要轻触“完成”按钮。

提示

复印机在打印过程中会自动放大或缩小打印图像，使其能适配所选定的纸张。如果想要打印折叠后的复件，可选择尺寸为原件两

倍大小的纸张进行打印，如此一来，当把该纸张对折后，其大小就会和原件相同。

例如，若原文档的尺寸为 279 mm × 216 mm，那就需要选择尺寸为 279 mm × 432 mm 的纸张，这样在将纸张对折之后，其尺寸就能与原件保持一致了。

（5）轻触“复印”按钮，复印机便开始复印工作（不过在正式开始复印之前，可能需要花费 1 min 以上的时间来处理相关作业）。

（6）待复印完成后，将纸张按照相应方式折叠起来，使其成为小册子的样式。

2. 将文档扫描成小册子格式

如果选择扫描这一选项，复印机将会把页面扫描成小册子格式，并将生成的文件保存到复印机的内存之中，以便于后续进行共享或者打印操作，其具体操作步骤如下。

（1）将文档正面朝上放入文档进纸器，然后对纸张导板进行调整，使其能与文档的尺寸完美适配。

（2）从复印机控制面板的主屏幕开始操作，依次轻触“扫描”→“扫描到作业存储”（如果系统出现提示，需要输入相应的用户名和密码）。

（3）在文件夹选项下选择默认的存储文件夹。不过这一步操作的前提是复印机管理员已经对该选项进行了配置，如果需要创建新的文件夹，其操作方法如下：先轻触“新建文件夹”图标；接着轻触“新建文件夹”字段，从而打开触摸键盘，在键盘上键入想要设置的文件夹名称，然后再次轻触“确定”按钮，即可完成新文件夹的创建。

（4）确保当前所选择的文件夹是正确的，以免文件保存位置出现错误。

（5）轻触“作业名称”字段，打开触摸键盘，然后在键盘上键入此次扫描作业的名称，完成后轻触“确定”按钮。

（6）轻触右下角的“选项”按钮，然后通过滚动屏幕找到并轻触“小册子”这一选项。

（7）在屏幕的右侧轻触“小册子格式”旁边的复选框，之后再轻触“完成”按钮，保存上述设置。

（8）在选项菜单中，对以下各项进行设置。若出现相关提示，针对每一项设置都要轻触“完成”按钮。

1）若要设置文档原件的尺寸，则轻触“原件尺寸”选项，然后从弹出的列表中选择原文档的纸张尺寸。

2）若要设置输出的面数，则轻触“面数”选项，然后从给出的可用选项中选择合适的设置。

3）若要选择出纸的尺寸，则轻触“纸张选择”选项，然后从列表中选择出纸的尺寸。需要注意的是，复印机在扫描过程中会自动放大或缩小打印图像，使其能适配所选定的纸张。为了打印折叠后的复件，建议选择尺寸为原件两倍大小的纸张，这样当把该纸张对折后，其大小就会和原件相同。

（9）轻触“保存”按钮，复印机便会开始扫描文档。在扫描过程中，按照控制面板上的提示进行操作，以便扫描其他页面，确保整个文档都能被完整扫描。

某企业办公室购置了一台佳能 iR C3226 型复印机，如图 4–2–23 所示，请按照以下要求，完成该复印机的安装和初始化工作。

1. 利用佳能 iR C3226 型复印机将 50 份尺寸类型为 16 开的试卷复印到 A4 纸上。
2. 对试卷内容进行扫描，并将扫描所得内容存储到复印机中。
3. 将包含 4 页内容的试卷复印成小册子的样式，且复印 50 份。
4. 结合产品说明书，研究该复印机的其他功能。

任务 4　维护和保养复印机

1. 能根据系统错误提示信息，处理复印机使用过程中的常见问题。
2. 能处理卡纸等常见故障。
3. 能完成碳粉盒的更换。
4. 能完成复印机的日常维护和清洁。
5. 能叙述复印机日常保养的相关知识。

复印机在使用过程中，其内部除了会因正常使用而产生磨损外，还易受到灰尘等因素的不良影响，进而导致复印品质下降以及出现运行故障。所以，复印机的操作人员在日常复印工作中必须精心对复印机进行维护和保养，才能确保复印机的正常运行状态，并延长其使用寿命。

若复印机长期未得到维护和保养，不但复印质量会大打折扣，而且还极有可能出现各类故障，从而对复印机的正常工作造成严重影响。

本任务的内容就是完成复印机基本的维护与保养工作，以保障其稳定、高效地运行，满足日常办公的需求。

一、复印作业的纸张类型检查

在从软件程序执行打印任务时，需对纸张类型设置进行检查，同时留意打印出的页面是否存在污迹、不清晰、深色打印、纸张卷曲、碳粉颗粒散开、碳粉松散或小范围碳粉缺失等情况。

1. 检查控制面板上的纸张类型设置

在复印机的控制面板上检查纸张类型的设置，并依据实际情况进行必要的更改。

（1）先打开纸盘，然后再将其合上。

（2）按下控制面板上显示的提示确认或对纸盘的纸张类型以及尺寸设置进行修改。

（3）确保所装入的纸张符合复印机规定的规格要求。

（4）调整控制面板上的湿度和电阻设置，使其与当前的使用环境相适配。

1）打开“设置”“打印质量”和“调整纸张类型”等相关菜单。

2）选择与纸盘中实际装入纸张类型相匹配的纸张类型选项。

3）使用箭头按键来增加或降低湿度和电阻。

（5）确保驱动程序中的纸张类型设置与复印机控制面板上的设置一致。

提示

复印机驱动程序设置将覆盖复印机所有控制面板的设置。

2. 检查纸张类型设置（针对 Windows 操作系统）

对 Windows 操作系统中的纸张类型设置进行检查，并根据需求做出更改。

（1）从使用的软件程序中选择“打印”这一选项。

（2）选择对应的打印机，接着单击“属性”或“选项”按钮。

（3）在弹出的对话框中单击“纸张 / 质量”选项卡。

（4）从“纸张类型”下拉列表里挑选合适的纸张类型。

（5）单击“确认”按钮关闭“属性”对话框，随后在“打印”对话框中单击“确定”按钮，以启动打印作业。

二、碳粉盒状态的检查

可以按照以下步骤，对碳粉盒的估计剩余使用寿命以及其他可更换的维护部件的状态进行检查。

1. 打印耗材状态页

通过打印耗材状态页，能显示碳粉盒的状态信息。

（1）在复印机控制面板的屏幕主页面上找到并选择“报告”菜单。

（2）选择“配置 / 状态页”菜单。

（3）先选定“耗材状态页”，接着选择“打印”功能，从而打印出耗材状态页。

2. 检查耗材状态

按照以下方法，检查耗材的状态。

（1）查看耗材状态报告，以确认碳粉盒剩余使用寿命的百分比数值。如果适用的话，还可以查看其他可更换维护部件的状态信息。

当所使用的碳粉盒接近其预计使用寿命的尾声时，打印质量可能会出现各类问题。一旦耗材严重不足，耗材状态页将给出相应的指示信息。当复印机耗材达到严重不足的阈值后，复印机对该耗材的高级保护功能将会停止。

在此种情况下，一般不需要立即更换碳粉盒，除非打印质量已经差到令人无法接受的程度，才考虑更换提前准备好的碳粉盒。

如果确定需要更换碳粉盒或者其他可更换的维护部件，那么耗材状态页将会展示

出原装部件的编号信息。

（2）查看当前所使用的是否为原装碳粉盒。

3. 打印清洁页

在打印或复印的过程中，纸张、碳粉和灰尘会堆积在复印机的内部，进而引发打印质量问题，例如，出现碳粉斑点、碳粉散落、污迹、线条或重复标记等情况。此时，可按照以下步骤对打印机的送纸道进行清洁。

（1）从复印机控制面板的屏幕主页面上找到并选择“支持工具”菜单。

（2）在“支持工具”菜单下依次选择“维护”→“校准/清洁”→“清洁页”等菜单。

（3）选择“打印”功能，以打印出清洁页。

随后，复印机控制面板上将显示“正在清洁…”的消息提示。整个清洁过程通常需要花费几分钟的时间。在清洁过程尚未完成之前，切勿关闭复印机，以免影响清洁效果和损坏设备。待清洁过程结束后，将打印出来的清洁页丢弃处理。

4. 通过肉眼检查碳粉盒

可以按照以下步骤检查成像鼓，查看碳粉盒的情况。

（1）从复印机中取出碳粉盒，然后仔细检查其密封胶带是否已经被取下。

（2）查看碳粉盒上的内存芯片是否存在损坏的情况。

（3）对绿色成像鼓的表面进行检查，如果发现成像鼓上存在任何刮痕、指印或其他受损的迹象，那么就需要考虑更换碳粉盒。

（4）将检查后的成像鼓重新安装回复印机，然后打印几页文档，以查看之前出现的问题是否已经得到解决。如果问题仍然存在，可能需要进一步排查其他潜在的故障原因，或者再次对碳粉盒及相关部件进行仔细检查和调试。

提示

不要触摸成像鼓。如果成像鼓上有手印，将影响打印质量。

三、图像缺陷故障的排除

如果在复印或打印过程中出现图像缺陷问题，无论其故障根源是什么，通常都可采用以下步骤来解决。

1. 重新执行打印或复印操作，因为有时打印质量方面的缺陷实际上可能是间歇性出现的，也就是说，在持续进行打印的过程中，这些缺陷有可能会完全消失不见。

2. 对碳粉盒的状况进行检查。如果发现碳粉处于严重不足的状态，即其已经超出了额定的使用寿命，那么在此种情况下，就必须更换碳粉盒。

3. 确认驱动程序以及纸盘的打印模式设置与纸盘中所装入的介质相匹配。此外，还可以尝试使用其他种类的介质或者换用其他纸盘进行打印操作，同时尝试采用不同的打印模式。

4. 要保证复印机处于适宜的操作温度和湿度范围之内。

5. 确认复印机是否支持所使用的纸张类型、尺寸以及质量。

表 4–4–1 列出了打印图像缺陷故障的说明和可采用的解决方案。

表 4–4–1　打印图像缺陷故障的说明和可采用的解决方案

打印图像缺陷故障样本	说明	可采用的解决方案
	页面下方重复出现深色或浅色线条时，这种情况被称为宽间距或脉冲条带。这些条带可能呈现出清晰或柔和的状态，并且此类缺陷仅会在有填充内容的区域显示，而不会在未打印内容的区域中显示	1. 重新打印文档 2. 尝试从其他纸盘打印 3. 更换碳粉盒 4. 使用其他纸张类型 5. 在打印机控制面板的屏幕主页面中，找到并进入“调整纸张类型”菜单，然后选择比正在使用的介质质量更大的介质的打印模式。需要注意的是，这种操作可能会使打印速度变慢，但却有可能提高打印质量 6. 如果还有问题，则寻求专业帮助
	整个打印页面为黑色	1. 用肉眼检查碳粉盒是否损坏 2. 确保碳粉盒安装正确 3. 更换碳粉盒 4. 如果还有问题，则寻求专业帮助
	页面完全空白，且不包含打印的内容	1. 确保碳粉盒是原装碳粉盒 2. 确保碳粉盒安装正确 3. 使用不同的碳粉盒打印 4. 检查纸盘中的纸张类型，然后调整复印机中的设置，以相互匹配。如果有必要，请选择较轻的纸张类型 5. 如果还有问题，则寻求专业帮助

续表

打印图像缺陷故障样本	说明	可采用的解决方案
	轻微图像阴影或偏移在页面中重复出现，图像可能在每次重复出现时变浅	1. 重新打印文档 2. 检查纸盘中的纸张类型，然后调整复印机设置，以相互匹配，如有必要，请选择较轻的纸张类型 3. 如果还有问题，则寻求专业帮助
	碳粉沿页面边缘脱落。此缺陷在高覆盖率作业边缘处和较轻介质类型上较为常见，但可能在页面上的任何位置发生	1. 重新打印文档 2. 检查纸盘中的纸张类型，然后调整复印机设置，以相互匹配，若有必要，则选择较重的纸张类型 3. 在复印机控制面板的屏幕主页面上找到“边到边”菜单，将其设置更改为“正常”后，重新打印文档 4. 在打印机控制面板的屏幕主页面上选择自动包括页边空白，然后重新打印文档 5. 如果还有问题，则寻求专业帮助
AaBbCc AaBbCc AaBbCc AaBbCc AaBbCc AaBbCc	图像或文本颜色比预期的要深或背景为灰色	1. 确保复印机尚未使用纸盘中的纸张 2. 使用其他纸张类型 3. 重新复印文档 4. 在复印机控制面板的屏幕主页面中找到并进入“调整碳粉浓度”菜单，之后将碳粉浓度向较低的水平调整 5. 确保复印机处于受支持的操作温度和湿度范围内 6. 更换碳粉盒 7. 如果还有问题，则寻求专业帮助
LP	图像未居中，或者在页面上歪斜。如果纸张从纸盘中取出并通过送纸道时未被正确放置，则会出现该缺陷	1. 重新复印文档 2. 取出纸张，然后再重新装入纸盘，并确保所有纸张的边都对齐 3. 确保纸叠顶部在纸盘的已满标志下面，不能把纸盘装得过满 4. 根据对应的纸张尺寸调整纸张导板。不能将纸张导板调整到紧贴纸叠处，将其调整到纸盘中的凹口或标记位置 5. 如果还有问题，则寻求专业帮助

续表

打印图像缺陷故障样本	说明	可采用的解决方案
AaBbCc AaBbCc AaBbCc AaBbCc AaBbCc AaBbCc AaBbCc	整个页面上的打印内容过浅或褪色	1. 重新复印文档 2. 将碳粉盒从复印机中卸下，然后轻轻摇动，使碳粉在盒内重新均匀分布，接着把碳粉盒插回复印机中，并合上盖板 3. 仅限黑白打印机型号：确保从打印机控制面板和打印机驱动程序禁用经济模式设置 4. 确保碳粉盒安装正确 5. 打印耗材状态页并检查碳粉盒的使用寿命和使用情况 6. 更换碳粉盒 7. 如果还有问题，则寻求专业帮助
	复印页面有卷曲边缘。卷曲可沿纸张的短边或长边出现。可能出现以下两种类型的卷曲 正卷曲：纸张朝打印面卷曲，在干燥环境中或打印高覆盖率页面时会出现该缺陷 反卷曲：纸张朝打印背面卷曲，在高湿度环境中或打印低覆盖率页面时会出现该缺陷	1. 重新复印文档 2. 正卷曲：通过控制面板选择较重的纸张类型，较重的纸张类型会产生较高的打印湿度 3. 反卷曲：通过控制面板选择较轻的纸张类型，较轻的纸张类型会产生较低的打印湿度 4. 使用双面模式复印 5. 如果还有问题，则寻求专业帮助
	纸张在出纸盒内未整齐堆放。纸叠可能不均匀、倾斜或页面超出纸盘并滑到地面，以下条件都可能导致此缺陷：纸张严重卷曲、纸盘中的纸张出现褶皱或变形、纸张为非标准纸张类型、出纸盘太满	1. 重新复印文档 2. 延长出纸槽延伸板 3. 如果缺陷产生的原因是纸张严重卷曲，需对纸张进行处理 4. 使用其他的纸张类型 5. 使用刚打开包装的纸张 6. 在出纸盒太满之前从纸盘中取出纸张 7. 如果还有问题，则寻求专业帮助
	浅色垂直条纹通常可跨越整个页面。这些缺陷只在填充区域显示，而不在没有复印内容的区域显示	1. 重新复印文档 2. 将碳粉盒从复印机中卸下，然后轻轻摇动，使碳粉在盒内重新均匀分布，接着把碳粉盒插回到复印机中，并合上盖板 3. 如果还有问题，则寻求专业帮助

续表

打印图像缺陷故障样本	说明	可采用的解决方案
	深色垂直线条出现在页面下方。缺陷可能会在页面的任何位置出现，包括填充区域或没有复印和打印内容的部分	1. 重新复印文档 2. 将碳粉盒从复印机中卸下，然后轻轻摇动，使碳粉在盒内重新均匀分布，接着把碳粉盒插回到复印机中，并合上盖板 3. 打印清洁页 4. 检查碳粉盒的碳粉量 5. 如果还有问题，则寻求专业帮助

四、复印机卡纸的解决办法

卡纸是复印机在使用过程中最为常见的一种故障，因此，正确清除卡纸，对于提高复印质量和延长复印机的使用寿命非常有帮助。

如果在使用复印机的过程中频繁出现卡纸现象，可尝试用以下方法解决。

1. 使用符合规格要求的纸张。
2. 使用无褶皱、无折痕或未受损的纸张。
3. 使用以前没有在上面打印或复印过的纸张。
4. 确保没有将纸盘装得太满。
5. 确保已经根据纸张尺寸正确调整了纸盘中的导板。
6. 确认将纸盘完全插入复印机。
7. 在重磅纸、压纹纸或穿孔纸上打印和复印时，需要使用手动进纸功能，且一次只能送入一张纸。
8. 打开复印机控制面板上的纸盘菜单，确保已针对纸张类型和尺寸正确配置纸盘。
9. 确保打印或复印环境处于建议的规格范围内。

一、更换碳粉盒和碳粉收集装置（TCU）

如果在复印机上收到更换碳粉盒的信息，或者在复印或打印过程中遇到质量问题，就必须更换碳粉盒。

当碳粉盒中的碳粉不足甚至严重不足时，复印机会发出相应的提示信息。不过，需要注意的是，碳粉盒实际剩余的使用寿命在不同的使用情境和条件下可能会存在差异，并非完全固定一致。

1. 更换碳粉盒

一般按如下的步骤更换碳粉盒。

（1）打开复印机的前挡盖，如图 4-4-1 所示。

（2）径直将碳粉盒从复印机中拉出，如图 4-4-2 所示。

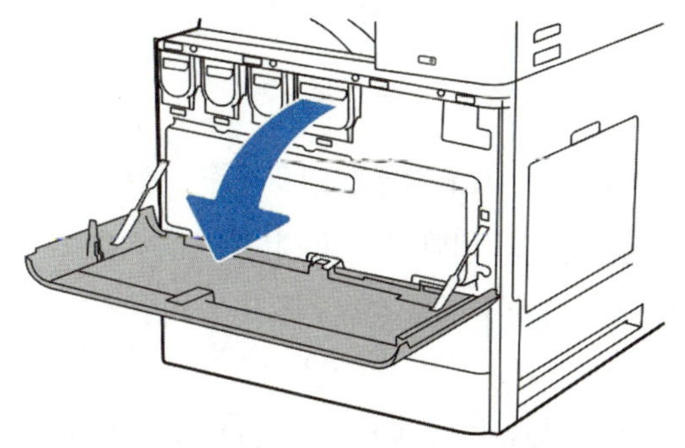

图 4-4-1　打开复印机的前挡盖

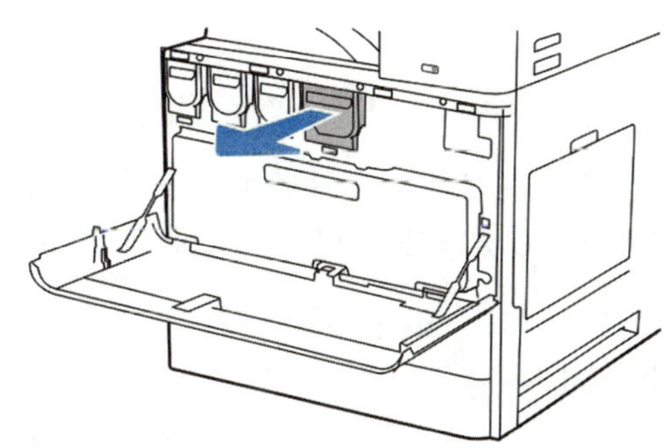

图 4-4-2　径直拉出碳粉盒

（3）从包装中取出新的碳粉盒，保存好所有包装材料，以便回收利用旧的碳粉盒，如图 4-4-3 所示。

（4）用双手握住碳粉盒的两端，轻轻地来回摇动，以使碳粉在盒内分布均匀。完成摇动操作后，拆除碳粉盒上的封条，再将其安装到复印机内，具体安装方法可参照图 4-4-4 所示进行操作。

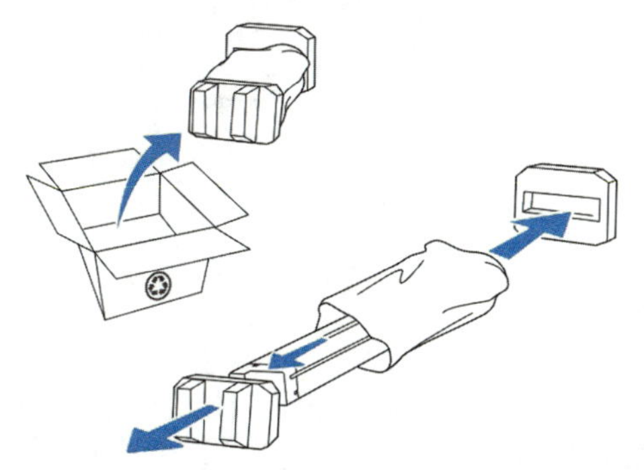

图 4-4-3　从包装中取出新的碳粉盒

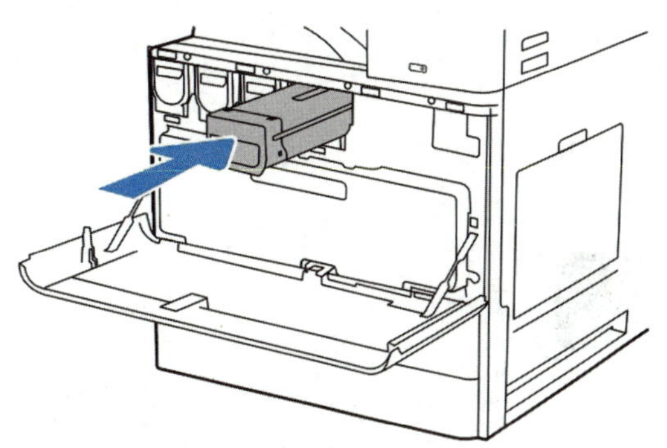

图 4-4-4　装入新的碳粉盒

（5）合上前挡盖，如图 4-4-5 所示。

（6）将使用过的碳粉盒装入该新碳粉盒的包装盒中进行回收，如图 4-4-6 所示。

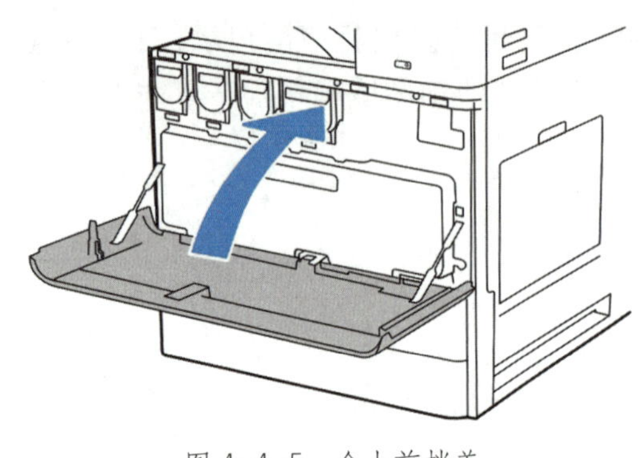

图 4-4-5　合上前挡盖

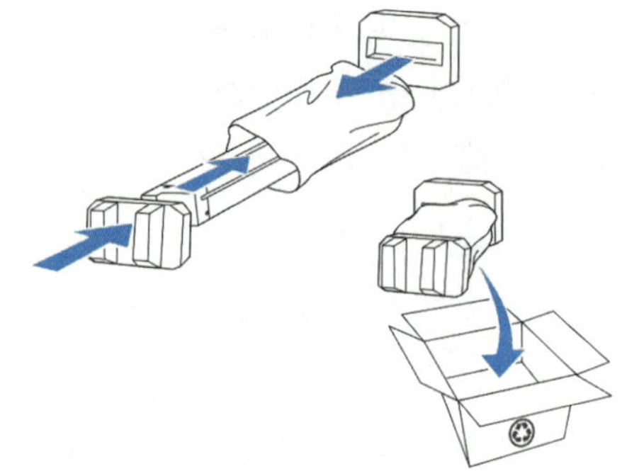

图 4-4-6　回收旧的碳粉盒

2. 更换碳粉收集装置（TCU）

如果在复印机上接收到更换碳粉收集装置的消息，或者遇到复印质量问题，且已经排除了碳粉不足的情况，就必须更换碳粉收集装置。其更换步骤如下。

（1）打开复印机前挡盖，拉动碳粉收集装置两侧的卡舌，然后将其平直拉出复印机，如图 4-4-7 所示。

（2）从包装中取出新的碳粉收集装置，保存好所有的包装材料，以便回收利用旧的碳粉收集装置，如图 4-4-8 所示。

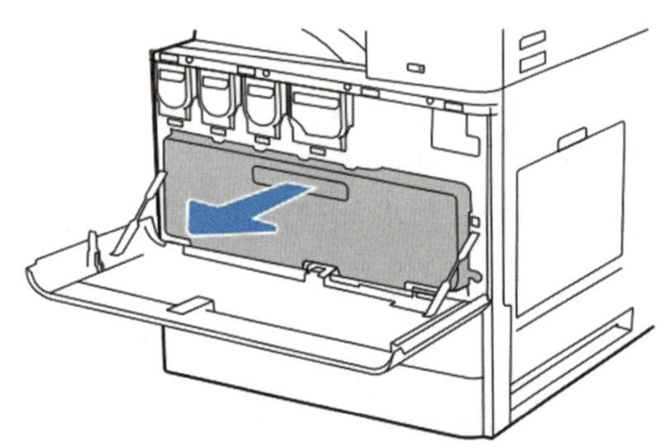

图 4-4-7　拉出旧的碳粉收集装置

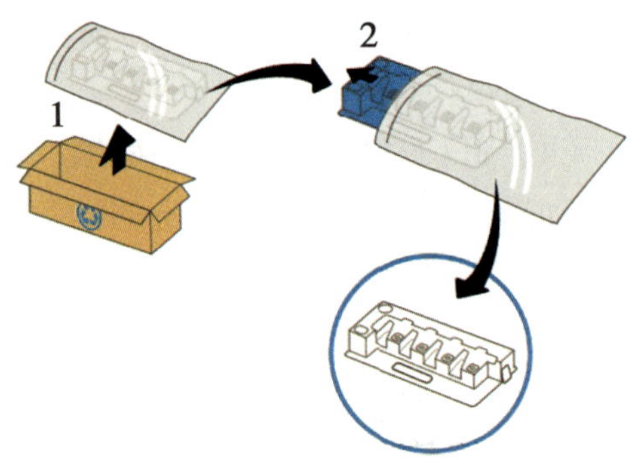

图 4-4-8　拿出新的碳粉收集装置

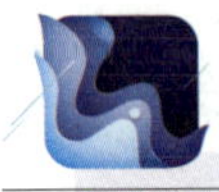

提示

从复印机中拉出碳粉收集装置时应保持水平，这样可以确认复印机废碳粉不溢出，完全卸下碳粉收集装置后，不能将孔朝下放置。将旧的碳粉收集装置放入包装新的碳粉收集装置的透明塑料袋中，密封塑料袋。

（3）安装新的碳粉收集装置，方法是推动其两侧，直至卡舌到位，如图 4–4–9 所示。

（4）合上前挡盖，将旧的碳粉收集装置装入新的碳粉收集装置替换下来的包装盒中，以便于回收，如图 4–4–10 所示。

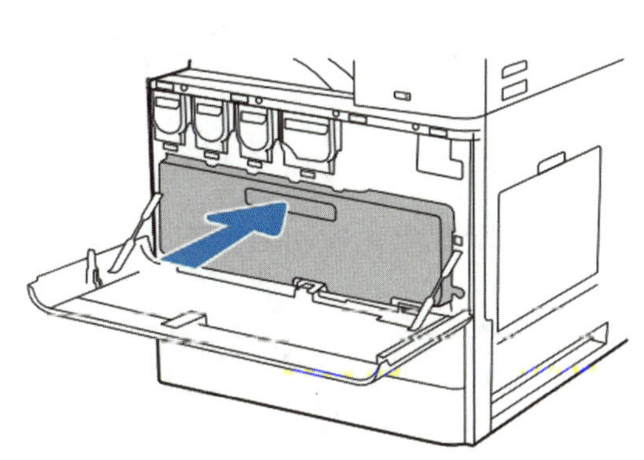
图 4–4–9　装入新的碳粉收集装置

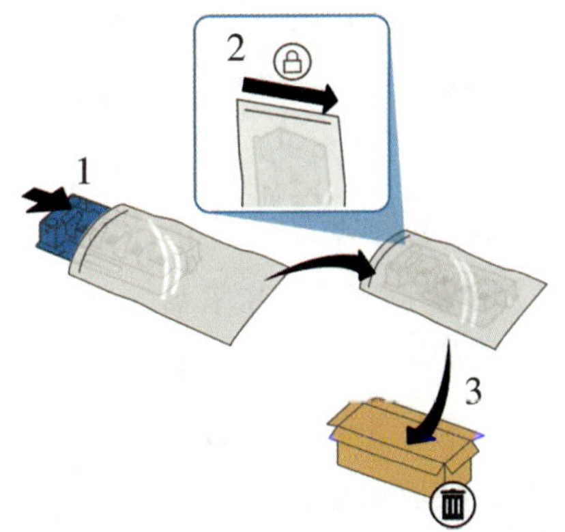

图 4–4–10　回收旧的碳粉收集装置

二、清除卡纸

1. 清除文档进纸器中的卡纸

在文档进纸器中出现卡纸现象后，复印机的控制面板将会显示清除卡纸的动画，清除卡纸的方法如下。

（1）打开文档进纸器的盖板，如图 4–4–11 所示。

（2）取出卡纸，如图 4–4–12 所示，再合上进纸器盖板。

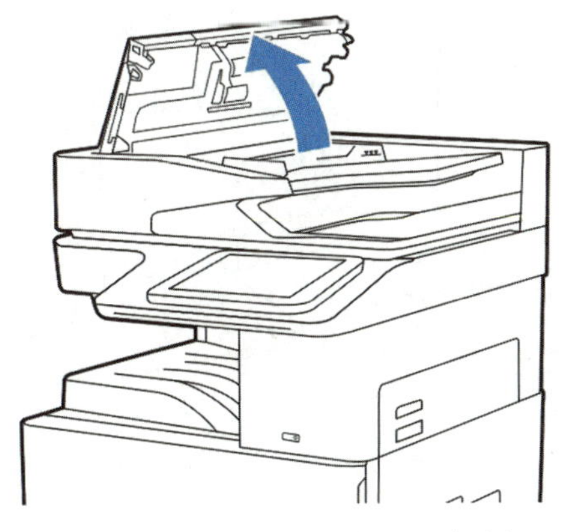
图 4–4–11　打开文档进纸器的盖板

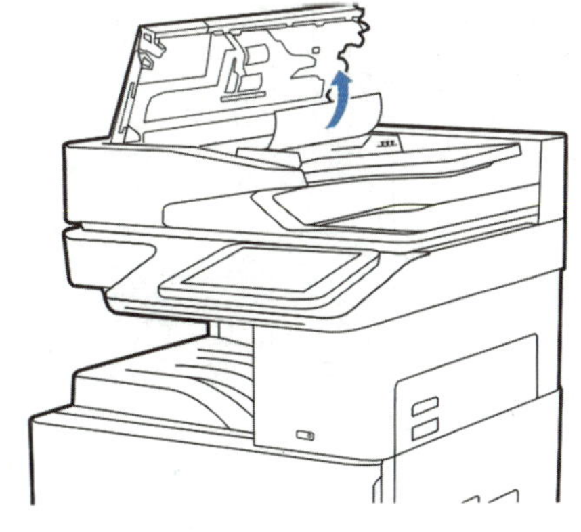
图 4–4–12　取出卡纸

提示

要避免在进纸器处卡纸，务必要将文档进纸器进纸盘中的导板调整到贴着文档的位置，但不应使文档弯曲。要复印较窄的文档时，则建议使用平板扫描仪，而且从文档原件上取下所有订书钉和曲别针。

2. 清除纸盘 1 中的卡纸

纸盘 1 是多用途纸盘，如果在纸盘 1 中出现了卡纸现象，控制面板将显示帮助清除卡纸动画，可按如下步骤进行处理。

纸盘 1 出现卡纸现象时，一般在进纸时发生，并且在纸盘 1 的位置可以看得到，只要轻轻取出卡住的纸张，如图 4–4–13 所示。

3. 清除纸盘 2 和纸盘 3 中的卡纸

如果在纸盘 2 和纸盘 3 的相关位置出现了卡纸现象，控制面板会显示一条卡纸消息或一段消除卡纸的动画。清除纸盘 3 和清除纸盘 2 的卡纸方法相同，因此，这里只以如何清除纸盘 2 的卡纸为例，按如下的方法进行处理。

（1）打开纸盘 2，如图 4–4–14 所示。

（2）整理好纸盘 1 中的纸张，打开前挡盖，然后将其合上就可以继续打印或者复印。

（3）轻轻取出在此处的卡纸，如图 4–4–15 所示。

（4）合上纸盘，复印会自动恢复。

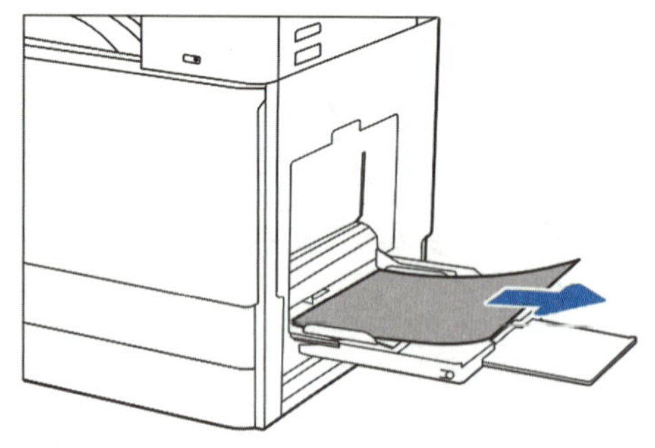
图 4–4–13　取出纸盘 1 中的卡纸

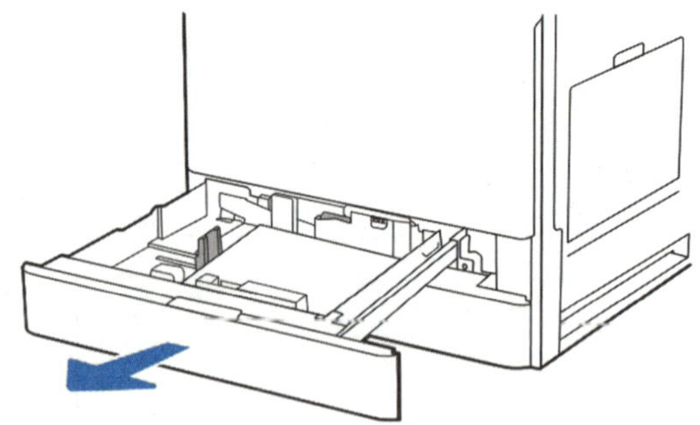
图 4–4–14　打开纸盘 2

4. 清除出纸槽中的卡纸

如果在进纸器、纸盘中都没有发现卡纸，而控制面板仍显示帮助清除卡纸动画，可以按以下过程检查出纸槽等所有可能卡纸的地方是否有纸张。

如果能在出纸槽中看到纸张，直接握住前缘将其取出即可，如图 4–4–16 所示。

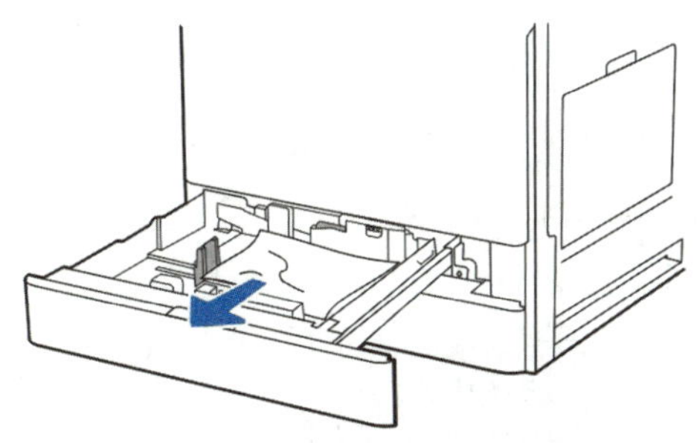
图 4–4–15　取出纸盘 2 中的卡纸

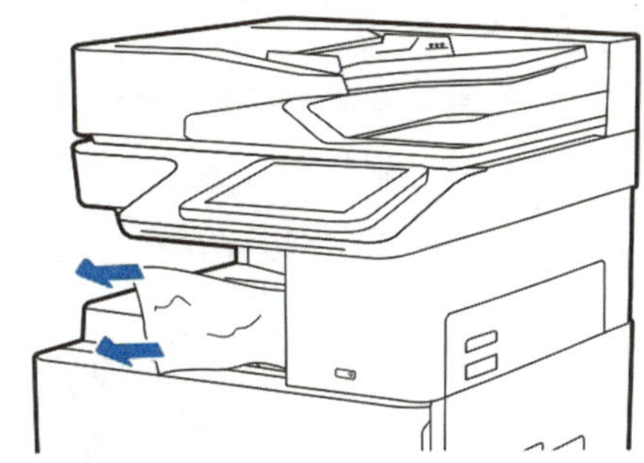
图 4–4–16　取出纸槽中的卡纸

5. 清除热凝器区域的卡纸

如果在复印机的右挡盖或热凝器区域发现卡纸，控制面板将显示帮助清除卡纸的动画。可以按照以下步骤清除卡纸。

（1）打开复印机右挡盖，如图 4–4–17 所示。

（2）轻轻取出卡纸，如图 4–4–18 所示，然后合上右挡盖即可。

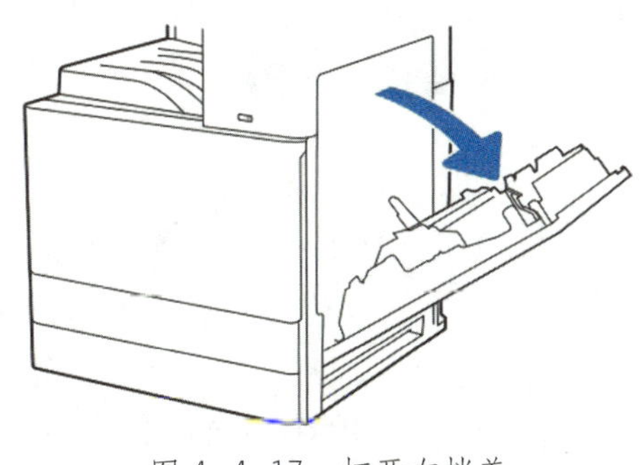
图 4–4–17　打开右挡盖

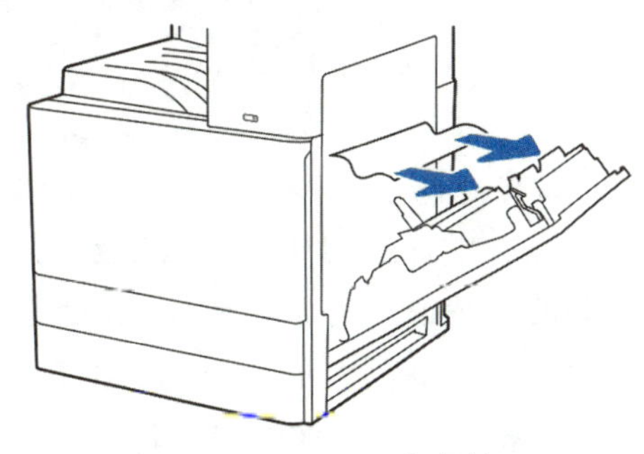
图 4–4–18　取出卡纸

提示

在使用复印机时，热凝器附近的温度可能很高，需等热凝器冷却下来后再清除卡纸。

三、清除复印机不拾纸或进纸错误

若复印机不从纸盘中拾纸或一次性拾取了多张纸，可尝试以下解决办法。

1. 清除复印机不拾纸错误

如果复印机不从纸盘中拾纸，可以按照以下步骤尝试解决。

（1）打开复印机挡盖，检查复印机内是否有碎纸片。

（2）向纸盘中装入尺寸适合作业的纸张。

（3）确保已经在复印机的控制面板上正确设置了纸张尺寸和类型。

（4）确保已根据纸张尺寸正确调整了纸盘中的纸张导板。应将纸张导板上的箭头与纸盘上的标记完全对齐。纸盘中的尺寸标记如图 4-4-19 所示。

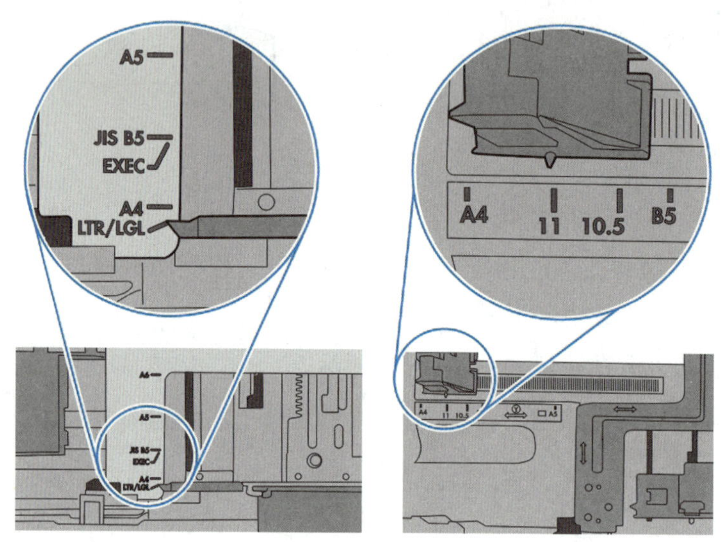

图 4-4-19　纸盘中的尺寸标记

（5）需确保室内相对湿度处于此复印机要求的规格范围之内，并且纸张应存放在未开封的包装中。通常情况下，纸张是以防潮包装的形式出售的，这样能有效保持纸张的干燥状态。在高湿的环境里，纸盘中纸叠顶部的纸张可能会吸收湿气，致使其外观变得不平整，呈现出波浪状。若出现这种状况，可以从纸叠中取出 5～10 页纸。而在低湿环境下，过多的静电可能会使纸张相互粘连在一起。若遇到这种情况，应从纸盘中取出纸张，用双手握住纸叠的两端，先将两端向上弯曲，使其呈 U 状（见图 4-4-20），接着再将两端向下弯曲，形成反向 U 状。之后，再次握住纸叠两端，重复上述弯曲步骤。通过这一过程，能让各页纸松散开来，同时又不会产生新的静电。最后，在桌面上将纸叠整理整齐，再将其放回纸盘中。

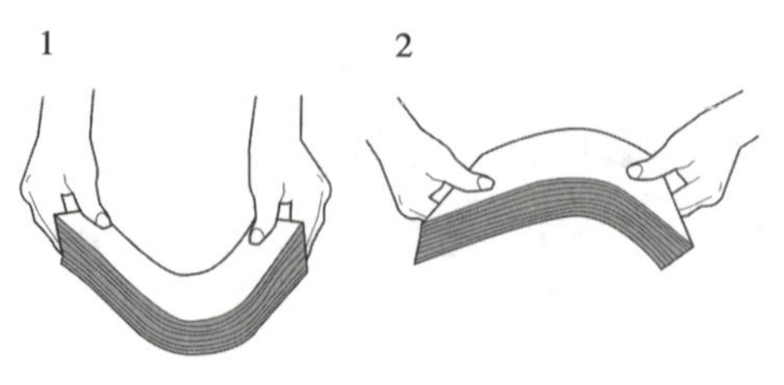

图 4-4-20　反复弯曲纸叠

（6）检查复印机的控制面板，查看是否显示的是要求手动进纸的提示，按提示装入纸张并继续。

（7）纸盘和多用途纸盘的滚筒如图 4–4–21 所示，若滚筒已经受到污染，可用蘸有温水的无绒布清洁滚筒。如果有蒸馏水，最好用蒸馏水清洁滚筒，但不能把水喷进复印机内。

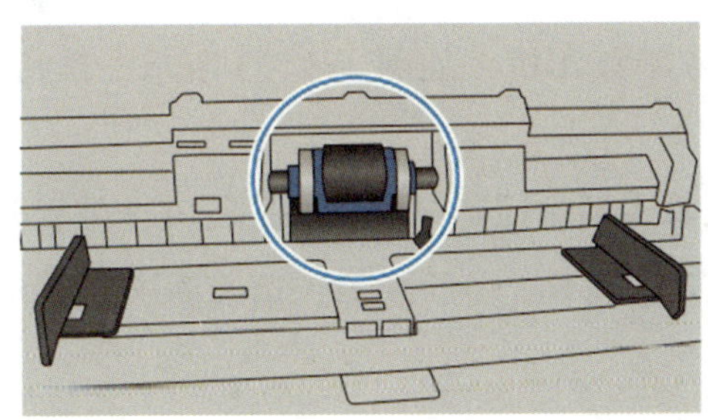
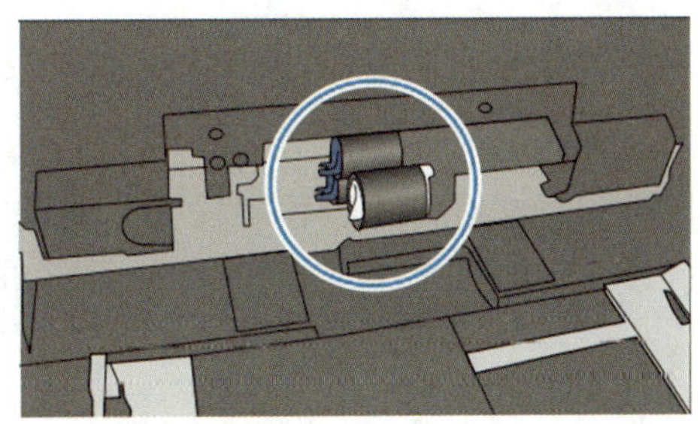

图 4–4–21　纸盘和多用途纸盘的滚筒

2. 清除复印机一次拾取多张纸错误

如果复印机从纸盘一次拾取多张纸，可尝试以下解决方案。

（1）从纸盘中取出纸叠，将其弯曲并旋转 180°，如图 4–4–20 所示，然后将其翻转过来，将纸叠放回纸盘中。

（2）确保复印机上使用的纸张是符合规格的纸张，且无褶皱、无折痕或未受损，也不要在温度过高、湿度太大的环境中使用复印机。

（3）检查纸盘中的堆叠高度标记，确保纸盘不要装得太满。图 4–4–22 显示了部分复印机纸盘中的堆叠高度标记。

（4）确保所有纸张都位于堆叠高度标记附近的压片下，如图 4–4–23 所示。这些压片有助于让纸张在送入复印机时处于正确位置。

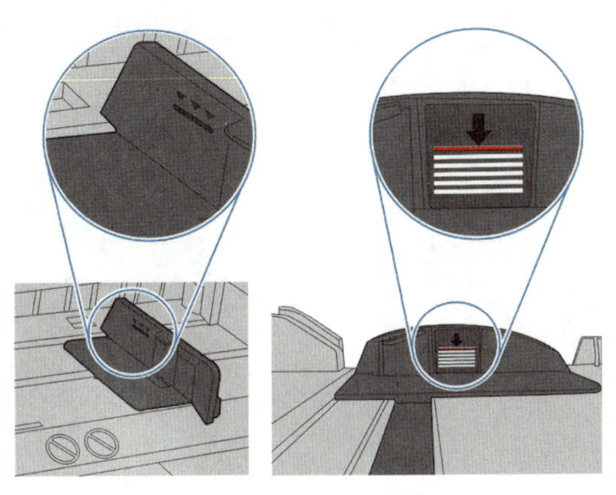

图 4–4–22　纸盘中的堆叠高度标记

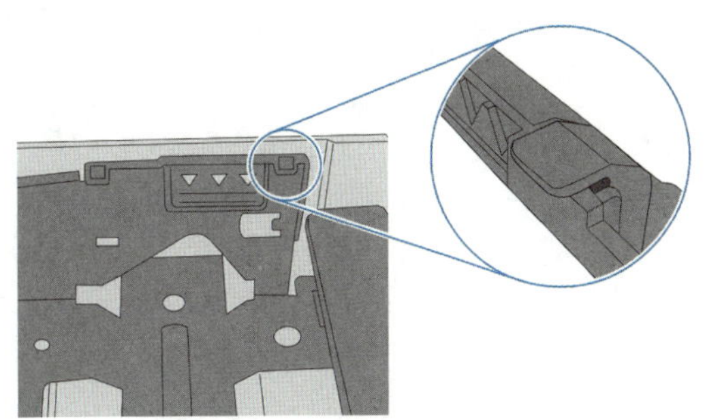

图 4–4–23　堆叠高度标记附近的压片

（5）确保已经根据纸张尺寸正确调整了纸盘中的纸张导板，将导板调整到纸盘中的适当位置。纸张导板上的箭头应与纸盘上的标记完全对齐。

巩固与练习

某企业办公室购置了一台佳能 iR C3226 型复印机，如图 4-2-23 所示，请按照以下要求，完成相应的操作。

1. 若复印机在工作过程中发生了夹纸故障，请按照产品说明书进行安全处置。

2. 若利用该复印机复印彩色文档时出现复印不清晰的现象，请查看产品说明书，处理该问题。

3. 查看产品说明书，试着正确保养复印机。

4. 在复印过程中发现复印机出现质量缺陷，请查看产品说明书，为复印机添加碳粉。

项目五
多功能复合机的使用与维护

多功能复合机也被称为多功能一体机，它应用数字化技术，将打印、复印、扫描、传真等功能整合在一起，在硬件和软件的共同作用下，最大程度地实现功能共享，使自身的体积更小、使用成本更低，有效提升了其性价比和使用效率。

多功能复合机的问世，极大地减少了办公设备的使用数量，提高了人们的工作效率，为办公带来更多便利。它不仅方便快捷，还具备一些附加功能，使打印、复印、扫描和传真等操作更加高效和精确。

任务 1　认识和选购多功能复合机

1. 了解多功能复合机的类型和功能特点。
2. 了解多功能复合机的技术指标。
3. 能根据使用需求，选购多功能复合机。
4. 能选购多功能复合机的耗材。

为了提高办公效率，某公司计划配备一台多功能复合机，以打印、复印、扫描以及传真文档等。小王接到任务后，准备前往市场实地考察，并在网络上进行调研，之后再决定选购何种品牌的多功能复合机。

一、多功能复合机的分类

1. 根据产品原型分类

（1）基于打印机的复合机

基于打印机的复合机由打印机发展而来，最典型的是最早出现在国内市场上的 HP LaserJet 1100A 型多功能一体打印机。它在结构上以“打印机 + 扫描仪”为基础，外观和使用方式更接近一台打印机。

（2）基于传真机的复合机

基于传真机形成复合机是传统办公自动化厂家进入复合机市场的方式，例如，三星、佳能、松下等品牌的产品。在普通纸传真机（基于激光或喷墨输出方式）的基础上，添加与计算机通信的接口而形成复合机。这类产品的传真功能依旧强大，操作习惯上更贴合传统办公用户。

（3）基于复印机的复合机

基于复印机的复合机是平时不太常见的一类复合机，通常是在中高端数码复印机上添加附件构成的。它们本身就具备出色的扫描、打印速度，很容易满足群组办公的需求。目前，还有很多人习惯称其为数码复印机。

2. 按照打印技术分类

复合机最重要且最基本的部分是打印和复印功能单元。目前，复合机通常采用在打印机和扫描仪领域中早已成熟的技术，按照所采用的打印技术类型来分，多功能复合机可分为喷墨式和激光式两种。

3. 按照扫描技术分类

（1）馈纸式

很大一部分复合机是由传真机发展而来的，因此，也继承了传统传真机最常见的馈纸式扫描方式。所谓馈纸式扫描，是指图像传感器固定、扫描原稿移动的扫描方式，配上一个简单的自动进纸器，就可以连续批量扫描原稿。不过，由于馈纸式扫描单元只能处理单张介质的原稿，因此，其无法扫描书籍、杂志。同时，这类产品原本是为了文本传真而设计的，馈纸式扫描通常使用接触式图像传感器（CIS）元件作为图像传感器，它们虽然体积小巧、耗电量少，但在光学分辨率和图像的色彩表现上还是无法和电荷耦合器件（CCD）图像传感器相比的。

（2）平台式

平台式扫描是人们最常见的扫描方式，将原稿放在玻璃平台上，由图像传感器移动来获得完整的图像。它的最大优势是扫描原稿的范围很广，能放在玻璃平台上的物体都可以被扫描成像。同时，采用平台式扫描的复合机通常使用的是 CCD 图像传感器，能以较高的分辨率和出色的还原能力获取精美图像，因此，平台式扫描单元通常与彩色喷墨和彩色激光技术配合，以完成出色的彩色复印功能。

二、多功能复合机的主要技术指标

要选购一台符合实际需求的多功能复合机，就必须对多功能复合机的性能指标有一定的了解，这样才能选购到性价比高的设备。

1. 打印分辨率

多功能复合机的复印功能实际上是通过打印部件和复印部件的有机结合来实现的，因此，打印分辨率直接影响打印和复印的清晰度。

2. 复印速度

复印速度是指在 1 min 之内多功能复合机能复印 A4 幅面打印纸张的张数。该数值越高，多功能复合机的复印速度越快。由于复印功能也是通过打印设备来实现的，因此，一般来说，复印速度和打印速度基本上是一致的。

3. 扫描分辨率

除了实现自身的扫描功能之外，多功能复合机的扫描部件还有一个重要的任务是为复印功能提供支持。一般来说，低端经济型多功能复合机的扫描分辨率和目前低端扫描仪相比并不高，基本上为 600 dpi × 600 dpi 到 1 200 dpi × 600 dpi，这样的分辨率对于文字、照片扫描完全足够。

4. 连续复印量

多功能复合机的连续复印量是指多功能复合机对复印对象进行一次扫描之后，可以一次性输出的页数。连续复印量越大，多功能复合机的复印功能也就越强大。

5. 复印缩放比

多功能复合机的复印缩放比是指通过复印功能可以将复印对象放大或缩小的比率范围。一般来说，复印缩放比为 50% ~ 200%，完全可以满足要求。

三、多功能复合机的选购事项

现在的多功能复合机市场发展迅速，产品更新换代非常快，对于普通用户来说，选购多功能复合机已经成为一种必然。在选购多功能复合机时，要注意以下两个方面，避免陷入选购误区。

1. 功能并非越多越好

不同用户的使用需求各不相同，厂商也针对不同需求推出了许多细分产品。用户可以根据自身需求选择适合自己的多功能复合机。不涉及传真业务的用户可以选择具有打印、复印、扫描功能的产品，涉及传真业务的用户可以选择具有上述 4 项功能的产品。

2. 商用办公并非必须用激光多功能复合机

在商务领域，用户注重的是效率，激光多功能复合机备受青睐。但如果仅局限于单色输出，则选购一台彩色激光多功能复合机的话，就陷入了选购误区。

彩色设备的购置成本较高，耗材消耗费用也高。如果需要一台能实现彩色输出的多功能复合机，可以选购喷墨式多功能复合机。现在市场上有一类专门面向商用输出用户的多功能复合机，它们在打印速度、打印品质、打印成本以及机器的可靠性方面都非常适合有商用彩色输出需求的中小型企业用户，设备价格也比较合理。

一、明确选购目标

小王此次选购的目的是使用多功能复合机进行普通文档的打印或复印，因此，要从以下方面进行考虑。

1. 价格较低。
2. 维护方便。
3. 选择型号的耗材价格合适。
4. 操作使用方便。
5. 具有良好的售后服务。

二、市场调研及网络调研

通过分析需求明确购买目标后，下一步就需要对具体的品牌、型号进行调研，选择功能匹配、价格适宜的机型作为购买对象。调研可通过市场实地走访或互联网进行，将调研获取的信息记录在表 5-1-1 中，并通过对比，确定所选的品牌、型号。

表 5-1-1 多功能复合机的调研信息

品牌	型号	主要功能及特点	购买渠道	价格	评价

为提升工作质量与效率，某公司计划购置一台彩色多功能复合机，以便进行文档输出，其具体要求如下。

1. 打印方式确定为彩色激光，且具备打印、扫描、复印三项功能。
2. 打印分辨率和扫描分辨率应不低于 600 dpi × 600 dpi。
3. 打印幅面以 A4 为主，A4 纸打印速度为不低于每分钟 20 页。
4. 复印缩放比为 25% ~ 400%，为固定倍率且具备 1% 增幅。
5. 扫描类型采用平板式。
6. 适用于目前主流的操作系统平台。
7. 价格控制在 3 000 元左右。

按照上述要求选择 3 种彩色多功能复合机，将各种多功能复合机的技术参数填入表 5-1-2 中，用于帮助该公司选购符合要求的设备。

表 5-1-2 多功能复合机的技术参数

相关设备参数	备选设备 1	备选设备 2	备选设备 3
参考价格			
品牌			
型号			
……			

任务 2 安装多功能复合机

1. 了解多功能复合机的工作环境要求。
2. 了解多功能复合机的名称及功能。
3. 能按照使用说明书安装和配置多功能复合机。
4. 没有可用的 Wi-Fi 时，能连接安装好的多功能复合机。

小王经过市场调研，决定购置一台 HUAWEI PixLab X1 型多功能复合机，如图 5-2-1 所示。

图 5-2-1 HUAWEI PixLab X1 型多功能复合机

HUAWEI PixLab X1 型多功能复合机是华为首款搭载 HarmonyOS 操作系统的黑白激光多功能复合机。它不仅具备强大的打印、复印和扫描功能，还能通过智慧卡片技术实现快速配网。同时，该复合机支持多设备共享、一碰即印、远程打印等智能功能，给用户带来了前所未有的便捷体验。

在 HUAWEI PixLab X1 型多功能复合机到货后，小王打开包装箱，准备按照产品说明书来安装。

一、多功能复合机的安装注意事项

多功能复合机对安装环境有特定要求，要注意以下几个方面。

1. 选择一处通风良好、无灰尘侵扰且无阳光直射的固定区域来放置多功能复合机。
2. 切勿堵上或遮盖多功能复合机的插孔及多功能复合机机箱的开口。
3. 在周围留有足够的空间，以便操作和维修。

4. 禁止放置在低温或多灰尘的环境中，以及湿度或温度变化剧烈的地方。

5. 在使用时最好使用独立的电源，不要与其他设备共用同一个电源。

6. 如果是具有传真功能的多功能复合机，应放在电话线附近。

7. 不要放置在办公桌或工作台的边缘位置。

二、多功能复合机各组件的名称

下面以 HUAWEI PixLab X1 型多功能复合机为例，介绍其各部件的名称。

1. HUAWEI PixLab X1 型多功能复合机的外观介绍

HUAWEI PixLab X1 型多功能复合机的各部件如图 5-2-2 所示，其各部件的名称和说明见表 5-2-1。

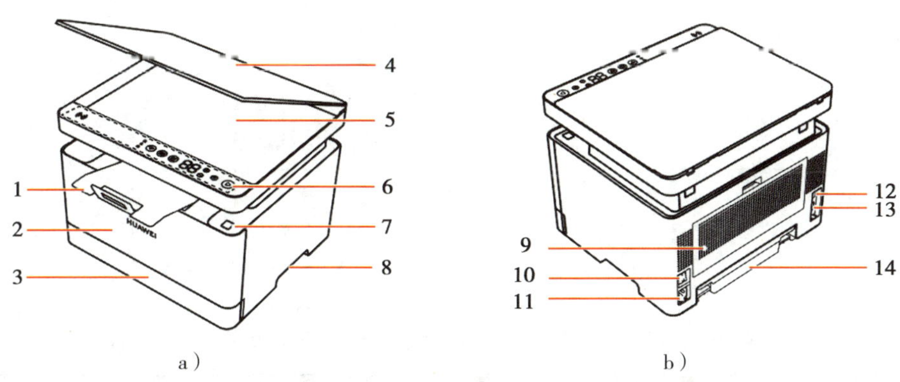

图 5-2-2　HUAWEI PixLab X1 型多功能复合机的各部件
a）多功能复合机的正面　b）多功能复合机的背面

表 5-2-1　HUAWEI PixLab X1 型多功能复合机各部件的名称和说明

序号	名称	说明
1	挡纸板	通过挡纸板接住打印或复印出来的纸张
2	前盖	打开前盖，可以直接更换碳粉盒
3	纸盒	装入纸张
4	扫描盖板	打开扫描盖板，放入待扫描或复印的原稿
5	扫描区	将原稿放入扫描区进行扫描或复印
6	控制面板	按控制面板上的功能键，可以进行网络配置、复印等操作
7	上盖按钮	按下上盖按钮，打开上盖，可以更换硒鼓或排查故障
8	左 / 右扣手	方便搬动设备
9	后盖	打开后盖，可以排查卡纸等故障
10	电源开关	开启或关闭设备

续表

序号	名称	说明
11	电源接口	连接电源，为多功能复合机供电
12	LAN 口（网络连接端口）	接入网络，连接网络
13	USB-B（USB 2.0）接口	连接计算机，传输数据
14	纸盒防尘盖	用于纸盒后端防尘，首次安装时，纸盒防尘盖装入多功能复合机里，装纸后纸盒防尘盖可被顶出

2. 控制面板

HUAWEI PixLab X1 型多功能复合机的控制面板如图 5-2-3 所示，其各部件的名称和功能见表 5-2-2。

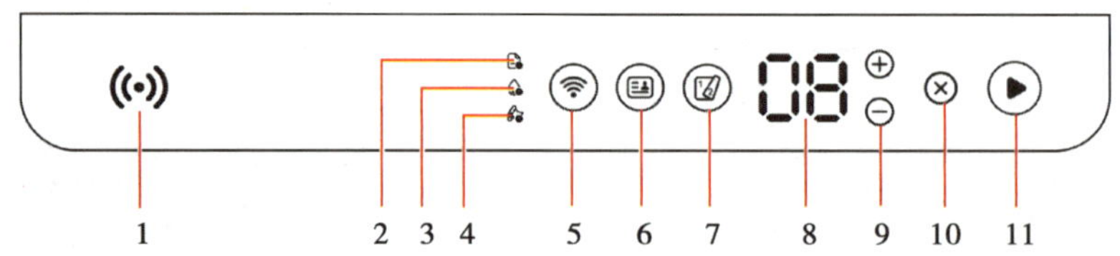

图 5-2-3　HUAWEI PixLab X1 型多功能复合机的控制面板

表 5-2-2　HUAWEI PixLab X1 型多功能复合机控制面板的各部件名称和功能

序号	名称	功能
1	HUAWEI Share 感应区域	部分华为手机的 NFC 感应区域与 HUAWEI PixLab X1 型多功能复合机的 HUAWEI Share 感应区域轻触，能实现一碰联网、一碰打印功能
2	缺纸	缺纸时会显示红灯，请在纸盒中装入纸张
3	缺粉	缺粉时会显示红灯，需要更换碳粉盒
4	卡纸	卡纸时会显示红灯，请检查卡纸位置，小心拿出被卡的纸张
5	“网络状态”键	长按此按键 3 s 可重置网络 按键上的指示灯可以显示打印机的当前网络状态： 多功能复合机在唤醒状态下，指示灯未亮表示未联网 指示灯呈白色闪烁表示配网中 指示灯呈白色常亮表示已联网 指示灯呈蓝色闪烁表示有设备正在通过直连打印连接多功能复合机，触按可确认连接
6	“ID 复印”键	触按此按键进入 ID（身份证）复印模式
7	“双面复印”键	触按此按键进入双面复印模式

续表

序号	名称	功能
8	“数字”键	显示目前选择的复印份数；若出现错误，会显示错误代码
9	“加 / 减”键	按 +/-（加号 / 减号）键调整要复印的份数，复印份数较多时，长按 + 键可直接增加 10 份
10	“取消”键	触按此按键取消当前操作
11	“开始”键	触按此按键开始复印。长按此按键 3 s 打印多功能复合机系统信息页，可以查看此多功能复合机的基本信息 按键上的指示灯可以显示多功能复合机的当前工作状态： 指示灯呈白色常亮表示处于待机状态 指示灯呈白色闪烁表示处于工作状态 指示灯呈红色闪烁表示出现故障

一、首次安装多功能复合机

首次安装多功能复合机，可按照以下步骤进行。

1. 移除胶带。移除外包装袋和所有胶带，多功能复合机的背面与纸盒内也贴有胶带，要一并移除，如图 5-2-4 所示。

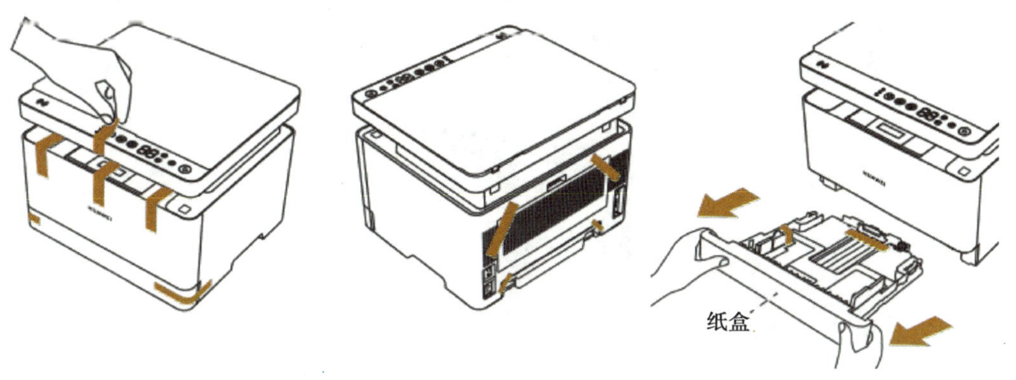

图 5-2-4　移除多功能复合机的胶带

2. 选择放置位置并预留空间。将多功能复合机放置在阴凉通风处，确保水平、稳固放置，可稳定接收 Wi-Fi 信号，如图 5-2-5 所示。多功能复合机背后需预留 10 cm 以上的空间。

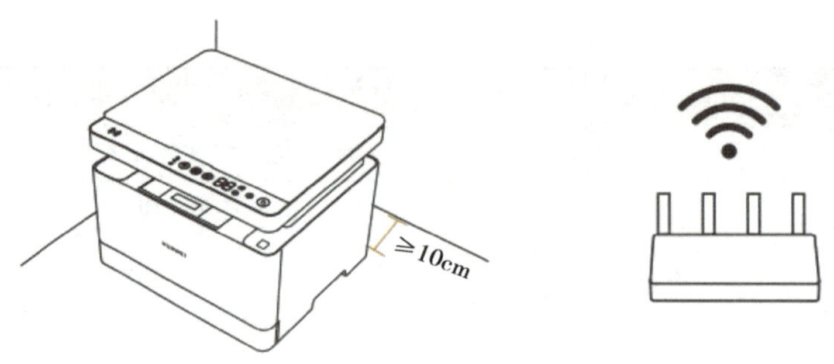

图 5-2-5　选择放置位置并预留空间

3. 装入纸张。将纸盒完全拉出，捏住纸盒后端的固定手柄往后拉，以平整地放入纸张；捏住纸盒后端和左边的纸张挡板进行调整，以固定纸张；然后将纸盒装回多功能复合机，如图 5-2-6 所示。

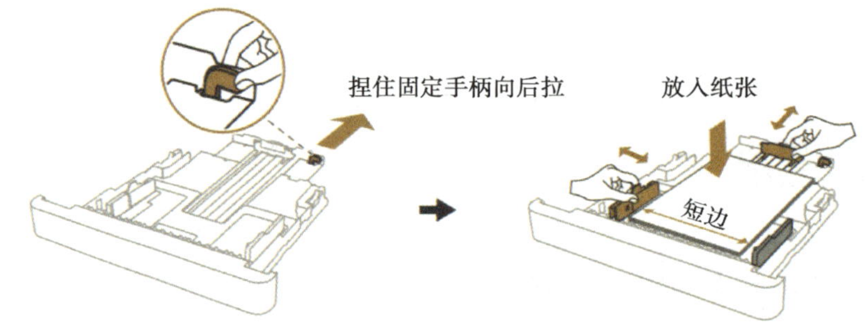

图 5-2-6　装入纸张

4. 接通电源，打开电源开关，如图 5-2-7 所示。

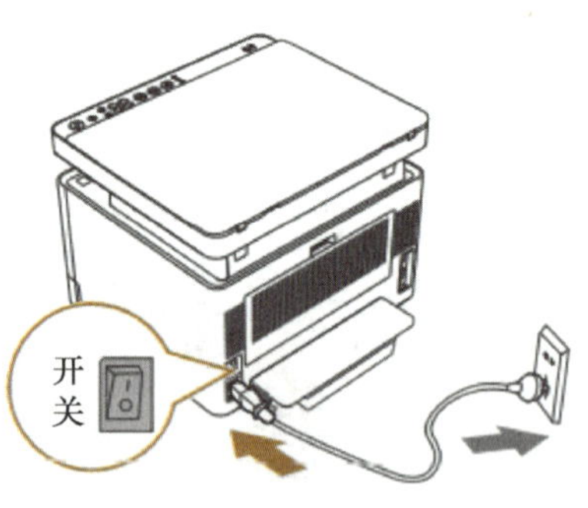

图 5-2-7　开机

二、首次配置多功能复合机（适用于有 Wi-Fi 的场景）

HUAWEI PixLab X1 型多功能复合机支持 2.4 GHz Wi-Fi，不支持 5 GHz Wi-Fi，也不支持机场、酒店等场所需要网页认证的 Portal 热点。若没有可用的 Wi-Fi，可尝试热点直连打印，但此模式仅支持打印，不支持扫描。

1. 通过手机或平板计算机为多功能复合机配网

用手机或平板计算机为多功能复合机配置网络，其操作步骤如下。

（1）将手机或平板计算机等移动终端连接到路由器 Wi-Fi，并开启蓝牙，如图 5-2-8 所示。

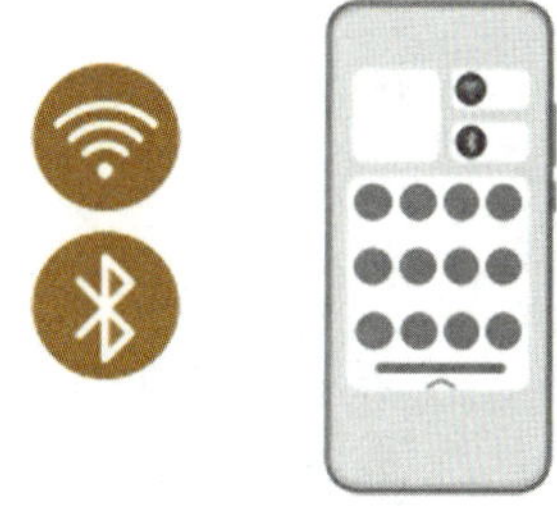

图 5-2-8　将手机或平板计算机连接和开启蓝牙 Wi-Fi

（2）在手机或平板计算机等移动终端的应用市场搜索“华为智慧生活”或扫描图 5-2-9 所示的二维码，下载并安装最新版的华为智慧生活 App。

（3）打开华为智慧生活 App，登录华为账号，点击“+”添加设备，如图 5-2-10 所示。

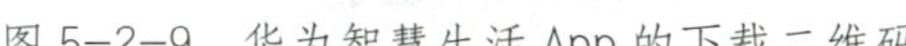

图 5-2-9　华为智慧生活 App 的下载二维码

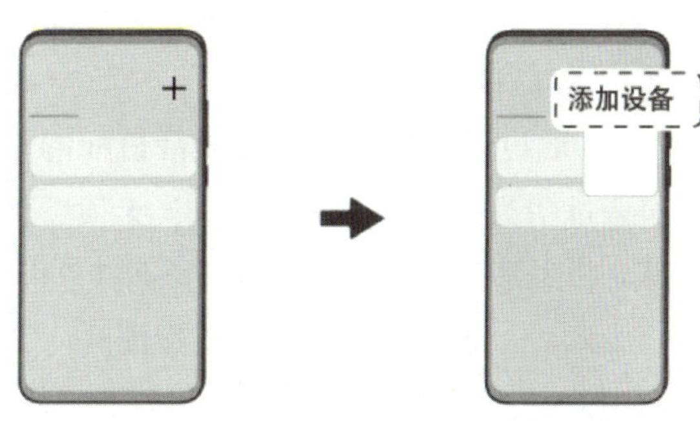

图 5-2-10　添加设备

（4）待华为智慧生活 App 扫描到多功能复合机后，点击“连接”。确认多功能复合机要连接的路由器 Wi-Fi 名称和密码，点击“下一步”，根据界面指引完成多功能复合机的配网，如图 5-2-11 所示。若未发现多功能复合机或连接失败，请长按多功能复合机网络状态键 3 s，重置后再次尝试配网。

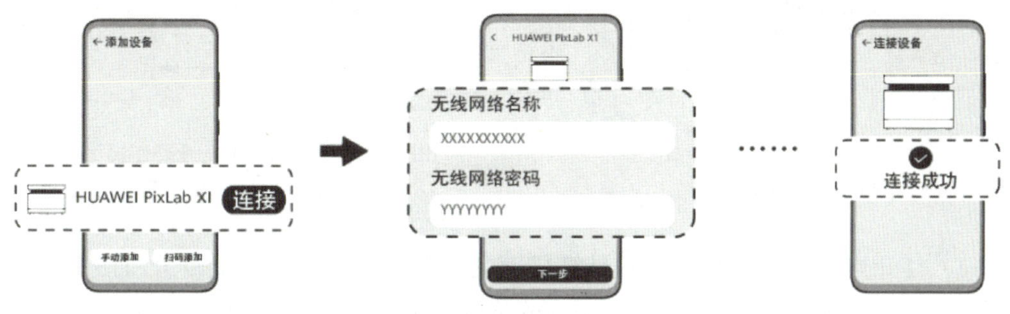

图 5-2-11　配置网络

（5）配网成功后，为多功能复合机配网的手机或平板计算机等移动终端就可以使用多功能复合机了。

2. 靠近发现网络（仅支持 HarmonyOS 手机或平板计算机）

用靠近发现网络配置的方法步骤如下。

（1）将手机或平板计算机等移动终端连接路由器 Wi-Fi，并开启蓝牙，如图 5-2-8 所示。

（2）在手机或平板计算机等移动终端的应用市场搜索“华为智慧生活”或扫描图 5-2-9 所示的二维码，下载并安装最新版的华为智慧生活 App。

（3）将手机或平板计算机等移动终端靠近多功能复合机 30 cm 内，在移动终端上会自动弹出连接多功能复合机的窗口，点击“连接”，如图 5-2-12 所示。确认多功能复合机要连接的路由器 Wi-Fi 名称和密码，点击“下一步”，根据界面指引完成多功能复合机配网。

（4）配网成功后，为多功能复合机配网的手机或平板计算机等移动终端就可以使用多功能复合机了。

3. 通过计算机为多功能复合机配网

通过华为打印客户端配网时，无须登录个人华为账号。配网后，可通过局域网的方式，将多功能复合机共享给更多的计算机使用。

方式一：通过 USB 数据线连接配网

配网时，需使用随附的 USB 数据线连接多功能复合机，以保证配网更稳定（配网后可移除 USB 数据线）。

（1）将计算机连接路由器 Wi-Fi，或使用网线连接路由器，再使用随附的 USB 数据线连接计算机和多功能复合机，如图 5-2-13 所示。

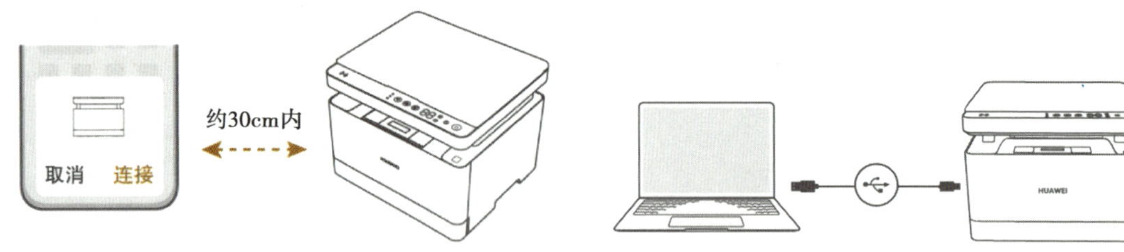

图 5-2-12 用手机连接多功能复合机

图 5-2-13 用 USB 数据线连接计算机和多功能复合机

（2）打开连接多功能复合机的计算机上的浏览器，访问多功能复合机服务支持官网（https://consumer.huawei.com/cn/support/printers/pixlab-x1/），找到“驱动下载”板块，根据计算机系统版本，下载名为“华为打印（激光）_×××_××××”的客户端驱动程序压缩包，如华为打印（激光）_Windows_1.1.6.1，如图 5-2-14 所示。

若计算机无法访问互联网，可提前将华为打印客户端下载至 U 盘中，再复制到待配网的计算机中。

（3）将下载的压缩包解压到计算机的文件夹中，双击华为打印客户端安装程序。

问题解决　驱动下载

华为打印（激光）_ Windows_1.1.6.1

1.1.6.1 | 2024-09-09 | 156M

此客户端包含HUAWEI Pixlab X1、HUAWEI Pixlab B5、华为毕昇激光打印机 X1系列的华为激光打印机驱动，适用于 Windows XP，Windows Vista，Windows 7，Windows 8，Windows 8.1，Windows 10，Windows 11,Windows Server 2003R2，Windows Server 2008，Windows Server 2008 R2，Windows Server 2012，Windows Server 2012 R2，Windows Server 2016，Windows Server 2019版本（查看Windows版本：开始菜单→设置 ›系统 ›关于 ›Windows规格）

156M

图 5-2-14　华为多功能复合机客户端驱动程序压缩包

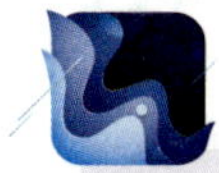

提示

不同操作系统的压缩包有所不同。对于装有 Windows 操作系统的计算机，解压后双击 .exe 文件，如 PixLab_Series for Windows v1.161.exe，打开华为打印客户端安装程序；对于装有 macOS 操作系统的计算机，解压后双击应用程序文件，如华为 PixLab 系统，打开华为打印客户端安装程序；对于装有 Linux 操作系统的计算机，安装包解压后，双击 .sh 文件，如 install.sh，选择在终端中运行，在终端窗口中输入计算机登录账户、密码后，运行华为打印客户端安装程序。

（4）在“选择连接打印机的方式并安装华为打印”的安装界面中，阅读并勾选“同意华为打印应用用户协议”，并选择“通过 USB 连接”，如图 5–2–15 所示。

（5）确认多功能复合机要连接的路由器的网络名称和密码，单击“下一步”按钮，如图 5–2–16 所示。

（6）等待界面提示安装成功后，单击“完成”按钮，此时计算机桌面上将出现名为“PixLab 系列 _ 华为打印”的华为打印客户端，如图 5–2–17 所示。

（7）配网成功后，为多功能复合机配网的计算机就可以使用该多功能复合机了。

图 5-2-15　选择连接打印机的方式并安装

图 5-2-16　连接网络

图 5-2-17　安装成功

方式二：通过网线连接配网

为多功能复合机配网以及使用多功能复合机时，均需连接网络。

（1）用网线连接多功能复合机和路由器，其中网线的一端连接打印机的 LAN 口，另一端连接路由器的 LAN 口，如图 5-2-18 所示。此时，“网络状态”键显示为白色闪烁或熄灭，属于正常现象。

（2）长按多功能复合机的“开始”键3 s，打印系统信息页，在信息页中查看有线网络，若已成功分配 IPv4 地址（如 192.168.8.129），表示连接成功。

提示

如果路由器开启了防火墙、MAC 地址物理隔离等功能，多功能复合机可能无法自动获取 IPv4 地址，将导致配网失败。此时需关闭相关功能，或者将多功能复合机的 MAC 地址加入路由器的白名单后再重启。

（3）连接完成后，为多功能复合机配网的计算机就可以使用该多功能复合机了。

方式三：通过华为电脑管家配网

（1）打开计算机的浏览器，访问华为电脑管家官网（https://consumer.huawei.com/cn/support/pc-manager/），下载并安装最新版的华为电脑管家。

（2）打开华为电脑管家，登录华为账号，单击“我的设备”中的“添加设备”。在扫描结果中找到华为多功能复合机，如图 5-2-19 所示。

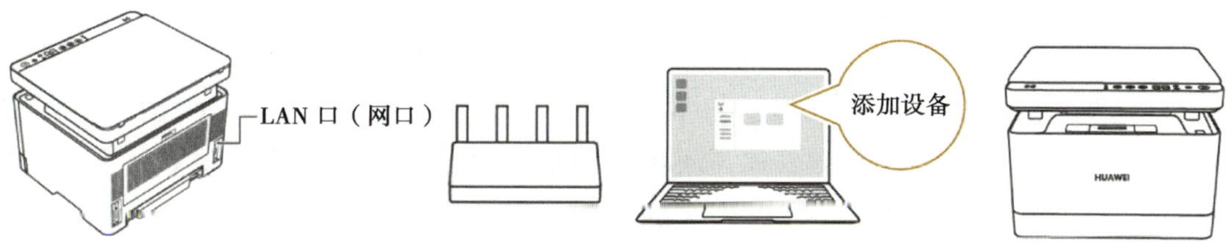

图 5-2-18　网络连接　　　图 5-2-19　在华为电脑管家中添加设备

提示

如果未发现多功能复合机或者连接失败，则需长按多功能复合机的“网络状态”键 3 s 以上，重置网络后再次配置。

（3）确认华为多功能复合机要连接的路由器的 Wi-Fi 名称和密码，单击“确定”按钮。配网完成后，单击“完成”按钮。此时，多功能复合机将出现在华为电脑管家的“我的设备”中。

（4）在“我的设备”中单击华为多功能复合机标签，将自动下载插件。插件下载完成后，单击华为多功能复合机标签，即可使用该多功能复合机。

三、无可用的 Wi-Fi 时，用手机或平板计算机或计算机连接多功能复合机

HUAWEI PixLab X1 型多功能复合机没有可用的 Wi-Fi 时，可以尝试用热点直连打印或 USB 数据线的方式连接该多功能复合机，但处于热点模式下的多功能复合机仅支持打印，不支持扫描。其设置步骤如下。

1. 提前下载华为打印客户端到 U 盘中，再将该客户端复制到待连接的计算机中。

2. 长按多功能复合机的“开始”键 3 s，打印系统信息页，在信息页中查看该多功能复合机的名称（即网络标识名称，含有 DIRECT 字样）及密码，如图 5-2-20 所示。

图 5-2-20　打印系统信息页

3. 连接打印机热点（以 Windows 11 操作系统为例）：单击计算机任务栏右侧的 Wi-Fi 图标，在弹出的窗口中选择 Wi-Fi 图标后面的更多图标 >，打开网络连接列表，选择多功能复合机的热点名称，输入密码时选择“改用安全密钥进行连接”，再输入多功能复合机的热点密码，完成热点连接。

4. 将压缩包解压至计算机的文件夹中，双击华为打印客户端安装程序。

5. 在“选择连接打印机的方式并安装华为打印”的安装界面中，阅读并勾选“同意华为打印应用用户协议”，选择“通过局域网搜索连接”（注意请勿选择“通过打印机热点连接”），如图 5-2-21 所示。

图 5-2-21　通过局域网搜索连接

6. 等待华为打印客户端扫描到该多功能复合机后，单击“连接”按钮，耐心等待计算机安装打印机驱动，如图 5-2-22 所示。

7. 等待界面提示安装完成后，单击“完成”按钮。此时计算机的桌面上将出现名为“PixLab 系列 _ 华为打印”的华为打印客户端。此时，计算机与多功能复合机完成连接，可以打印计算机中的文件或扫描文件到计算机中。

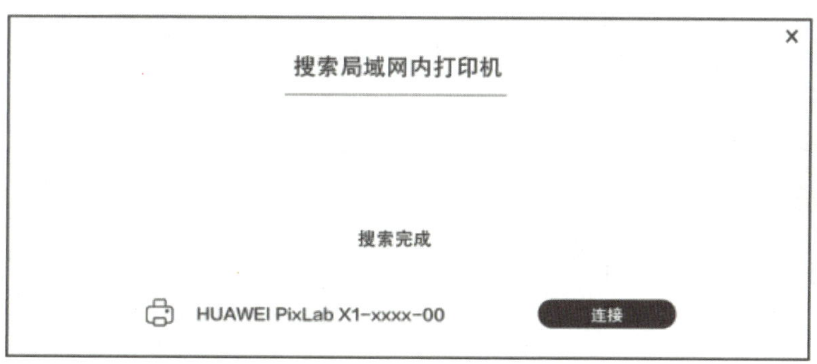

图 5-2-22　搜索局域网内打印机

某企业办公室购置了一台惠普（HP）M437dn 型多功能复合机，如图 5-2-23 所示，该多功能复合机已经连接网络，请按照以下要求，完成多功能复合机的安装和初始化工作。

图 5-2-23　惠普（HP）M437dn 型多功能复合机

1. 打开包装箱，对照产品说明书，检查包装箱内的附件是否和产品说明书中所列一致。

2. 按照产品说明书，拆除运输固定锁。

3. 按照产品说明书，了解该复合机控制面板及各个部件的名称和功能。

4. 尝试按照产品说明书完成多功能复合机的安装。

5. 对多功能复合机进行各类配置的尝试操作。

任务3 使用多功能复合机

1. 能使用 HUAWEI PixLab X1 型多功能复合机打印文档。
2. 能使用 HUAWEI PixLab X1 型多功能复合机复印文档。
3. 能使用 HUAWEI PixLab X1 型多功能复合机扫描文档。

某公司购置的 HUAWEI PixLab X1 型多功能复合机已经完成安装和初始化，现需要扫描文档并复印多份，小王先准备好文档和打印纸，然后进行扫描，再将文档打印一份后又复印了多份。

一、HUAWEI PixLab X1 型多功能复合机的常用操作

1. 恢复出厂设置

长按“取消”键ⓧ8 s，待数字键显示“88”，听到“滴”声，继续等待数字键显示为“01”后，重启该多功能复合机。重启后，多功能复合机将进行初始化，此过程需等待 3 min。待数字键再次显示“01”时，表明多功能复合机已恢复出厂设置，此时需要重新配置网络。

2. 打印信息页

长按“开始”键▶，直至听到“滴”声，“开始”键▶闪烁，多功能复合机即可自动打印信息页（包含热点名称和密码、S/N 号等）。

3. 取消操作

在多功能复合机打印、复印和扫描的过程中，短按“取消”键ⓧ，听到“滴”声，即可取消当前操作。

二、华为智慧生活简介

华为智慧生活 App 是华为 IoT 智能设备统一管理平台，通过该 App 可以发现、连接和管理华为 8+N 智能产品，实现智能设备之间的互联互通，打造专属的智慧场景，畅享美好生活。

其主要功能如下。

1. 快速发现，简单易用：用户能快速实现智能设备的连接和操作，让智能设备的使用更加便捷。

2. 场景推荐，随心定制：可按照使用者的习惯，随心定制个性化生活场景。

3. 内容丰富，娱乐生活：拥有海量曲库，视频可随点随播，能轻松打造私人家庭影院。

一、打印

HUAWEI PixLab X1 型多功能复合机支持多种方式打印手机或平板计算机中的文件，包括通过华为智慧生活 App 打印、一碰打印、通过“华为打印”小程序打印、局域网打印、多功能复合机热点直连打印、远程打印等，任选一种方式均可完成打印。

1. 通过华为智慧生活 App 打印

使用华为智慧生活 App 可以按照以下步骤完成打印。

（1）将手机或平板计算机通过华为智慧生活 App 连接多功能复合机后，打开 App，在其首页点击华为打印机卡片，如图 5-3-1 所示。

（2）打印文档。点击“打印”，选择要打印的文档，在打印预览界面按照界面提示设置好相关参数后，点击“开始打印”，如图 5-3-2 所示。

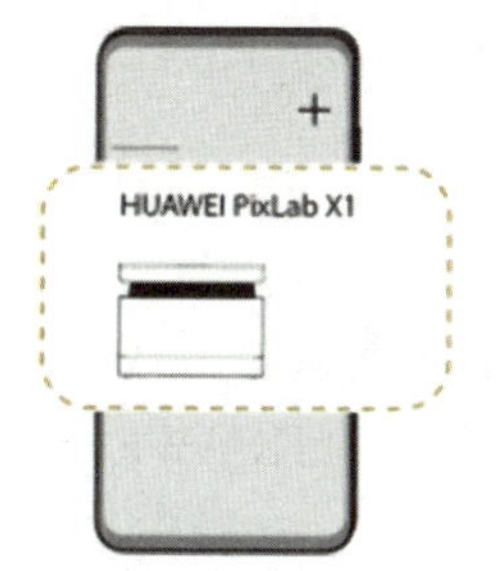

图 5-3-1　打开华为智慧生活 App 选择多功能复合机

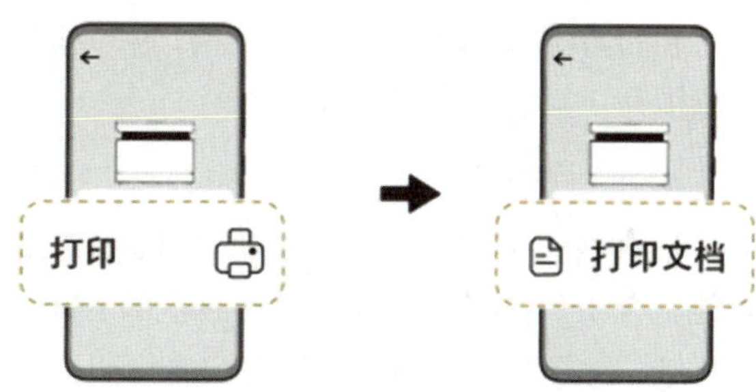

图 5-3-2　选择打印文档

打印文档的相关参数如下（多功能复合机的插件版本不同，打印参数可能也略有不同）。

1）份数：默认打印 1 份，按后面的 +/– 符号可以增减份数。

2）单双面：默认为单面打印，打印照片或单页文档时，该选项显示为灰色，表示不可选；打印多页文档时，可以选择单面打印、双面打印（沿长边翻转）、双面打印（沿短边翻转）。

3）纸张尺寸：默认为 A4 纸，还有 A3、A6 等选项，需根据纸盒中的纸张尺寸进行选择。

4）省墨状态：开启后，将改变打印文件的图像浓度，打印出来的文件颜色更浅。

5）纸张类型：默认为普通纸，还有再生纸、厚纸选项。

6）每张打印页数：默认每张打印 1 页，若想要 N 合一打印，可以点击选择其他页数，如选择 4，会将 4 页文档缩放到一张纸中打印。

在打印预览界面，可以点击右侧的 88/口 图标，缩小或放大预览待打印的文件。点击文件下的勾选图标，可以取消打印当前界面的文件。

（3）打印图片。点击“打印”，选择要打印的图片，在打印预览界面按照界面提示设置好相关参数后，点击“开始打印”，如图 5–3–3 所示。

打印图片的相关参数如下（多功能复合机的插件版本不同，打印参数可能也略有不同）。

1）份数：默认打印 1 份，按后面的 +/– 符号可以增减份数。

2）单双面：打印图片时该选项默认为灰色，表示不可选。

3）纸张尺寸：默认为 A4 纸，还有 A3、A6 等选项，可根据纸盒中的纸张尺寸进行选择。

4）省墨状态：开启后，将改变打印文件的图像浓度，打印出来的文件颜色更浅。

5）纸张类型：默认为普通纸，还有再生纸、厚纸选项。

在打印预览界面，可以点击右侧的编辑，手动放大、缩小打印的图片（如照片、发票图片）后，点击“确定”。

2. 一碰打印

带有 NFC 功能的 HarmonyOS 手机或平板计算机，在通过华为智慧生活 App 连接多功能复合机后，将手机或平板计算机的 NFC 区域轻触多功能复合机的 HUAWEI Share 感应区域，如图 5–3–4 所示，即可快速打印手机或平板计算机中的文件。其操作步骤如下。

（1）为手机或平板计算机开启 NFC 功能。

（2）打印文档或图片。在 WPS 中打开文档或在图库中打开图片，将手机或平板计算机的 NFC 感应区域轻触多功能复合机的 HUAWEI Share 感应区域，弹出打印界面，根据界面提示配置好打印参数后，点击“开始打印”。

图 5-3-3　选择打印图片

图 5-3-4　轻触多功能复合机 HUAWEI Share 感应区域

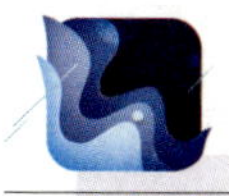

提示

一碰打印支持的应用有图库、备忘录、华为浏览器、WPS、华为日历、华为音乐等。具体应以实际情况为准。

3. 通过“华为打印”小程序打印

手机或平板计算机通过华为智慧生活 App 连接多功能复合机后，在微信或 QQ 中使用“华为打印”小程序，可以在本地或远程打印手机中的图片或文档，更加快捷方便。具体操作步骤如下。

（1）在微信或 QQ 的搜索框中输入“华为打印”，点击进入“华为打印”小程序。

（2）点击“登录华为账号使用打印机”，按照界面提示登录华为账号。如果中间出现一些弹窗提醒，需要点击允许或同意，否则会影响正常登录。

（3）登录完成后，按照界面提示，打印图片或文档。

4. 局域网打印

若手机或平板计算机连接了和多功能复合机相同的路由器 Wi-Fi，即可通过局域网，快速打印手机或平板计算机中的文档。具体操作步骤如下。

在手机或平板计算机中打开待打印的文件，选择打印，在可用的打印机列表中选择局域网中的华为多功能复合机，按照界面提示设置好打印参数后，即可开始打印。不同品牌的手机或平板计算机打开打印的方式不同。

打印图片：打开图库，点击分享 > 打印 进入打印预览界面，点击“选择打印机”，在可用的打印机列表中选择局域网中的华为多功能复合机，设置好打印参数后，点击“开始打印”。

打印文档：在 WPS 中打开待打印的文件，点击分享→打印→华为打印，点击“选择打印机”，在可用的打印机列表中选择局域网中的华为多功能复合机，设置好打印参数后，点击“开始打印”。

5. 多功能复合机热点直连打印

无可用 Wi-Fi 或多功能复合机未配网时，可使用多功能复合机热点直连打印功能，快速打印手机或平板计算机中的文件。具体操作方法如下。

方式一：通过按键确认连接多功能复合机热点实现打印（支持 HarmonyOS、Android 手机和平板计算机）

（1）为手机或平板计算机开启 WLAN，打开待打印文件，点击分享→打印，在打印机列表中选择以“DIRECT-HUAWEI”开头的多功能复合机（如 DIRECT-HUAWEI PixLab X1-xxxx，xxxx 为多功能复合机 S/N 号的后四位，在多功能复合机的背面可查看 S/N 号），如图 5-3-5 所示。

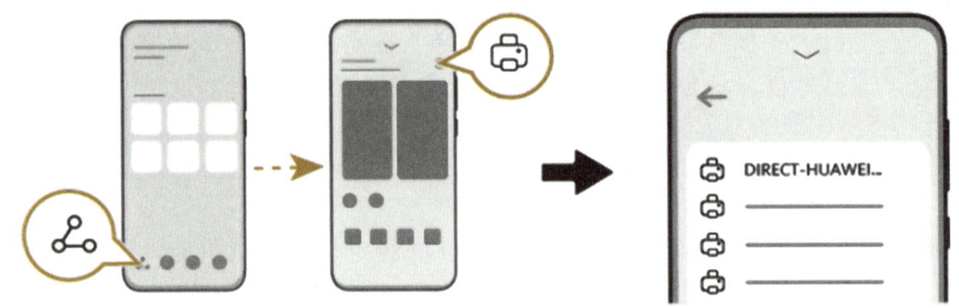

图 5-3-5 选择手机文件“分享”中的“打印”并选择打印机

（2）待多功能复合机的“网络状态”键呈蓝色闪烁，轻按“网络状态”键确认连接。

（3）在手机或平板计算机中完成打印设置后，开始打印。

方式二：通过手动输入密码连接多功能复合机热点实现打印（支持 HarmonyOS、Android、iOS 手机或平板计算机）

（1）在手机或平板计算机中下载需要打印的文件，后续操作需要连接多功能复合机的热点，否则无法访问互联网。

（2）长按多功能复合机上的“开始”键 3 s，打印信息页，可在信息页中查看多功能复合机的热点名称（即网络标识）和密码，如图 5-3-6 所示。

图 5-3-6 打印信息页

提示

一定要注意，多功能复合机重启后，其热点名称和密码会变更。

（3）用手机或平板计算机打开连接无线网络界面，选择多功能复合机热点名称，并输入密码，完成连接。

（4）打开待打印的文件，选择打印，在打印机列表中选择以“HUAWEI”开头的多功能复合机名称（如 HUAWEI PixLab X1–xxxx，xxxx 为多功能复合机 S/N 号的后四位，在多功能复合机的背面可查看 S/N 号；请不要选择“DIRECT–HUAWEI PixLab X1–xxxx”，否则可能会提示连接失败，无法打印）。需注意，不同品牌的手机或平板计算机打开打印的方式可能不同。

（5）在手机或平板计算机中完成打印设置后，点击“开始打印”。

6. 远程打印

即便多功能复合机不在身边，用户也可以通过华为智慧生活 App 或“华为打印”小程序，便捷地远程打印手机或平板计算机中的文件。具体操作步骤如下。

方式一：通过华为智慧生活 App 远程打印手机或平板计算机中的文件

（1）打开华为智慧生活 App，在其首页点击华为打印机卡片。

（2）点击“打印”，选择“打印文档”或“打印图片”，在打印预览界面，按照界面提示设置好相关参数后，点击“开始打印”。

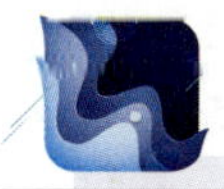

提示

远程打印时，复印、扫描选项呈灰色，表示不可用。

方式二：通过“华为打印”小程序远程打印手机或平板计算机中的文件

（1）打开微信或 QQ，在搜索框中输入“华为打印”，点击进入“华为打印”小程序。

（2）点击“登录华为账号使用打印机”，按照界面提示登录华为账号。如果中间出现一些弹窗提醒，请点击允许或者同意，否则可能影响正常打印。

（3）登录完成后，按照界面提示，打印图片或文档。

二、扫描

1. 将原稿扫描到手机或平板计算机中

将手机或平板计算机与多功能复合机连接后，可以通过手机或平板计算机中的华为智慧生活 App，将原稿扫描至手机或平板计算机中。操作前请注意：手机或平板计算机需连接和多功能复合机相同的路由器 Wi-Fi。具体操作步骤如下。

（1）打开扫描盖板，将原稿正面朝下，按照左后角对齐原则，放入扫描区并盖上扫描盖板。

（2）打开华为智慧生活 App，在其首页点击华为打印机卡片。

（3）点击“扫描”，设置好扫描参数后，点击“开始扫描”。

扫描的相关参数如下（因多功能复合机的插件版本不同，扫描参数可能略有不同，以实际界面为准）。

1）扫描颜色：默认为彩色，可以设置为彩色、黑白、灰度。

2）扫描质量：最佳扫描分辨率为 1 200 dpi。当待扫描原稿的内容较多时，建议选择此选项，但此选项下扫描时间较长。标准扫描分辨率为 600 dpi，扫描后的文件质量较好。草稿扫描分辨率为 300 dpi，当待扫描原稿的内容较少时，建议选择此选项，扫描速度较快。

3）原稿尺寸：默认为 A4，还有 A3、B5 等选项，需根据原稿的实际尺寸进行选择。

（4）待出现扫描图片时，即表示扫描完成。扫描后的文件将以 JPG 格式自动保存在手机或平板计算机中。打开手机或平板计算机的图库，可以查看扫描后的单个 JPG 文件。

（5）若有多个文稿需要同时扫描，点击“继续扫描”，更换原稿后，点击“开始扫描”。

（6）全部原稿扫描完成后，长按拖动扫描文件可以调整其顺序。勾选已扫描的文件，选择“另存为 PDF”。

（7）点击 ☰，选择文件保存路径。设置好扫描文件的名称后，点击“保存”。

（8）在手机文件管理器中打开对应的保存路径，即可看到已保存的 PDF 文件。

2. 将原稿扫描至计算机中（Windows 或 Linux 操作系统）

计算机通过华为打印客户端连接多功能复合机后，打开华为打印客户端，即可直接使用扫描功能，将原稿扫描至计算机中。具体操作步骤如下。

（1）打开扫描盖板，将原稿正面朝下，按照左后角对齐原则，放入扫描区并盖上扫描盖板。

（2）打开华为打印客户端，点击“扫描”。

（3）设置好扫描参数后，点击“开始扫描”。扫描相关参数设置同上，这里不再赘述。

（4）扫描完成后，按照界面提示可以选择打开存储文件夹、继续扫描、另存为PDF或直接选择完成。

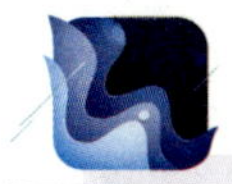

提示

若是华为操作系统的计算机，还可以通过华为电脑管家使用多功能复合机的扫描功能。具体操作如下：打开华为电脑管家，选择“我的设备”，单击已连接的多功能复合机标签，选择扫描，按照界面提示完成扫描即可。

三、直接在多功能复合机上复印

1. 在多功能复合机上进行单面复印

在多功能复合机上进行单面复印的具体操作如下。

（1）打开扫描盖板，将原稿正面朝下，按照左后角对齐原则，放入扫描区并盖上扫描盖板，如图 5-3-7 所示。

（2）在控制面板上按“加 / 减”键 +/–，设置需要复印的份数，随后按“开始”键▶进行复印，如图 5-3-8 所示，当“开始”键▶呈白色闪烁时，表示正在复印。

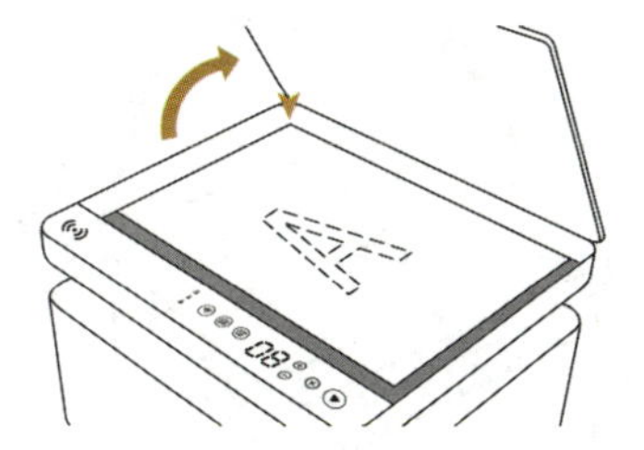

图 5-3-7　打开扫描盖板，放入原稿

图 5-3-8　按“开始”键进行复印

2. 在多功能复合机上进行双面复印

在多功能复合机上进行双面复印的具体操作步骤如下。

（1）触按“双面复印”键，打开扫描盖板，将原稿正面朝下，按照左后角对齐原则，放入扫描区并盖上扫描盖板，如图 5-3-9 所示。

（2）在控制面板上按“加 / 减”键 +/–，设置需要复印的份数，按“开始”键▶开始复印，当“开始”键▶呈白色闪烁时，表示正在复印。

（3）待“开始”键⊙停止闪烁，打开扫描盖板，将文稿翻面，并合上扫描盖板，如图 5-3-10 所示。

（4）按“开始”键⊙进行第二面扫描，扫描完成后，多功能复合机自动开始复印。

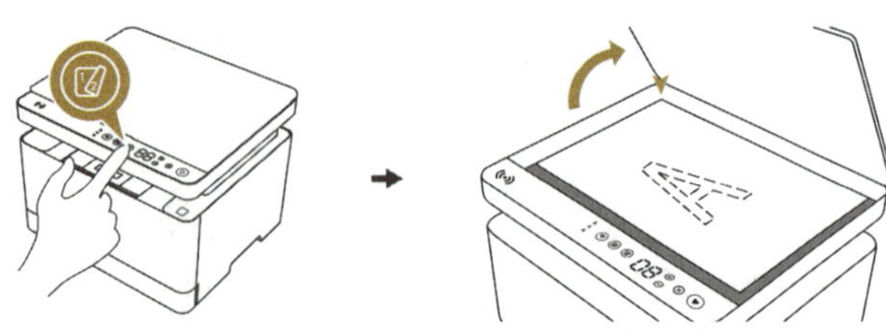

图 5-3-9 按下“双面复印”键，打开扫描盖板，放入原稿

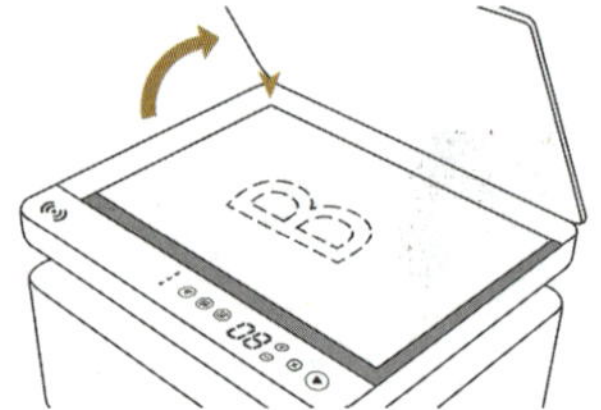

图 5-3-10 打开扫描盖板，将原稿翻面

3. 在多功能复合机上进行身份证复印

华为多功能复合机支持身份证智能排版，可自动校正证件的位置、角度和正反面顺序，使用户可以快速复印身份证，其具体操作步骤如下。

（1）在多功能复合机的控制面板上触按“ID 复印”键⊜，“ID 复印”键⊜呈白灯常亮，进入身份证复印模式，如图 5-3-11 所示。

（2）打开多功能复合机的扫描盖板，将身份证放置在扫描有效区域内（扫描台左边和上边刻印的 A4 区域内），并合上扫描盖板，如图 5-3-12 所示。

（3）在多功能复合机的控制面板上触按“开始”键⊙，进行第一面扫描。

图 5-3-11 按下“ID 复印”键

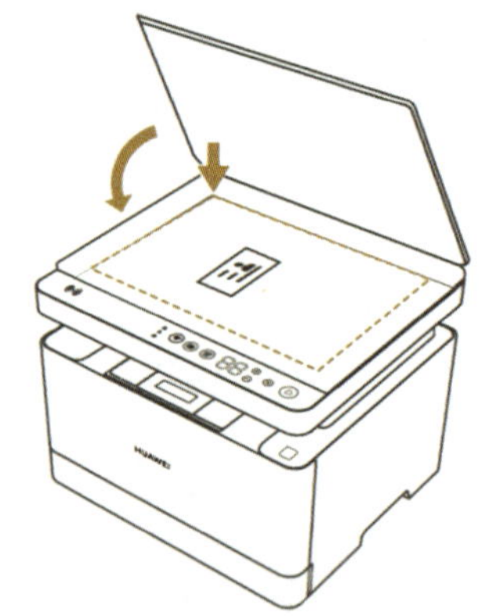

图 5-3-12 打开扫描盖板，放入身份证

（4）待“开始”键⊙停止闪烁时，打开多功能复合机的扫描盖板，将身份证翻面并合上扫描盖板，如图 5-3-13 所示。

（5）触按“开始”键⊙，进行第二面扫描。扫描结束后，多功能复合机将自动校正身份证的位置、角度和正反面顺序，完成复印，如图 5-3-14 所示。

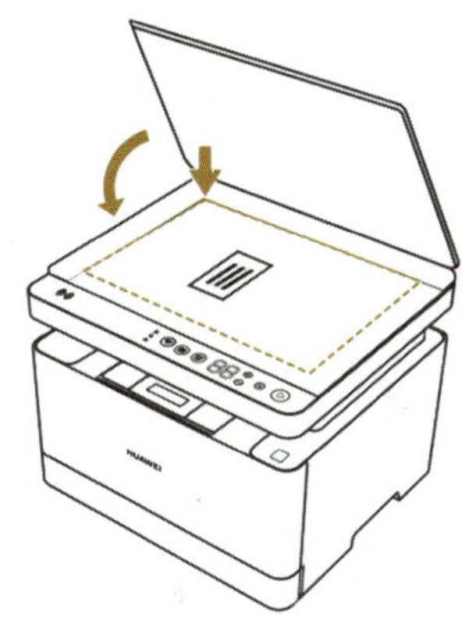

图 5-3-13　打开扫描盖板，将身份证翻面放入

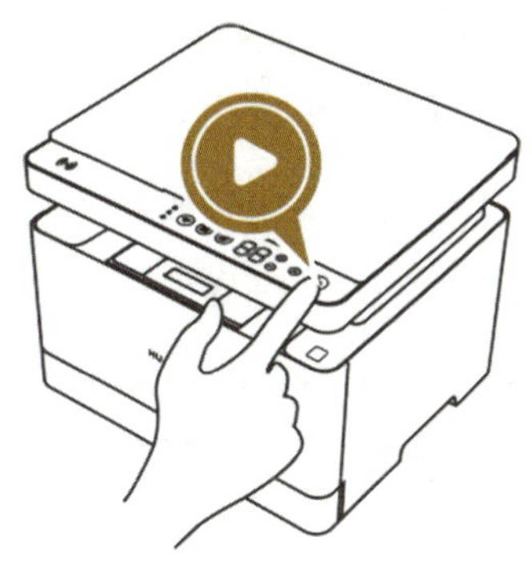

图 5-3-14　按下“开始”键再次复印

四、从手机或平板计算机端进行单面复印、双面复印、N 合一复印

将手机或平板计算机与多功能复合机连接后，可以通过手机或平板计算机中的华为智慧生活 App，进行单双面复印以及 N 合一复印。操作前，手机或平板计算机需连接和多功能复合机相同的路由器 Wi-Fi。具体操作步骤如下。

1. 打开多功能复合机的扫描盖板，将原稿正面朝下，按照左后角对齐原则，放入扫描区并盖上扫描盖板。

2. 在华为智慧生活 App 中打开多功能复合机设备页面，点击“复印”。在复印参数设置界面设置好复印参数后，点击“开始复印”。复印相关参数设置同上，这里不再赘述。

3. 按照手机或平板计算机界面提示，完成复印。若选择单面复印，点击“开始复印”后，多功能复合机的“开始”键▶呈白色闪烁，华为智慧生活 App 会提示正在复印中。多功能复合机的“开始”键▶停止闪烁后，单面复印完成。若选择双面复印［复印参数中，单双面设置为“双面复印”（沿长边翻转）或双面复印（沿短边翻转）］：点击“开始复印”后，按照界面提示放入原稿，点击“下一步”，将原稿翻面后，再点击“下一步”，最后点击“开始打印”。待多功能复合机的“开始”键▶停止闪烁后，双面复印完成。

若选择 N 合一复印（复印参数中，每张复印页数设为多页，如 2）：点击“开始复印”后，华为智慧生活 App 提示当前正在复印中，待第一页原稿复印完成后，提示放入第二页原稿，放入后按“开始”键▶开始复印。“开始”键▶停止闪烁后，N 合一复印完成。

五、从计算机端进行单面复印、双面复印、N 合一复印

将计算机通过华为打印客户端连接多功能复合机后，可以在客户端便捷地进行单面复印、双面复印、N 合一复印，具体操作步骤如下。

1. 打开多功能复合机的扫描盖板，将原稿正面朝下，按照左后角对齐原则，放入扫描区并盖上扫描盖板。

2. 打开华为打印客户端，点击“复印”。

3. 设置好复印参数后，点击“开始复印”。复印相关参数设置同上，这里不再赘述。

4. 按照计算机界面提示，完成复印。

若选择单面复印，点击“开始复印”后，多功能复合机的“开始”键▶呈白色闪烁，客户端会提示“复印中”。多功能复合机的“开始”键▶停止闪烁后，表示复印完成。

若选择双面复印［在复印参数中，单双面设置为双面（长边翻页）、双面（短边翻页）］：单击“开始复印”后，客户端界面会提示如何放置原稿。多功能复合机扫描完第一页原稿后，“开始”键▶停止闪烁，此时需放入第二页原稿，按“开始”键▶继续扫描。待扫描完成后，多功能复合机自动开始复印。

若选择 N 合一复印（在复印参数中，将“每张复印页数”设置为多页，如 2），单击“开始复印”后，客户端界面会提示放置原稿的方式。多功能复合机扫描完第一页原稿后，“开始”键▶停止闪烁，此时放入第二页原稿，按“开始”键▶开始扫描（若是多页合一复印，重复以上操作，直至将所有页面扫描完成）。待扫描完成后，多功能复合机自动开始复印。

提示

若是华为操作系统的计算机，还可以通过华为电脑管家使用打印机扫描功能。具体操作如下：打开华为电脑管家，选择“我的设备”，单击已连接的打印机卡片，选择“扫描”，按照界面提示完成扫描即可。

某企业办公室购置了一台惠普（HP）M437dn 型多功能复合机，如图 5-2-23 所示，该多功能复合机已联网，请按照以下要求，完成多功能复合机的安装和初始化工作。

1. 在手机端下载华为智慧生活 App。

2. 运用华为智慧生活 App 打印文档和图片。

3. 启动手机的 NFC 功能，借助一碰打印功能打印文档和图片。

4. 试着利用华为打印微信小程序、局域网和多功能复合机热点直连方式进行文档和图片的打印。

5. 通过和多功能复合机连接的计算机打印文档和图片。

6. 将纸质文档扫描到手机中，并保存为 PDF 文件。

7. 将纸质文档扫描到计算机中，并保存为 PDF 文件。

8. 直接利用多功能复合机对纸质文档进行单面复印、双面复印和 N 合一复印。

9. 直接利用多功能复合机完成身份证的复印工作。

10. 利用手机对纸质文档进行单面复印、双面复印和 N 合一复印。

11. 利用计算机对纸质文档进行单面复印、双面复印和 N 合一复印。

任务 4　维护和保养多功能复合机

1. 能根据常见故障代码处理多功能复合机的常见故障。

2. 能升级多功能复合机的固件和查看多功能复合机的 S/N 号以及取消打印任务。

3. 能恢复多功能复合机出厂设置和重置网络。

4. 能更换碳粉盒。

5. 能更换硒鼓。

6. 能处理卡纸。

小王新购置的 HUAWEI PixLab X1 型多功能复合机在使用了一段时间之后，需对其进行日常维护和保养，并且最近多功能复合机还出现了打印时墨迹稀少、字迹无法辨

认的现象。

本任务的内容就是针对 HUAWEI PixLab X1 型多功能复合机的常见故障，完成多功能复合机的维护和保养工作。

一、HUAWEI PixLab X1 型多功能复合机的常见故障代码

在使用 HUAWEI PixLab X1 型多功能复合机的过程中，如果在多功能复合机的控制面板上出现了表 5-4-1 所示的故障代码，可尝试自行解决。如果这些方法无法解决问题，或出现其他代码，就要访问多功能复合机服务官网，查阅问题解决板块或求助专业人士解决。

表 5-4-1　多功能复合机控制面板出现故障代码的含义和解决方法

故障代码	含义	解决方法
7F	碳粉耗尽或即将耗尽	需要购买华为原装碳粉盒进行更换
BA/BB/BC/BD/BE/BF/C0	卡纸或进纸异常	请开关多功能复合机的上盖或后盖，多功能复合机将自动排纸
C3	纸盒无纸	拉出纸盒，装入纸张
C1	上盖、前盖或后盖开启	关闭上盖、前盖或后盖
CC	硒鼓使用寿命耗尽	需要购买华为原装硒鼓和碳粉盒进行更换

二、卡纸或控制面板显示错误的常见故障代码

多功能复合机在使用过程中发生卡纸故障时，在控制面板的“数字”键区会出现表 5-4-2 所示的错误代码，可以按照错误代码的对应解决方案进行处理。

表 5-4-2　卡纸故障代码的含义和解决方法

<table>
<tr><th>故障代码</th><th>含义</th><th>解决方法</th></tr>
<tr><td>BC</td><td>机器内部有残留纸张</td><td>多功能复合机卡纸后，机器内部有纸屑或其他异物未取出</td></tr>
<tr><td>BD</td><td>纸张不能顺利进入机器</td><td rowspan="3">纸盒装纸不正确或纸张不符合要求的规格
多功能复合机内部有残留纸张、纸屑或异物
多功能复合机使用了非官方非标的配件，导致漏粉或机器内部脏污</td></tr>
<tr><td>BE</td><td>一次送入多张纸</td></tr>
<tr><td>BF</td><td>机器内部或背面卡纸</td></tr>
</table>

续表

故障代码	含义	解决方法
C0	纸张不能顺利排出	出纸口的纸张堆积过多
BA	双面打印时，纸张不能顺利回退	未使用支持的纸张类型 双面走纸板内残留纸张、纸屑或异物 固件版本过低
BB	双面打印时，纸张未能再次进入机器内部	

三、升级多功能复合机固件的方法

当多功能复合机固件版本需要更新时，可以通过手机或平板计算机或华为操作系统计算机来升级。

1. 手机或平板计算机：通过华为智慧生活 App 升级多功能复合机固件

手机或平板计算机通过华为智慧生活 App 连接多功能复合机后，既可以设置自动升级多功能复合机固件，也可以手动升级多功能复合机固件。

（1）自动升级固件：打开华为智慧生活 App，在其首页点击多功能复合机卡片，进入多功能复合机设备界面。点击右上角的 4 个点图标⁚⁚，选择通用设置，开启自动升级功能。固件有新版本且多功能复合机处于空闲状态时，多功能复合机自动下载安装固件并重启设备。

（2）手动升级固件

方式一：打开华为智慧生活 App，在其首页点击多功能复合机卡片，进入多功能复合机设备界面。点击右上角的 4 个点图标⁚⁚，选择固件升级，当多功能复合机有固件版本可以升级时，按照界面提示进行更新。

方式二：打开华为智慧生活 App，点击“我的”→“设置”→“固件更新”，当多功能复合机有固件版本可以升级时，按照界面提示进行更新。

2. 华为操作系统计算机：通过华为电脑管家升级多功能复合机固件

华为操作系统计算机通过华为电脑管家连接多功能复合机后，打开华为电脑管家，单击“我的设备”，选择已连接的多功能复合机卡片，进入多功能复合机设置界面。单击“固件升级”，当设备检测到有新的固件版本时，需下载并升级。

四、避免卡纸的注意事项

卡纸是多功能复合机在使用过程中常见的问题，为确保多功能复合机正常工作，避免卡纸，应注意以下事项。

1. 正确装入纸张，并调整纸张导板的位置，不要将纸张导板推得太紧，以致引起纸张拱起。

2. 不要向纸盒装入过多的纸，纸盒最多可装 150 张（70 g/m^2）的纸。

3. 打印过程中，请勿从纸盒内取出纸。

4. 不要使用褶皱、折叠、受潮或严重卷曲的纸张。

5. 不要在一个纸盒内混装不同类型的纸。

6. 将未使用的纸张保存在适当的环境中，避免受潮、落灰。

7. 出现卡纸后，切勿用力取出被卡的纸张，因为其可能会被撕破。残留在多功能复合机中的碎片可能会导致后续频繁卡纸，甚至损坏多功能复合机。

8. 出纸口的额定载荷为 50 张纸，打印完成后，请及时取走出纸口的纸张，以免出纸口堵塞而造成卡纸。

一、恢复出厂设置

已连接无线网络的多功能复合机，在恢复出厂设置后，将删除网络设置，需要重新为其配置网络。可以按照以下方式，将多功能复合机恢复出厂设置。

具体操作步骤如下。

1. 打开多功能复合机的扫描盖板，取出所有原稿，再盖上扫描盖板。

2. 长按“取消”键ⓧ约 8 s，待“数字”键显示“88”，多功能复合机开始恢复出厂设置，如图 5-4-1 所示，等待“数字”键显示“01”后，即恢复出厂设置。

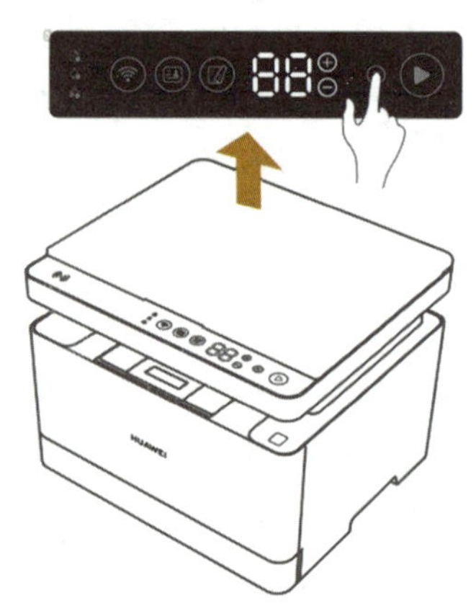

图 5-4-1　长按“取消”键，“数字”键显示“88”

3. 按电源开关关闭多功能复合机，稍等片刻后，再次按电源开关打开多功能复合机。请等待约 3 min，直到“数字”键显示“01”，如图 5-4-2 所示。完成启动（启动过程中将自动进行扫描校准，中间请勿打开扫描盖板），即可正常使用多功能复合机。

图 5-4-2　“数字”键显示“01”

二、查看多功能复合机的 S/N 号

S/N 号即产品序列号，如同产品的身份证号码，也被称为机器码、认证码、注册申

请码等。可以按照以下任一方式，查看多功能复合机的 S/N 号。如遇到无法获取 S/N 号的情况，可前往附近的华为客户服务中心获取帮助，商品的纸质及电子发票、电商渠道有效凭证等均可作为保修凭证。

方式一：通过多功能复合机铭牌获取

多功能复合机铭牌贴在多功能复合机的背后，铭牌上印有多功能复合机的 S/N 号，可以直接查询，如图 5-4-3 所示。

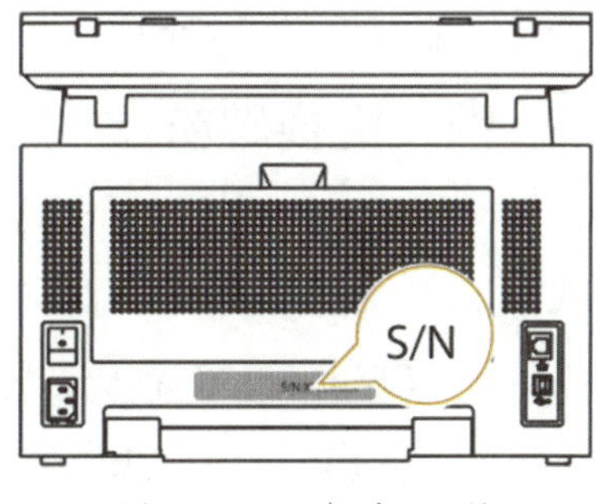

图 5-4-3　查看 S/N 号

方式二：通过多功能复合机的包装盒获取

多功能复合机包装盒上印有 S/N 号，可以查阅。

方式三：通过多功能复合机信息页获取

长按多功能复合机的“开始”键 3 s，听到“滴”声后，多功能复合机自动打印出系统信息页，可以在信息页上查询到 S/N 号，如图 5-4-4 所示。

图 5-4-4　按“开始”键 3 s，打印系统信息页

方式四：通过手机或平板计算机或计算机连接的应用获取

（1）手机或平板计算机：通过华为智慧生活 App 连接多功能复合机后，在该 App 中打开多功能复合机设备页面，点击 4 个点图标，选择通用设置→设备信息，在序列号中查看。

（2）计算机：通过华为电脑管家或华为打印客户端配置多功能复合机后，在华为电脑管家中打开多功能复合机设备页面，或在华为打印客户端单击 4 个点图标，选择设备设置→设备信息，在打印序列号中查看。

三、重置网络

在多功能复合机开机状态下，长按“网络状态”键 3 s 以上，即可重置网络。重置网络后，“网络状态”键呈白色闪烁，表示多功能复合机正在配网，此时需重新

给多功能复合机配置网络。

四、更换碳粉盒

多功能复合机缺粉时，控制面板上的“缺粉”指示灯会呈红色亮起、显示故障代码“7F”，就需要更换碳粉盒，具体的操作步骤如下。

1. 打开前盖，解锁碳粉盒并取出旧碳粉盒，如图 5-4-5 所示。

2. 从包装盒中取出新的碳粉盒，水平摇晃新碳粉盒 2 ~ 3 s，防止碳粉堆积，如图 5-4-6 所示。

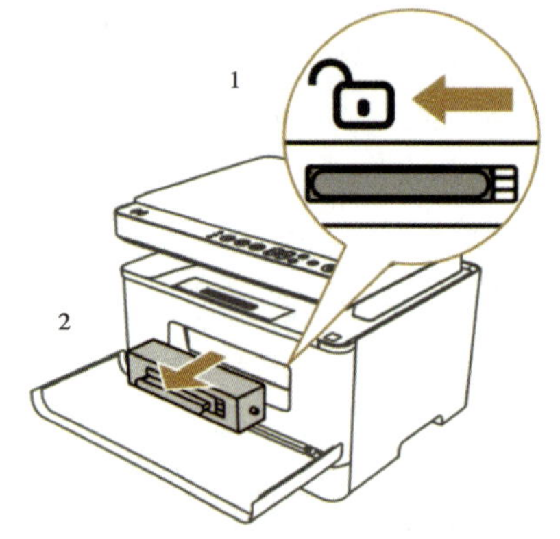

图 5-4-5　打开前盖，解锁碳粉盒并取出

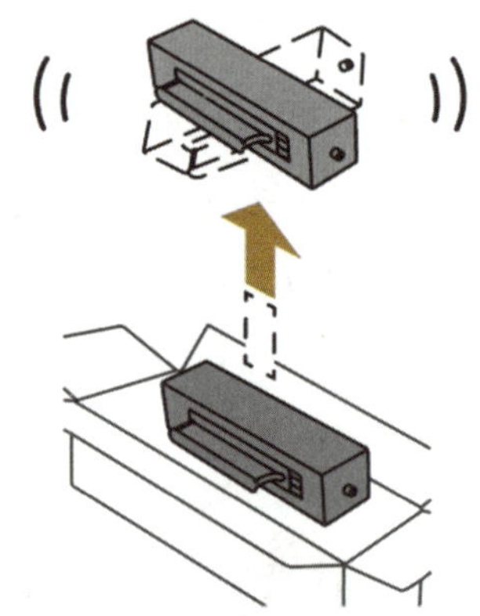

图 5-4-6　取出新碳粉盒，水平摇晃

3. 安装并锁定碳粉盒，关闭前盖，如图 5-4-7 所示。

4. 重置碳粉盒：同时按下⊕、⊖键 5 s，待“数字”键显示代码“66”后松开按键，如图 5-4-8 所示。多功能复合机进入转移碳粉阶段，发出“嗡嗡”声，持续约 100 s 后，“嗡嗡”声结束，表示重置成功。

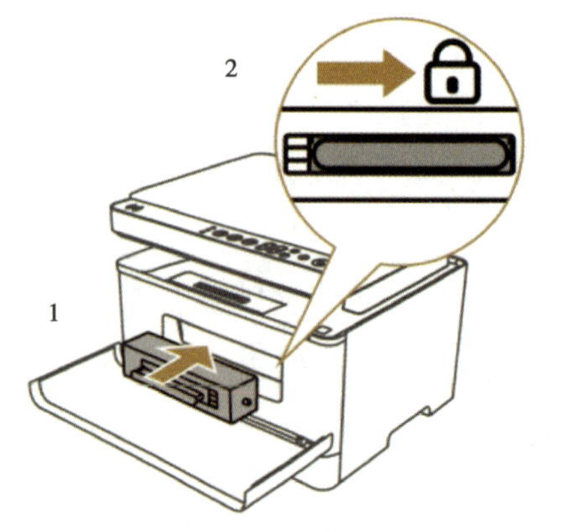

图 5-4-7　安装并锁定碳粉盒，关闭前盖

图 5-4-8　重置碳粉盒

五、更换硒鼓

连接了无线网络的打印机，在恢复出厂设置后，将删除网络设置，需要重新为多功能复合机配置网络。可以按照以下方式，将打印机恢复出厂设置。

具体的操作步骤如下。

1. 按下上盖按键，打开上盖，如图 5-4-9 所示。

2. 握住旧硒鼓的内把手，斜向上拉动，小心地取出旧硒鼓组件，如图 5-4-10 所示。

3. 从包装盒内分别取出新碳粉盒和新硒鼓，将新碳粉盒安装到新硒鼓上，并锁定碳粉盒，如图 5-4-11 所示。

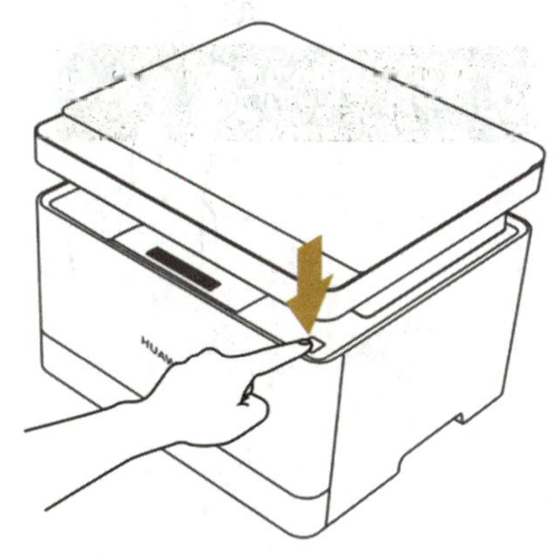

图 5-4-9　按下上盖按钮，打开上盖

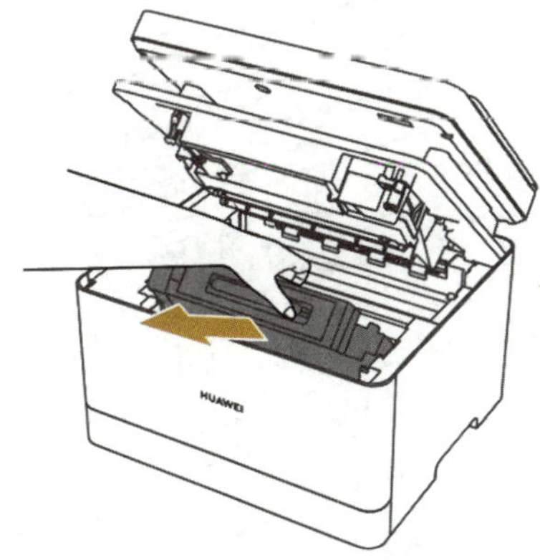

图 5-4-10　斜向上拉出旧硒鼓

4. 轻轻水平摇晃（前后左右）硒鼓 3 ~ 4 次，如图 5-4-12 所示。注意不要翻转硒鼓，如果在摇晃硒鼓的过程中有少量碳粉飞散，属于正常现象，使用纸巾擦拭干净即可。

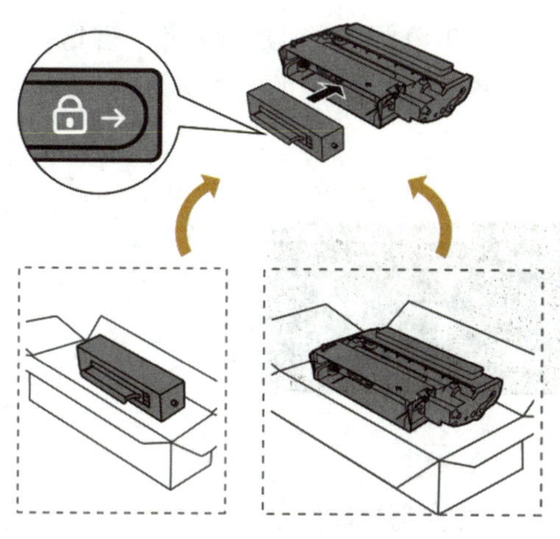

图 5-4-11　把新碳粉盒装入新硒鼓

图 5-4-12　水平摇晃硒鼓

5. 倾斜向下安装新的硒鼓和碳粉盒组件（将硒鼓左右两侧的金属头和塑料头分别对准多功能复合机两侧内壁上的两条竖直槽道，向下安装到位），如图 5–4–13 所示，然后下压上盖直至盖好。

6. 重置硒鼓：同时按下⊕、⊗键 5 s，等待“数字”键显示代码“99”后松开按键，如图 5–4–14 所示，等待多功能复合机完成初始化，即代表重置成功。

7. 重置碳粉盒：同时按下⊕、⊖键 5 s，等待“数字”键显示代码“66”后松开按键，如图 5–4–8 所示。多功能复合机进入转移碳粉阶段，发出“嗡嗡”声，持续约 100 s 后，“嗡嗡”声结束，表示重置成功。

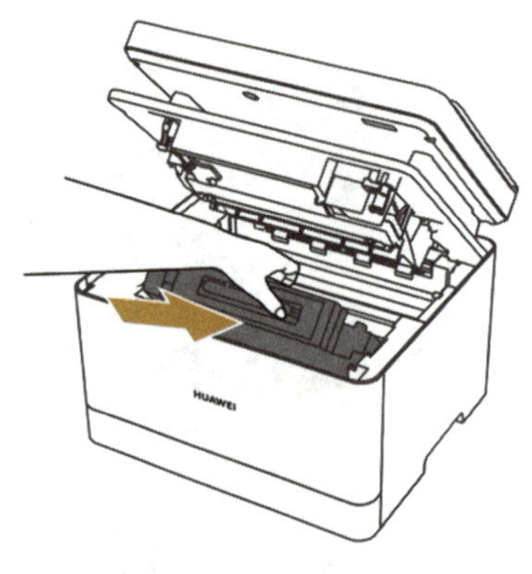

图 5–4–13　装入新的硒鼓

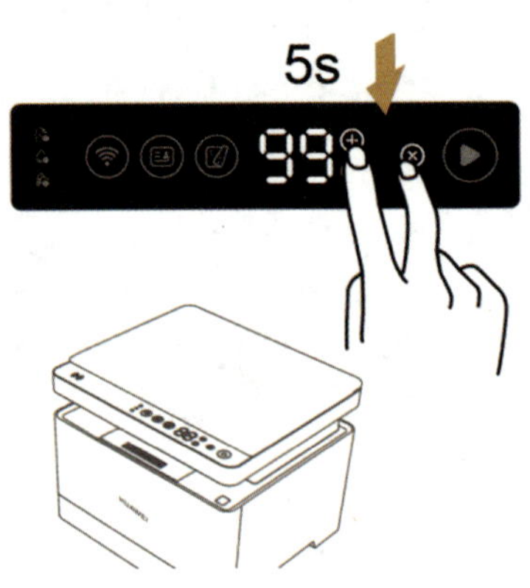

图 5–4–14　重置硒鼓

六、处理卡纸

1. 自动排纸功能

当多功能复合机出现卡纸报错时，首先应在通电状态下尝试使用自动排纸功能排出卡纸，其操作步骤如下。

（1）当多功能复合机控制面板上的卡纸灯呈红色闪烁，且“数字”键区显示表 5–4–2 所示的内容时，表示多功能复合机内部出现卡纸故障，如图 5–4–15 所示。

图 5–4–15　卡纸的控制面板显示

（2）此时尝试自动排纸，要先打开再关闭前盖或后盖，如图 5–4–16 所示，此时多功能复合机会自动排出卡纸，但要注意，若排纸失败，需要手动排纸。

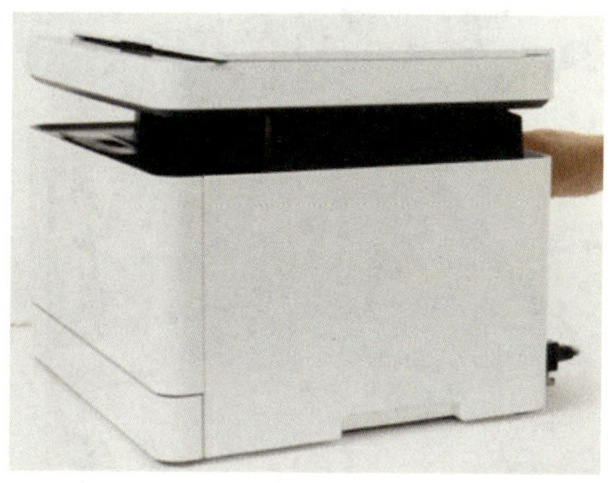

图 5-4-16　先打开再关闭前盖或后盖

2. 处理出纸区域的卡纸

如果使用自动排纸功能未能排出卡纸，需先将多功能复合机断电，以查看卡纸的位置。针对出纸区卡纸，需要按照以下步骤来处理。

（1）打开上盖，但要注意出纸区域温度较高，防止烫手，如图 5-4-17 所示。

（2）取出多功能复合机内部的硒鼓，如图 5-4-18 所示。建议用纸张遮盖硒鼓，避免其长时间暴露在光线下。

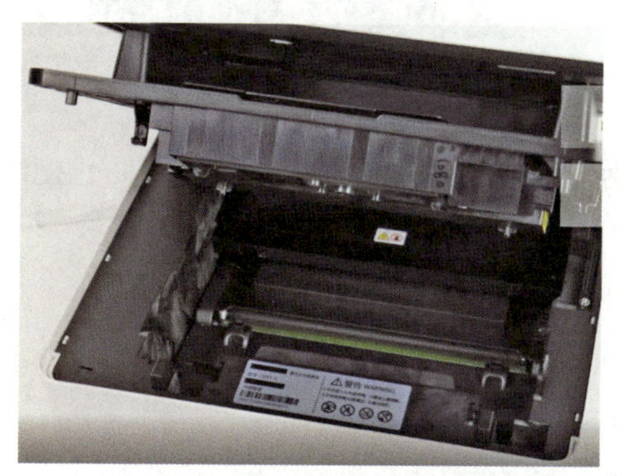

图 5-4-17　打开多功能复合机上盖

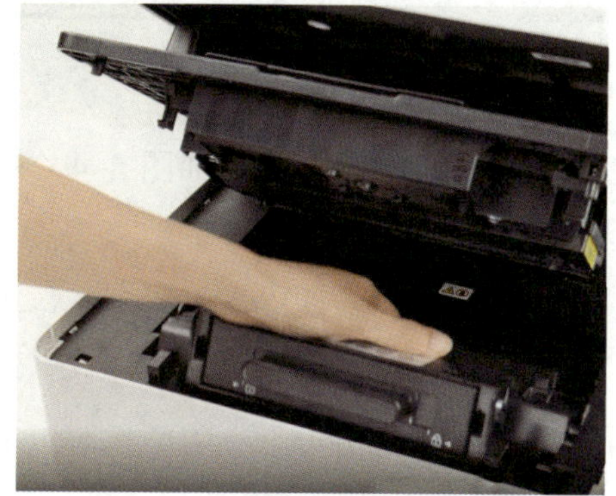

图 5-4-18　取出硒鼓

（3）找到卡在出纸区域的纸张，如图 5-4-19 所示。

（4）小心地取出卡纸，如图 5-4-20 所示，取出时注意不要撕坏卡纸。

（5）装上硒鼓，盖上上盖，完成出纸区域卡纸的清理工作。

3. 处理进纸区域的卡纸

如果在进纸区域卡纸，需要按照以下步骤来处理。

（1）取出进纸盒，如图 5-4-21 所示。

（2）找到图 5-4-22 所示位置的卡纸。

图 5-4-19　出纸区域卡纸

图 5-4-20　小心地取出卡纸

图 5-4-21　取出进纸盒

图 5-4-22　进纸区域的卡纸

（3）小心地清除卡纸，如图 5–4–23 所示，注意既不要撕坏纸张，也要防止把纸屑留在多功能复合机内部。

（4）装好进纸盒即可。

4. 处理定影部分的卡纸

如果在定影部分卡纸，需要按照以下步骤来处理。

（1）打开多功能复合机的后盖，如图 5–4–24 所示，注意阴影部分温度较高，建议静置半小时再进行处理。

（2）移动两侧的压杆，如图 5–4–25 所示，操作时小心阴影部分高温。

（3）小心地取出卡纸，如图 5–4–26 所示，注意不要撕碎纸张，以免机器内残留纸屑。

（4）还原压杆，关闭纵向导纸杆和后盖，如图 5–4–27 所示，完成卡纸清除操作。

5. 处理双面横向走纸区的卡纸

如果在双面横向走纸区卡纸，需要按照以下步骤来处理。

（1）打开多功能复合机上盖，拿出硒鼓，并取出进纸盒，将整个多功能复合机倒置，如图 5–4–28 所示。

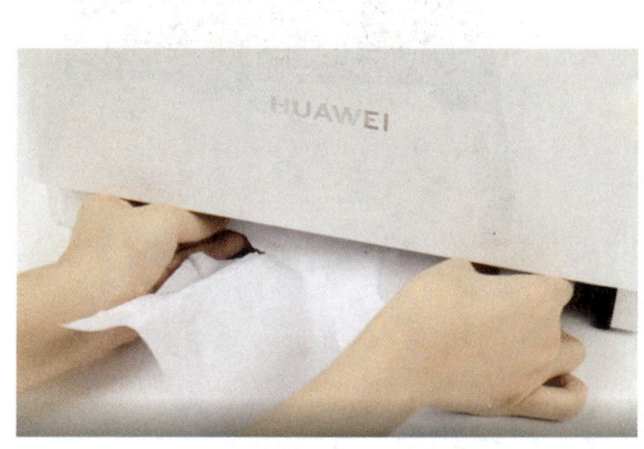

图 5-4-23　取出卡纸

图 5-4-24　打开多功能复合机的后盖

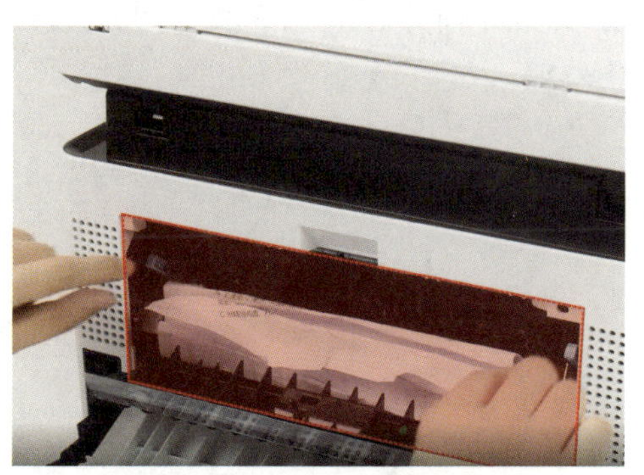
图 5-4-25　移动两侧的压杆

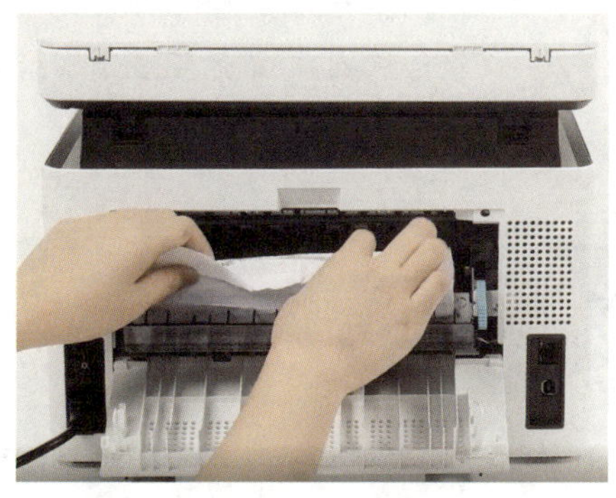
图 5-4-26　清除卡纸

图 5-4-27　关闭纵向导纸杆和后盖

图 5-4-28　将整个多功能复合机倒置

（2）抬起双面横向走纸板的两侧，如图 5-4-29 所示。

（3）清除卡纸，如图 5-4-30 所示，然后盖上双面横向走纸板，将多功能复合机摆正，装好硒鼓并盖好上盖。

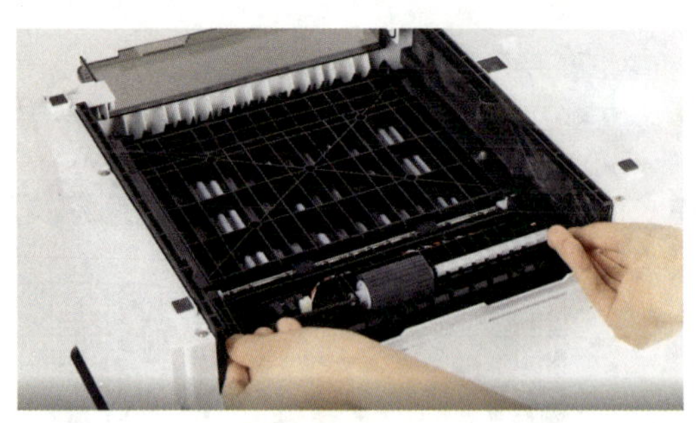
图 5-4-29　抬起双面横向走纸板的两侧

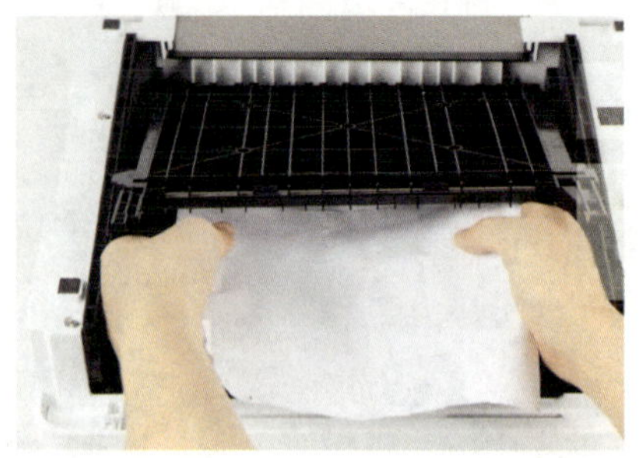
图 5-4-30　清除卡纸

提示

如果清除卡纸后多功能复合机仍显示有卡纸，可能是多功能复合机内残留有碎纸屑，需再次排查处理。

某企业办公室购置了一台惠普（HP）M437dn 型多功能复合机，如图 5-2-23 所示，该多功能复合机已经联网，请按照以下要求，完成多功能复合机的安装和初始化工作。

1. 查看产品说明书，能描述多功能复合机常见故障以及对应的错误代码。

2. 查看产品说明书，能升级多功能复合机的固件和查看多功能复合机的 S/N 号。

3. 查看产品说明书，对多功能复合机进行恢复出厂设置和重置网络操作。

4. 多功能复合机在使用一段时间后，出现了复印文档变淡的情况，且控制面板上也显示碳粉盒缺碳粉，请更换碳粉盒。

5. 在多功能复合机使用过程中，若控制面板提示需要更换硒鼓，应能正确完成硒鼓的更换。

6. 若多功能复合机在使用过程中突然停止运行，且控制面板显示卡纸，需能正确清理卡纸。

项目六
投影仪的使用与维护

1989年，世界上第一台液晶投影仪爱普生VPL-2000诞生于日本爱普生公司。投影仪作为一种新型的多功能显示设备，被广泛应用于多媒体教学、会议、专题讲座、网络中心、指挥监控中心、家庭娱乐等诸多场所。它既可以作为计算机、工作站、手机、平板计算机等设备的显示输出终端，又可以连接录像机、电视机等视频设备，是一种应用较广的大屏幕显示设备。

随着投影技术的不断进步和完善，投影仪在21世纪逐渐实现了数字化、智能化和家庭化，从传统的模拟投影仪催生出3D投影仪等高科技应用成果。同时，投影技术的应用范围也在不断扩大，涉及电影院、广告牌、展览、舞台演出等多个领域。

任务1　认识和选购投影仪

1. 了解常见投影仪的类型和功能特点。
2. 了解投影仪的技术指标。
3. 能根据使用需求选购合适的投影仪。

某公司需选购一台投影仪，用于员工培训。小王接到任务后决定去市场上考察一下，准备先了解一下投影仪的基本情况，然后再根据自己的调研为公司提供合理化建议。

一、投影仪的分类

投影仪品牌众多，种类繁杂，用户往往难以确定选购哪一款，在此情况下，用户需对投影仪的种类以及主要技术指标有初步了解，才能有针对性地选购和使用投影仪。

按采用的投影技术不同划分，投影仪可分为 CRT 投影仪、LCD 投影仪、DLP 投影仪和 LCOS 投影仪；按使用场景类型来分，投影仪则可以分为家庭投影仪、商务投影仪、教育投影仪、主流工程型投影仪、专业剧院投影仪和测量型投影仪。

如今，投影仪在家庭生活中的存在也越来越普遍，实际上，投影仪的种类确实丰富多样。下面介绍几种常用的投影仪。

1. 家庭投影仪

家庭投影仪以家庭用户使用居多，价位区间宽泛，多集中于 2 000～6 000 元。其功能完善，画面具有良好的观赏性，而且移动便捷，在一定程度上不仅能替代家用电视机，甚至在有些功能方面还要优于电视机。

2. 商务投影仪

商务投影仪的品质与轻薄型笔记本计算机相当，一般与笔记本计算机搭配使用。其适用于公司场景，功能相对精简，一般用于演示工作报告，价格处于中等水平，是移动商务用户外出进行商业演示时的首选。

3. 教育投影仪

教育投影仪适用于学校和企业，价格适中，适宜大批量采购并推广使用。其特点是亮度高、散热性能好、传输接口丰富，可满足更多教育演示需求。

4. 专业剧院投影仪

专业剧院投影仪格外注重稳定性，强调低故障率，在散热性能、网络功能以及使用的便捷性等方面表现卓越。此类投影仪专为剧院打造，属于高端产品，日常生活场景中很少用到。

二、投影仪的技术指标

1. 对比度

对比度是指画面中黑与白的亮度比值，该比值越大，意味着从黑到白的过渡渐变层次越丰富，从而色彩表现也就越丰富。对比度对于视觉效果起着极为关键的作用，一般来说，对比度越高，图像越清晰醒目，色彩越鲜明艳丽。

2. 标准分辨率或最大分辨率

标准分辨率是指投影仪投射出的图像原始分辨率，该分辨率越高，能接收的分辨率范围就越广，则投影仪的适用场景也就越多。通常用物理分辨率来评判液晶投影仪的档次。

最大分辨率，即可显示的最高分辨率，代表着投影仪可显示的输入信号的最高分辨率。投影仪借助图像处理算法，可对输入信号进行编码处理，实现信号满屏显示的效果。

3. 投影镜头的技术指标

在投影仪的技术指标中，F 值代表镜头的透光度，F 值越小，表示镜头的透光性越好；而 f 值表示镜头的焦点到透镜中心的距离，决定了镜头的成像范围和放大能力。为使用方便，一个镜头会设置多挡光圈，光圈的数值越大，其光圈开口就越小，光通量随之越少，每个镜头的最大光圈数值都会标在镜头的前端。

焦距是用数值来表示的，分为短焦、标准焦和长焦，还有超短焦和超长焦之分。数值越小，表示焦距越短；数值越大，表示焦距越长。焦距决定了投影仪打满预定尺寸画面时与银幕之间的距离，焦距越短，投影仪与银幕的距离越近，反之则越远。一般投影仪配备的镜头多为标准镜头。

4. 色彩数

色彩数是指屏幕上能最多显示的颜色种类数量。对于屏幕上的单个像素来说，呈现 256 种颜色要用 8 位二进制数表示。现在大多数投影仪都支持 24 位真彩色。

5. 工作噪声

投影仪在工作时，其风扇通过高速转动进行散热，从而会产生噪声。因此，应挑选能确保良好散热效果，又能将噪声控制在较低水平，即散热噪声不超过 35 dB 的投影仪。

6. ANSI 流明

ANSI 流明是投影仪的一项主要性能指标，它是亮度的计量单位，通常用 ANSI 来表示。一般情况下，流明数值越高，意味着投影仪的亮度越大，其档次往往也越高。

7. 扫描频率

扫描频率又称刷新率，分为垂直刷新率和水平刷新率两种，一般提到的刷新率通常指垂直刷新率。垂直刷新率是指屏幕的图像每秒钟重绘的次数，等同于每秒钟屏幕刷新的频次，单位为 Hz（赫兹）。

很明显，刷新率越高，画面效果就越理想，图像会更加稳定，显示越自然清晰，对眼睛的刺激也就越小；反之，刷新率越低，图像闪烁、抖动得就越厉害，眼睛疲劳的速度也就越快。

通常而言，只要投影仪的刷新频率达到 80 Hz 及以上，基本上就能消除图像闪烁和抖动感，用户的眼睛也不易产生疲劳，进而带来更舒适的视觉体验。

8. 屏幕宽高比或画面尺寸

投影屏幕的宽高比是指屏幕画面纵向和横向的尺寸比例关系，既可以用两个整数来表示，如 4∶3，也可以用一个小数来表示，如 1.33。计算机、数据信号和普通电视信号的屏幕宽高比为 4∶3 或 1.33，而电影、DVD 和高清晰度电视的屏幕宽高比通常为 16∶9 或 1.78。

画面尺寸是指投影仪投出画面的大小，分为最小图像尺寸和最大图像尺寸两种，一般用对角线尺寸作为衡量单位，单位为英寸。这一指标是由投影光学变焦性能决定的，要投放预定尺寸的画面，就必须将投影仪放置在与银幕适配的距离上。不同投影仪的镜头和亮度各异，画面尺寸与投影距离之间的对应关系也有所不同。

三、投影仪的选购注意事项

确定所选机型后，应通过投影产生的画面来鉴别投影仪的实际指标。

1. 检查水平扫描频率范围

根据技术指标中水平扫描频率的范围，从中选出高、中、低三个扫描频率并计算与之相对应的图像分辨率，检测投影仪在这三个分辨率下是否能正常显示。

2. 检查聚焦性能

利用投影仪内部产生的测试方格或信号发生器、计算机产生的测试方格，将聚焦调至最佳位置，将图像对比度由低到高进行调整，观察测试方格的水平和垂直线条的聚焦效果。

3. 检查视频带宽

视频带宽直接影响视频的细节部分，用计算机或信号发生器产生一个投影仪所能达到最高分辨率的白底图形信号，观察屏幕上的最小字符图形是否清晰。

4. LCD 投影仪的现场检查

用 LCD 投影仪打出一个全白图像，观察颜色均匀度。

5. 投影仪灯泡的选择

如果投影仪在小型会议室内使用，对亮度的要求不高，选择亮度为 2 000 lm 左右的普通金属卤素灯泡就能满足需要；如果在比较明亮的大型会议厅使用，投影距离远、投影屏幕比较大，则应选购亮度为 3 000 lm 的冷光源类型的超高压汞灯、超高压脉冲启动金属卤素灯、短弧氙气灯来满足要求；如果是家庭用户使用，主要用于观看电视、电影，对清晰度和动态效果的要求比较高，则高亮度的冷光源灯泡是首选。

投影仪灯泡的成本约占投影仪成本的 30%。购买哪种类型的灯泡还要结合投影仪的使用频率，以免造成浪费。

一、明确选购目标

1. 投影仪要满足教学要求。

2. 投影仪的分辨率要达到 1 920 dpi × 1 200 dpi。

3. 投影仪的亮度要求为 1 500 ~ 2 500 lm。

4. 投影仪的操作要简单易用。

5. 投影仪需具备辅助功能，如画面放大、画面冻结、光教鞭、投影仪和计算机切换以及画面翻转等功能。

6. 投影仪的售后服务要便捷，品牌信誉度要高。

二、进行市场调研及网络调研

通过分析明确了选购目标后，下一步就需要对具体的品牌、型号展开调研，选择功能匹配、价格适宜的机型作为购买对象。调研可通过实地走访市场或借助互联网完成，将调研获取的信息记录在表 6–1–1 中，并通过对比，确定所选的型号。

表 6–1–1　投影仪相关技术参数

品牌	型号	主要功能及特点	购买渠道	价格	评价

某人打算购置一台投影仪用于家庭娱乐，以便日常观看电影等，希望该投影仪能接收网络信号进行播放，且体积小巧以节省空间，其具体要求如下。

1. 设备需配备 CPU，并支持 5 GHz 的无线网络。
2. 视频格式需支持 1080P 标准。
3. 投影仪亮度应不低于 500 lm。
4. 分辨率不低于 1 280 dpi × 800 dpi，对比度不低于 100：1。
5. 灯泡具有较长的使用寿命。
6. 配备常用的输入端口。
7. 价格在 3 000 元左右。

按照要求选择三种投影仪，将各种投影仪的技术参数填入表 6-1-2 中，以便帮助该客户选购符合要求的投影仪。

表 6-1-2　投影仪的技术参数

相关设备参数	备选设备 1	备选设备 2	备选设备 3
参考价格			
品牌			
型号			
……			

任务 2　安装投影仪

1. 了解投影仪各部件的名称及功能。
2. 了解常见投影仪的技术指标。
3. 能安装投影仪。
4. 能为投影仪连接不同的设备。

小王经过市场调研，建议公司购买一台 inASK CX460 型投影仪。在投影仪送到公司不久，部门领导安排小王用该投影仪为来公司参观的客户展示本公司的最新产品。

小王打开包装箱，准备按照产品说明书安装 inASK CX460 型投影仪，为使用投影仪展示公司最新产品做好准备。

一、inASK CX460 型投影仪的各部件

下面以 inASK CX460 型投影仪为例，介绍投影仪的主要部件。

投影仪的各部件如图 6-2-1 所示，其各部件名称见表 6-2-1。

表 6-2-1　投影仪的各部件名称

序号	名称	序号	名称
1	聚焦环	7	扬声器
2	变焦环	8	防盗锁孔
3	控制面板	9	AC 电源接口
4	排气孔	10	遥控接收器（背面）
5	遥控接收器（正面）	11	安全插槽
6	投射镜头	12	可调节支脚

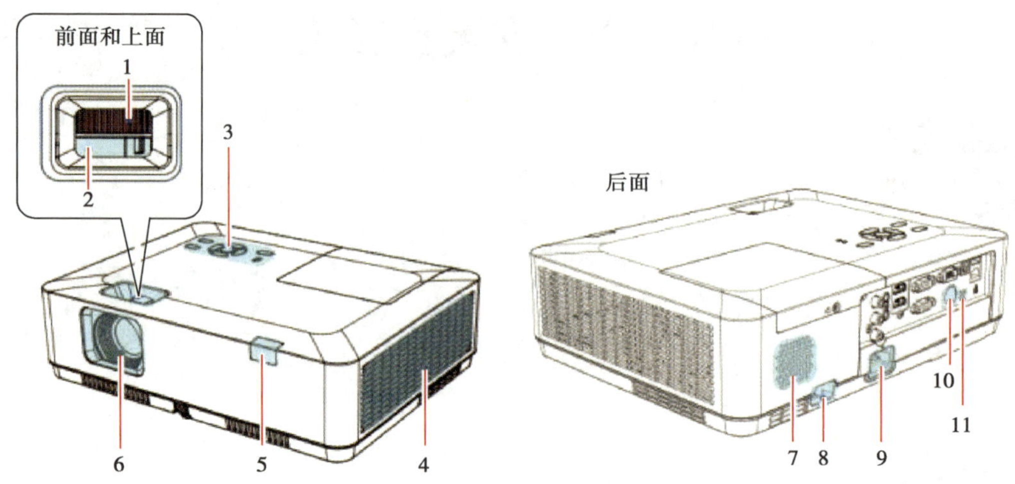

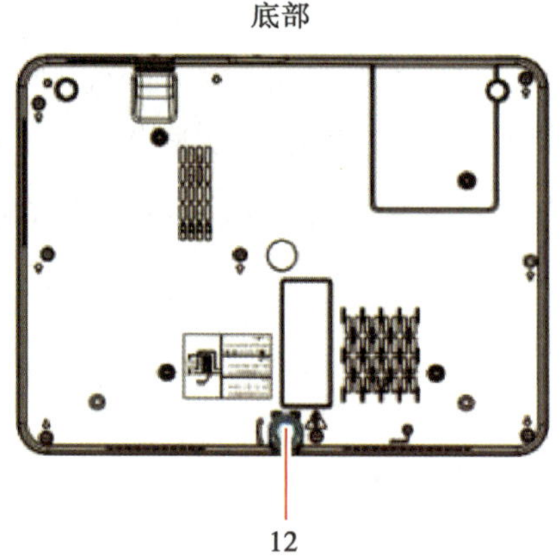

图 6-2-1　投影仪的各部件

二、inASK CX460 型投影仪的各端子

inASK CX460 型投影仪的各端子如图 6-2-2 所示，其名称及功能见表 6-2-2。

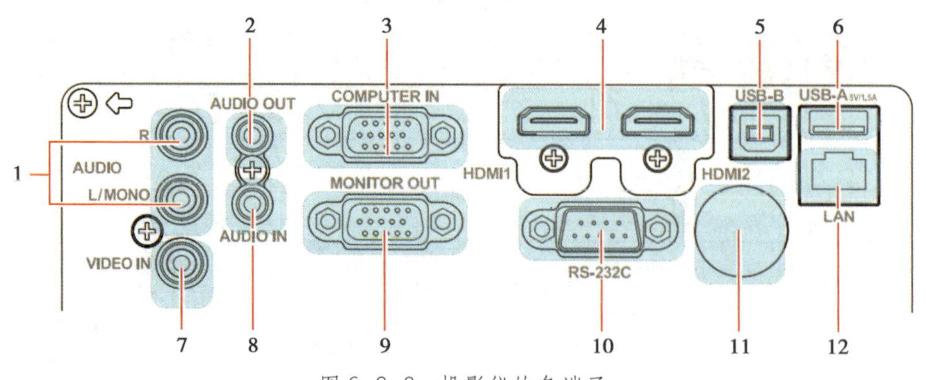

图 6-2-2　投影仪的各端子

表 6-2-2　投影仪各端子的名称及功能

序号	名称	功能	序号	名称	功能
1	MONO（L/R）	单声道音频信号（单个音频端子）应连接到 MONO（L/R）接口	7	VIDEO IN	将视频输出信号连接至此端子
2	AUDIO OUT	将所有的音频信号通过此端子输出至功放或其他音频设备	8	AUDIO IN	将连接至 4 设备的计算机音频信号连接至此端子
3	COMPUTER IN	将来自计算机的输出信号连接至此端子	9	MONITOR OUT	作为显示器输出时，将来自 4 设备的信号输出到其他显示器
4	HDMI1/HDMI2	将 HDMI1 数码输出信号或 HDMI2 数码输出信号连接至此端子	10	RS-232C	当使用 RS-232 功能操作投影仪时，连接串口通信到此端子
5	USB-B	使用“USB 显示器”功能时，通过 USB 数据线将计算机连接到此端子	11	遥控接收器（背面）	使用遥控器操作投影仪
6	USB-A	使用“Memory Viewer”功能时，将 USB 存储设备直接插入此端子	12	LAN 接口	使用有线网络控制和操作投影仪时，将网络线连接至此端子

三、inASK CX460 型投影仪的顶部控制面板和遥控器按键

inASK CX460 型投影仪的顶部控制面板和指示灯如图 6-2-3 所示，其功能见表 6-2-3。

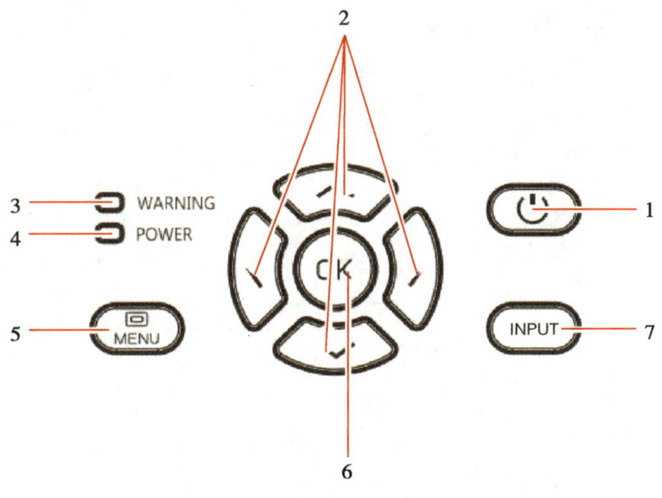

图 6-2-3　顶部控制面板和指示灯

遥控器按键如图 6–2–4 所示，其名称及功能见表 6–2–4。

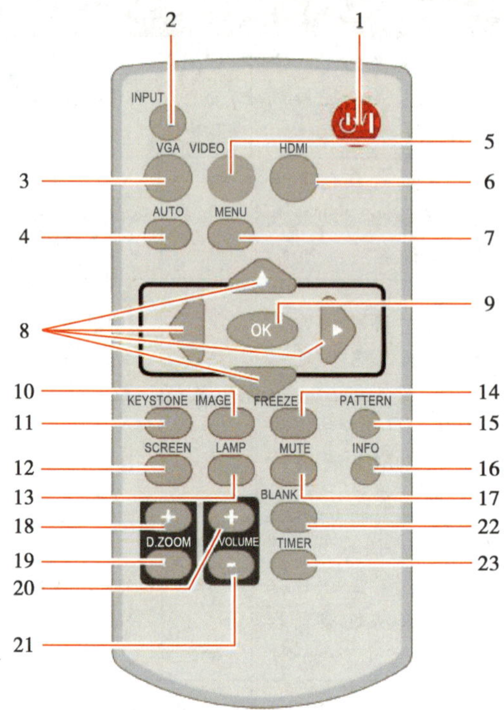

图 6–2–4　遥控器按键

表 6–2–3　顶部控制面板和指示灯的名称及功能

序号	名称	功能
1	POWER 键	开启或关闭投影仪
2	∧ ∨ 〉〈UP/DOWN/ VOL–/VOL+ 键	1. 在屏幕菜单中选择项目或者调整数据 2. 调整音量大小
3	WARNING 指示灯	当投影仪的内部温度超出操作范围时，该指示灯呈红色闪烁
4	POWER 指示灯	1. 在投影仪处于待机状态时，该指示灯呈红色长亮 2. 在工作期间呈绿色长亮 3. 处于电源管理模式时，该指示灯呈绿色闪烁 4. 处于风扇冷却状态时，该指示灯呈红色闪烁 5. 在投影仪电源异常时，该指示灯呈橙色常亮
5	MENU 键	打开或者关闭菜单
6	OK 键	1. 进入菜单操作 2. 执行选择的项目
7	INPUT 键	选择输入源

表 6-2-4　遥控器按键的名称及功能

序号	名称	功能	序号	名称	功能
1	POWER 键	打开或关闭投影仪	12	SCREEN 键	选择屏幕尺寸
2	INPUT 键	打开或关闭输入菜单	13	LAMP 键	选择灯泡模式
3	VGA 键	选择“VGA”输入源	14	FREEZE 键	使投影图像静止
4	AUTO 键	进入自动调整模式	15	PATTERN 键	选择内置测试图像
5	VIDEO 键	选择“视频”输入源	16	INFO 键	显示投影仪当前信息
6	HDMI 键	选择 HDMI1/HDMI2 输入源	17	MUTE 键	暂时关闭声音
7	MENU 键	打开或关闭屏幕菜单	18	D.ZOOM+ 键	数码调焦放大图像
8	▲▼◀▶键	1. 在屏幕菜单中选择项目或调整数据 2. 在数码调焦 +/− 模式中选取图像的显示区域	19	D.ZOOM− 键	数码调焦缩小图像
			20	VOLUME+ 键	增大音量
9	OK 键	进入所选菜单或执行所选的调整项目	21	VOLUME− 键	减小音量
10	IMAGE 键	选择图像模式	22	BLANK 键	暂时关闭屏幕上的图像
11	KEYSTONE 键	选择校正	23	TIMER 键	使用计时器功能

提示

当输入源为 USB 显示器、Memory Viewer、网络时，遥控器上的 PATTERN 键不可用。

操作时，将遥控器对准投影仪的遥控接收器（前面和背面），遥控器的最大操作范围为投影仪前或后大约 6 m，直线大约 8 m 和角度为 30°，如图 6-2-5 所示。

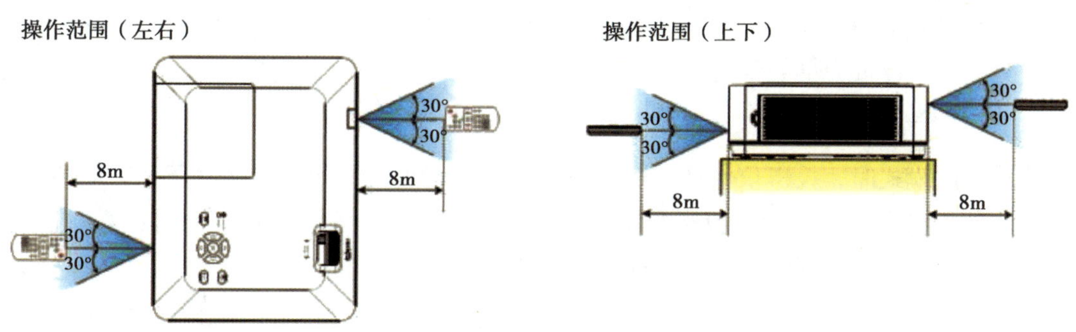

图 6-2-5　遥控器的操作范围

一、安装投影仪

选择一种合适的安装方式，对投影仪来说是非常重要的。安装投影仪时，主要考虑屏幕的大小和位置、合适的电源插座的位置，以及投影仪和其他设备之间的位置和距离等因素。

1. 桌上正投

将投影仪放在屏幕正前方，是放置投影仪最常见的方式，其特点是安装快速，并具有移动性，如图 6–2–6 所示。

2. 吊装正投

采用此方式时，投影仪倒挂于屏幕正前方的天花板上，如图 6–2–7 所示，要进行此种方式安装，需要购买投影仪天花板安装套件。

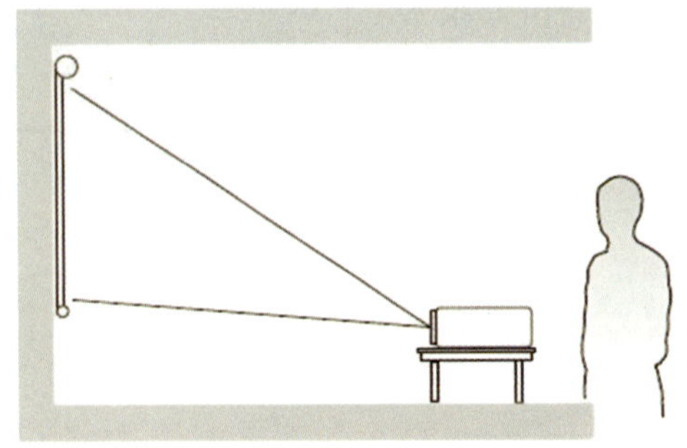
图 6-2-6　桌上正投

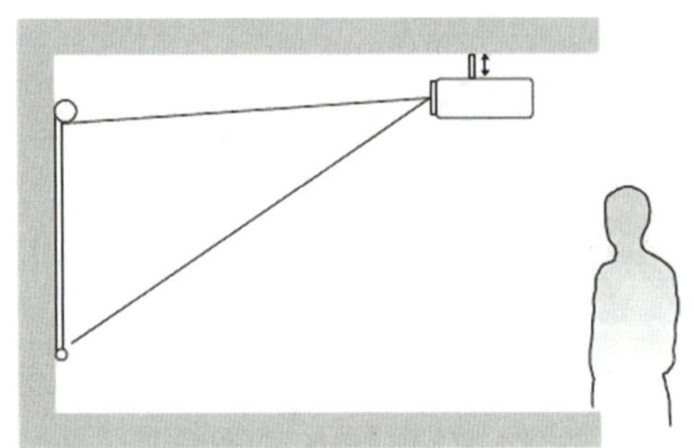
图 6-2-7　吊装正投

3. 桌上背投

采用此方式时，投影仪位于屏幕的正后方，如图 6–2–8 所示。应注意，这时需要一个专用的投影屏幕，并且需要在打开投影仪后，在系统设置的“基本”→“投影仪位置”菜单中设置为桌上背投。

4. 吊装背投

采用此模式时，投影仪倒挂于屏幕正后方的天花板上，如图 6–2–9 所示。应注意，在安装位置需要一个专用的投影屏幕和投影仪天花板悬挂安装套件。同时也需要进行设置，即在打开投影仪后，在系统设置中设置吊装背投。

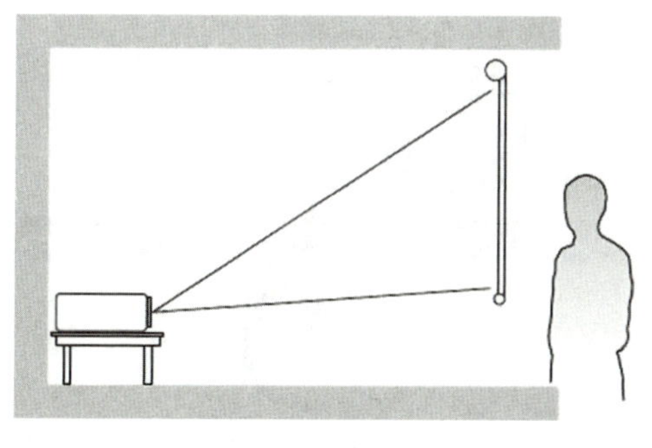
图 6-2-8　桌上背投

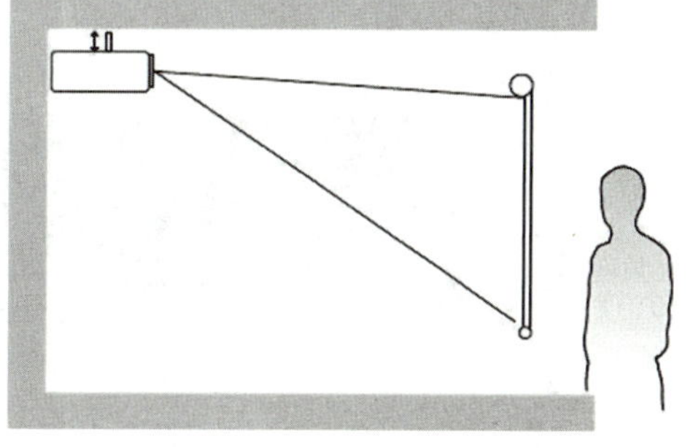
图 6-2-9　吊装背投

二、调整屏幕尺寸和调节投影仪支脚

1. 调节画面尺寸

因为室内亮度会影响投影图像的效果，所以为了获得最佳图像，建议限制室内光线。投影仪离屏幕越远，投影尺寸越大。图 6-2-10 所示为投影仪和屏幕位置。

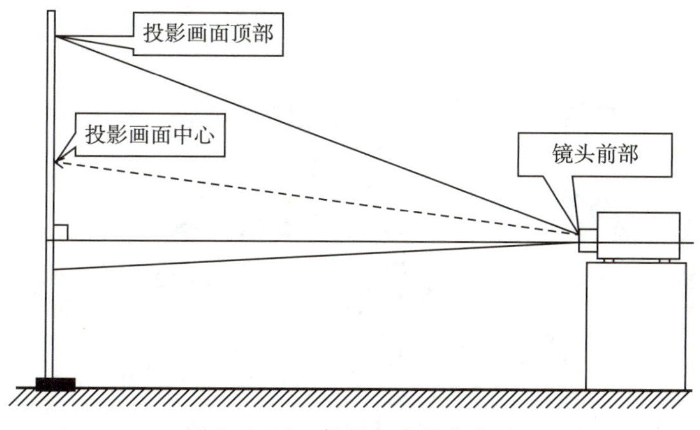

图 6-2-10　投影仪和屏幕位置

2. 调整投影仪的可调节支脚

利用投影仪的可调节支脚，调整投影图像的位置，具体操作如下。

（1）放置投影仪，使其垂直于画面。

（2）抬起投影仪前部，并按住投影仪上的支脚锁。松开支脚锁，即可锁住可调节支脚，然后可通过转动可调节支脚来调整高度。若可调节支脚让其伸长，按相反方向旋转可以使其缩回。可调节垂直方向上的投影角度，如图 6-2-11 所示。

三、连接设备

1. 将投影仪连接至计算机

投影仪连接计算机的电缆包括 VGA 电缆、串行电缆（交叉型）、HDMI 电缆等，具体的连接方式如图 6-2-12 所示。

图 6-2-11　调整投影仪的可调节支脚

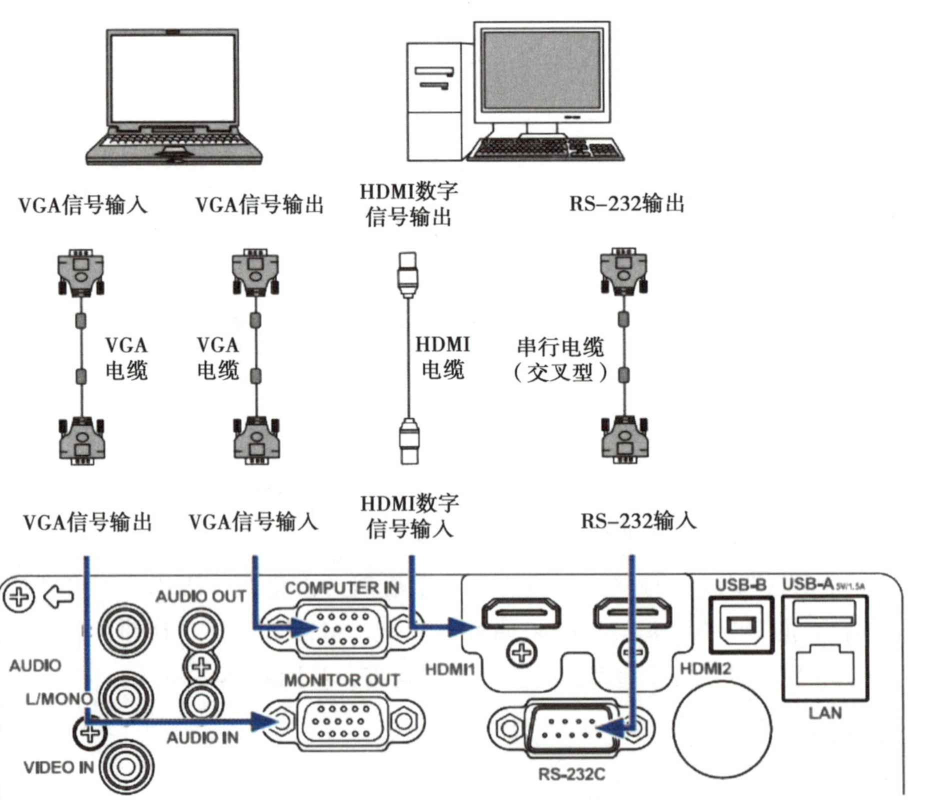

图 6-2-12　将投影仪连接至计算机

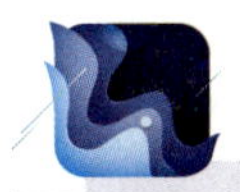

提示

需要注意的是，inASK CX460 型投影仪并不提供 VGA 电缆、串行电缆和 HDMI 电缆，连接时，需要自行准备。

inASK CX460 型投影仪还可以连接音频设备、影碟机、摄（录）像机以及数码相机等设备，同步投影到大屏幕上，但这些功能一般较少使用，只需要了解即可，具体的连接方式如图 6-2-13 所示。

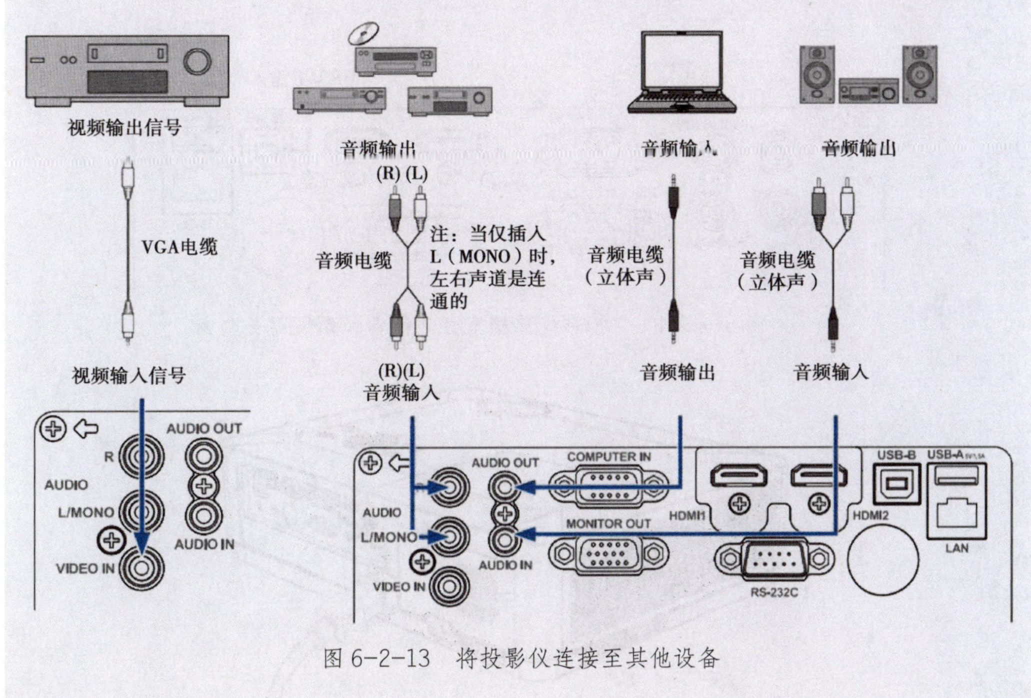

图 6-2-13 将投影仪连接至其他设备

2. 将投影仪连接至 USB 设备和无线网卡（USB-A 和 USB-B）

用于连接 USB 设备和无线网卡的电缆包括 USB-A 存储设备或 USB-B 数据线，但要注意：inASK CX460 型投影仪不配备该电缆。具体的连接方式如图 6-2-14 所示。

3. 连接电源线

inASK CX460 型投影仪使用的是标准电压为 100 ~ 240 V 的交流电源，它可自动适应不同的输入电压，交流电源插座应靠近投影仪且易插拔。具体操作如图 6-2-15 所示。

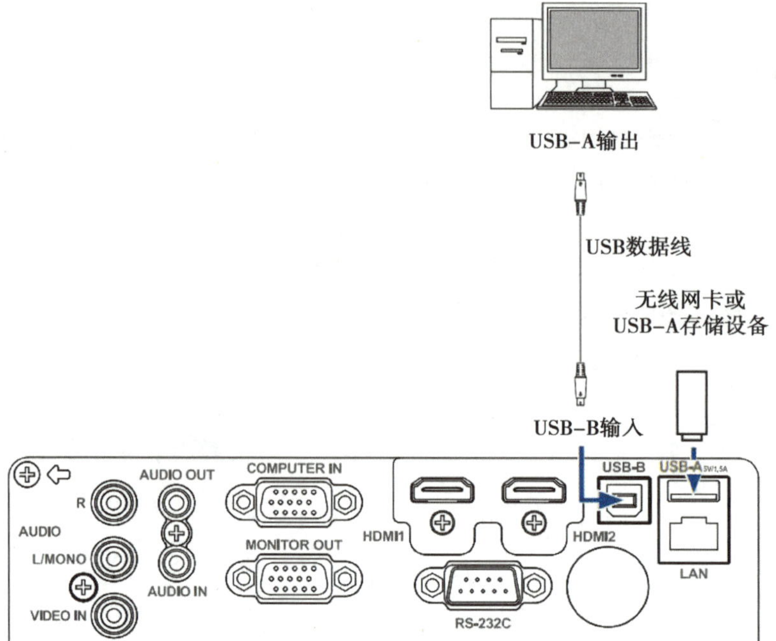

图 6-2-14　将投影仪连接至 USB 设备和无线网卡

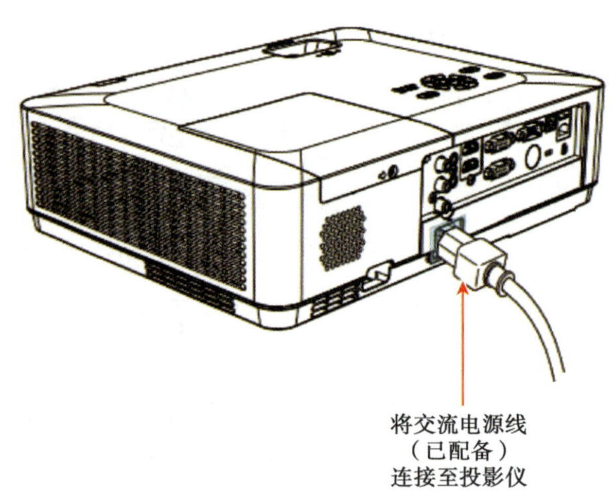

图 6-2-15　连接电源线

提示

交流电源线必须满足使用本投影仪所在国家的要求。请确保交流电源插头类型与图 6-2-16 所示的一致，并且必须使用正确的交流电源线。使用不正确的电源线可能影响产品性能，甚至可能导致电击、火灾等事故。

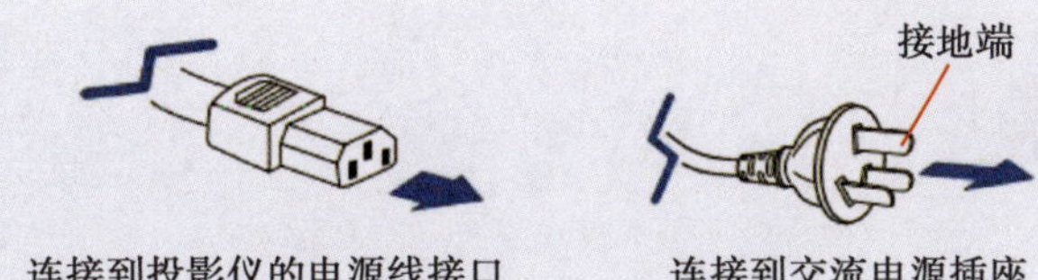

图 6-2-16　交流电源线的插头

某人购置了一台爱普生（EPSON）CH-TW5700TX型投影仪，如图 6-2-17 所示，请按照以下要求，完成投影仪的安装和初始化工作。

图 6-2-17　爱普生（EPSON）CH-TW5700TX 型投影仪

1. 打开包装箱，对照产品说明书，检查包装箱内的附件是否和产品说明书中所列一致。
2. 按照产品说明书，拆除运输固定锁。
3. 按照产品说明书，了解投影仪各个部件的名称与功能。
4. 按照产品说明书，安装投影仪与幕布等设备。
5. 按照产品说明书连接设备。

任务 3　使用投影仪

1. 能输入投影仪的密码。
2. 能对投影仪进行聚焦和变焦设置。
3. 能利用投影仪菜单对投影效果进行设置。
4. 能对投影仪进行网络连接。

小王已经安装好 inASK CX460 型投影仪，准备用笔记本计算机连接该投影仪来向客户展示本公司的新产品。于是，小王按照产品说明书，先来学习如何使用 inASK CX460 型投影仪。

为充分发挥投影仪的使用效果，延长其使用寿命，在使用时应注意以下几个方面。

1. 打开投影仪的电源之前，需确认投影仪的电缆已正常连接，切换好输出方式，同时确保视频源能正常输出。

2. 正确进行开关机操作，投影仪在长时间使用后不可直接关机，否则会严重影响投影仪灯泡的使用寿命。

3. 保证通风、排气口不被堵塞，以免投影仪过热，散热口与其他物品之间要保持一定距离。

4. 保持投影仪镜头清洁，因为投影仪镜头的干净程度会直接影响投影屏幕上内容的清晰程度。在投影仪镜头不用时，需盖好镜头盖，避免落灰。

5. 如果投影仪需吊装在天花板上，切勿自行安装，应联系专业人员安装，以确保操作正确，防止损坏机身。

6. 搬动投影仪时要小心谨慎，因为跌落或震动都可能损坏其内部元件。

7. 在放映过程中尽量避免移动投影仪，以免对投影仪灯泡产生不良影响。

8. 尽量不要用手触摸灯泡，开机后眼睛不要直视投影仪，以免损伤眼睛。

9. 如果投影仪灯泡达到使用寿命，应及时更换。更换灯泡前，需要将投影仪灯泡冷却一段时间，避免造成烫伤事故，且所换灯泡必须与原灯泡型号相同。

10. 关闭总电源时，务必将插头从电源插座中拔出。

11. 切勿在过分潮湿的环境或雨中使用投影仪。

12. 在出现雷击、闪电的情况下，最好不要使用投影仪，应将投影仪电源插头拔下，以确保安全。

13. 投影仪内部存在高压，切勿自行打开其机箱。

一、使用投影仪

1. 开启投影仪

开启投影仪的步骤如下。

（1）开启投影仪之前，先完成投影仪与外部设备的连接，如计算机、录像机等。

（2）将投影仪的交流电源线连接至交流电源插座，此时电源指示灯会呈红色亮起。

（3）按下机身顶部控制面板或遥控器上的电源键⏻。电源指示灯转为绿色亮起，并且冷却风扇开始运转，屏幕上出现预备显示，倒计时随之开始，如图 6-3-1 所示。

图 6-3-1　开机画面和倒计时

（4）若投影仪被密码锁住，屏幕上将会出现密码输入提示，如图 6-3-2 所示。请按照以下指示输入密码。

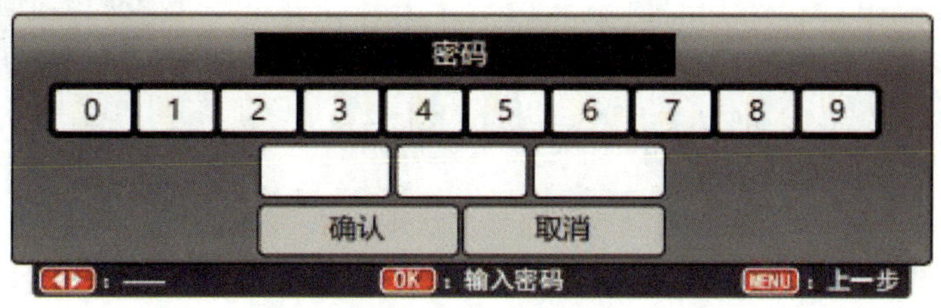

图 6-3-2　密码锁定界面

（5）按◀▶键选择 0 ~ 9 的数字。按下 OK 键输入的数字变为 *，光标自动移动到下一位置。重复以上步骤直至输入一个 3 位数。当完整输入一个 3 位数密码之后，将光标移动至“确认”键，如图 6-3-3 所示，再次按下 OK 键即可。

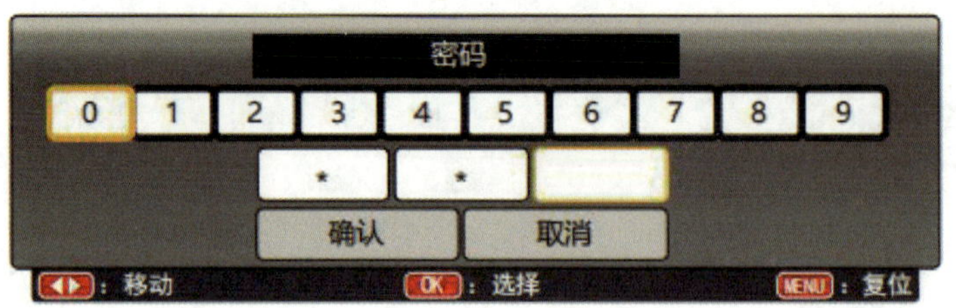

图 6-3-3　输入密码界面

提示

如果将“开机画面选择”功能设置为“关”，则屏幕上不显示开机画面。在倒数计时期间，除关机外的其他所有操作均无效。在“扩展”菜单中的“安全”下可以进行密码的设置或关闭、显示开机密码。

密码（PIN）是用于识别个人身份的安全号码，知晓密码的人员方可操作投影仪。设置密码可以防止未授权人员使用投影仪。如果忘记密码，将无法开启投影仪。因此，应谨慎设置新密码，并妥善保存。若不慎丢失或忘记密码，就只能联系经销商帮忙处理了。

2. 关闭投影仪

（1）按下投影仪机身顶部控制面板或遥控器上的电源键⏻，屏幕上出现“关机?”信息，如图 6-3-4 所示。

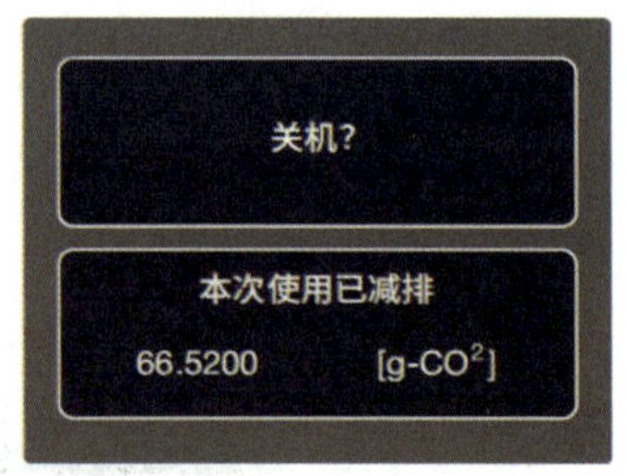

图 6-3-4　关机界面

（2）当“关机”字样出现后，需在 4 s 内再次按下电源键⏻。此时，电源指示灯持续呈红色闪烁，冷却风扇继续工作（可根据需求选择冷却时风扇的噪声状态和转速），直至风扇停止转动后，再断开电源线，否则会影响投影仪的使用寿命，导致开不了机或开机出现异常等状况。

提示

一旦打开投影仪，则至少 5 min 后才可关闭。此外，不要连续使用投影仪，长期连续使用会缩短投影仪灯泡的使用寿命。在 24 h 内一定要关闭投影仪一次，让投影仪休息约 1 h。

3. 调节变焦 / 聚焦

自中心位置旋转变焦环，左右旋转该环可调整投影图像的大小；旋转聚焦环能调整图像的焦距，用户根据屏幕显示内容自行调整，直至画面清晰即可，如图 6–3–5 所示。

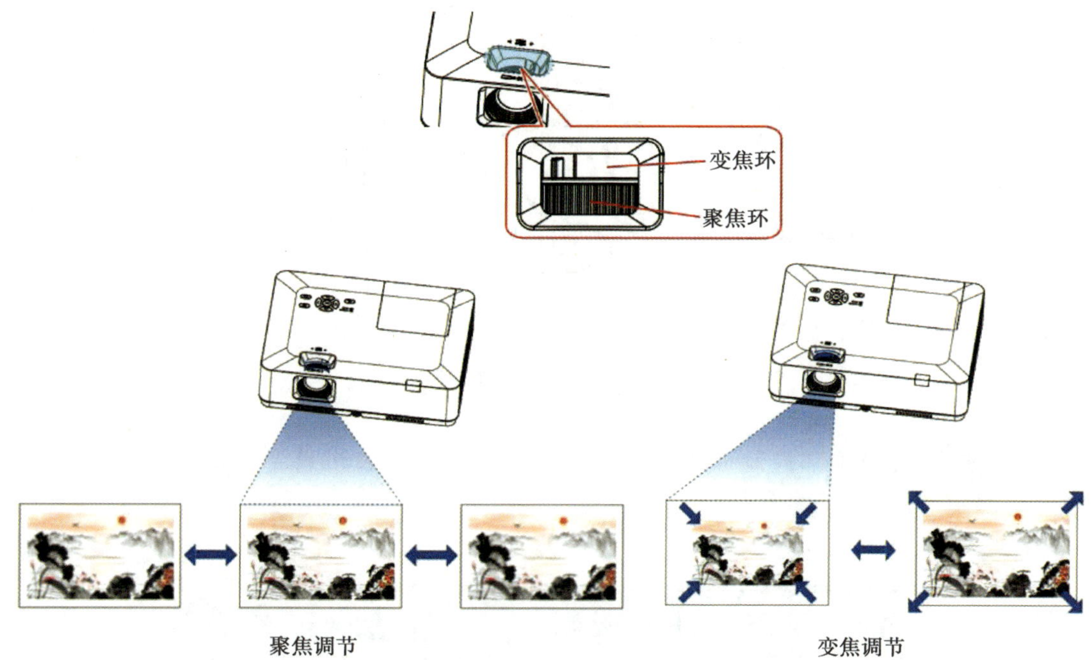

图 6–3–5　变焦 / 聚焦调节

4. 操作屏幕菜单

可通过屏幕菜单调整或设置投影仪。菜单呈多层结构，每一主菜单下又划分有若干级子菜单，子菜单还可进一步细分为若干次级子菜单。调用屏幕菜单既可以用遥控器，也能通过投影仪上的顶部控制面板来实现，如图 6–3–6 所示。

【遥控器】

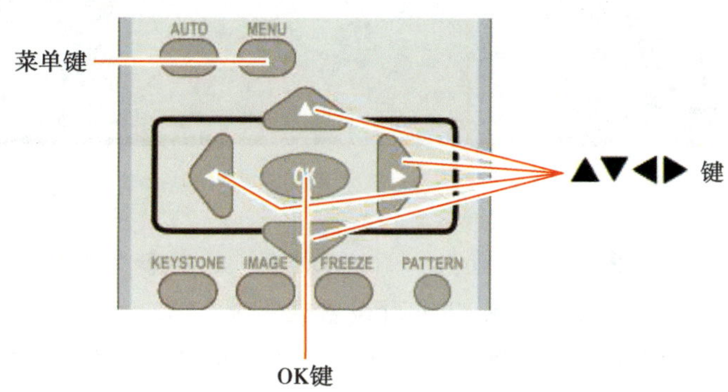

【顶部控制面板】

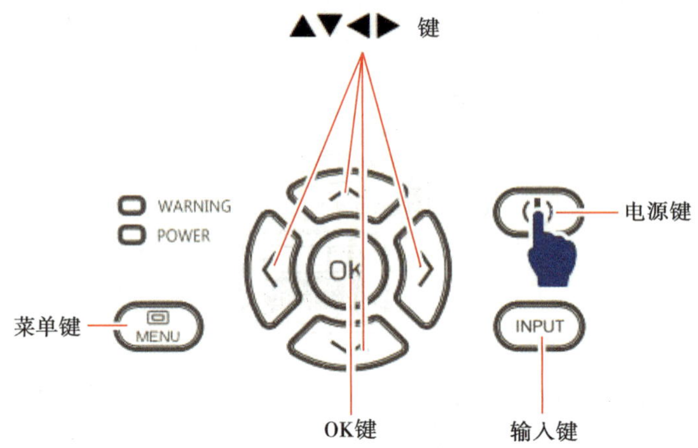

图 6-3-6　遥控器和顶部控制面板

（1）按下机身顶部控制面板或遥控器上的 MENU 键，屏幕上便会显示菜单，如图 6-3-7 所示。

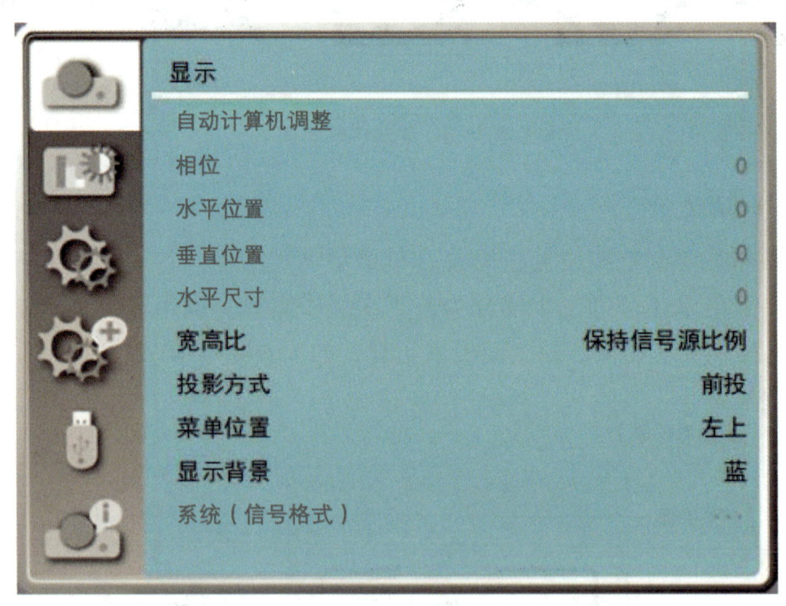

图 6-3-7　屏幕菜单

（2）按 OK 键或▲▼键，以选择一个主菜单项；按▶键可进入子菜单项；按▲▼键选择子菜单项，然后按 OK 键进行设置或按▶键进入所选项目。按▲▼键调整设定值或在各选项之间切换，然后按下 OK 键执行相应的操作。按下机身顶部控制面板或遥控器上的◀键可返回上一级菜单，按下 MENU 键则退出屏幕菜单。

提示

投影仪的菜单栏如图 6-3-8 所示，其各菜单功能简单解释如下。

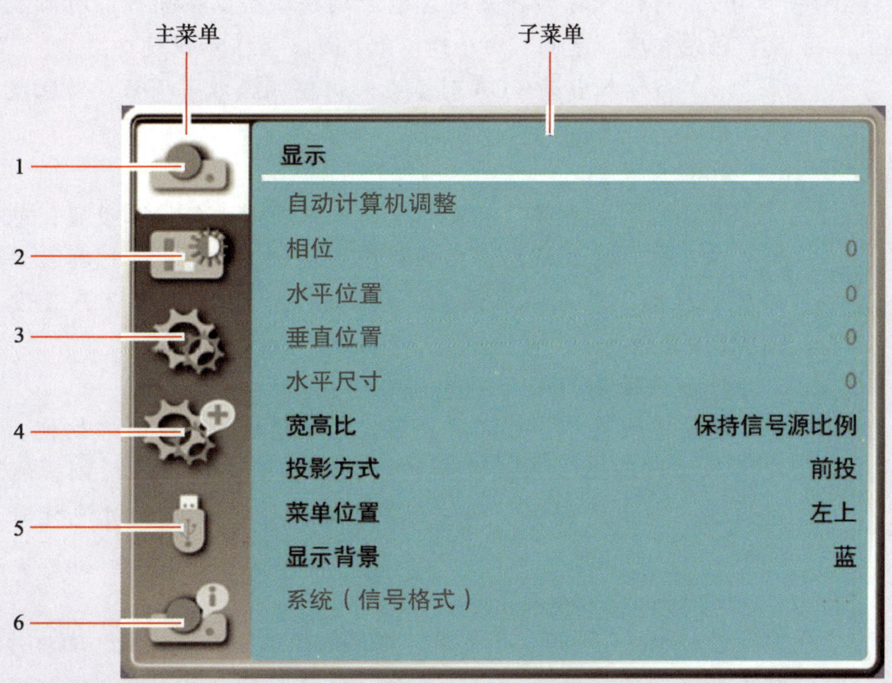

图 6-3-8　投影仪的菜单栏

1. 显示菜单

借助显示菜单，可通过选择自动计算机调整、相位、水平位置、垂直位置、水平尺寸等选项，对各项参数加以调整，使其与计算机输出信号格式相匹配。

宽高比：提供保持信号源比例、宽屏、满屏、4∶3、高级模式等多种设置，用于适配不同显示需求。

投影方式：能选择前投、背投、吊顶 / 前投、吊顶 / 背投、自动吊顶 / 前投和自动吊顶 / 背投等模式，以满足多样化的安装与使用场景。

菜单位置：可对屏幕菜单在屏幕中的显示位置进行设定。

显示背景：用于设置投影时屏幕的背景颜色。

系统（信号格式）：从中挑选与输入源匹配的系统信号格式，保障信号正常接收与显示。

2. 色彩调整菜单

（1）影像模式：可以选择的影像模式有标准、影院、黑板（绿）、配色板、个人设定或动态。

（2）当输入源为视频时，色彩调整涵盖以下项目：对比度、亮度、色饱和度、色调、白平衡（红、绿、蓝）和锐度。

（3）当输入源为 VGA 时，色彩调整涵盖以下项目：对比度、亮度、色温、白平衡（红、绿、蓝）和锐度。

3. 设置菜单

设置菜单主要用于对投影仪的基本功能进行操作设置，包含侦测电源开机与待机状态、高海拔模式适配、灯泡模式选择、快速冷却功能启用、隐藏字幕设置、按键锁定、光圈调节、声音设置和 HDMI 设置等。

4. 扩展菜单

通过扩展菜单，可调节投影仪的多项功能，如语言切换、自动设置、梯形校正、开机画面控制、安全设置、电源控制、滤网维护设置、测试图调用、网络配置、出厂设置恢复和灯泡计时器复位等。

5. Memory Viewer 菜单

借助 Memory Viewer 菜单，可以选择从头开始放映、幻灯片放映方式、排列顺序调整、旋转画面、最佳匹配设置、重复播放以及应用各项参数。

6. 信息菜单

信息菜单用于显示投影仪的状态信息。

二、控制网络

控制网络功能适用于局域网中计算机对投影仪的远程控制。

1. 准备使用控制网络

（1）所需设备：投影仪、计算机、网线。

（2）连接过程：用直连网线或交叉网线将投影仪连接到局域网中的路由器或交换机。若直接连接投影仪和计算机，直连网线可能无法连接，建议使用交叉网线。

（3）计算机开机：将投影仪插上电源线后，局域网接口和计算机接口的指示灯会不停闪烁。

2. 使用步骤

（1）打开投影仪，按下机身顶部控制面板或遥控器上的 MENU 键。按◀▶键选择网络设定，如图 6–3–9 所示。

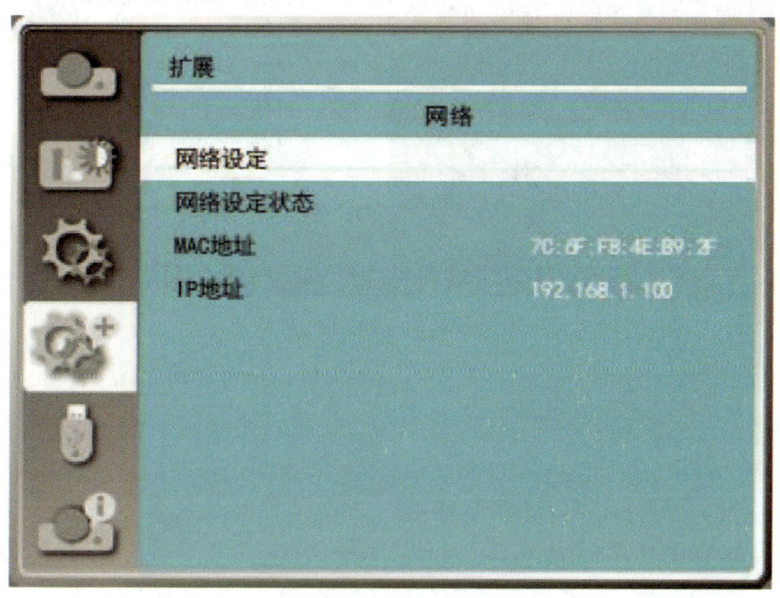

图 6–3–9　扩展菜单中的网络

（2）按 OK 键或按▶键进入网络，按▲▼键选择“网络设定”，然后按 OK 键。按▲▼键将 DHCP 设置为“开”（熟悉网络的人员也可以将 DHCP 设置为“关”，手动设置 IP 地址），然后按 OK 键。按▲▼键选择“确定”，出现“请稍等 ...”的画面，等其消失，如图 6–3–10 所示。

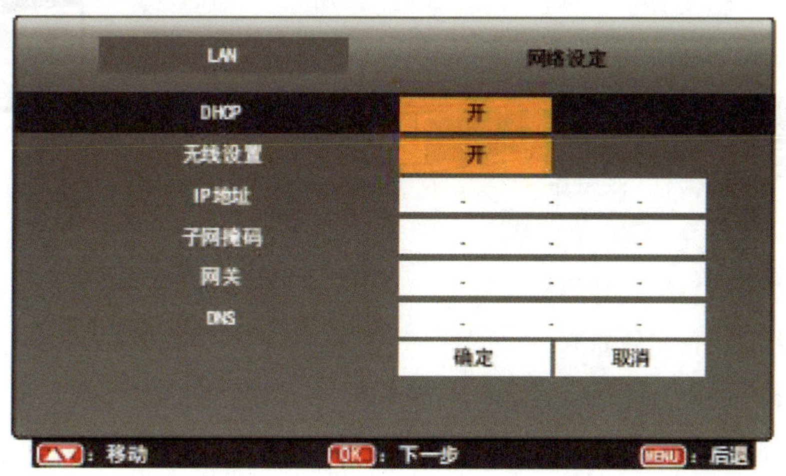

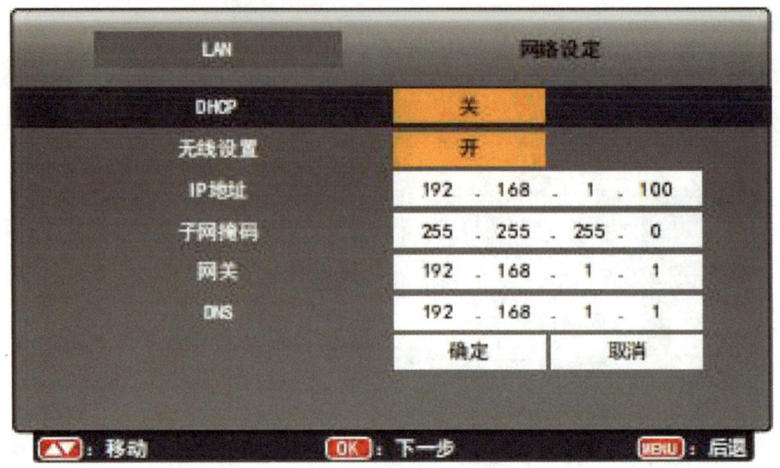

图 6-3-10　获取 IP 地址

提示

如果使用无线网络连接，需在“网络设定状态”中查看无线网络的 SSID/ESSID 地址，并记下此信息；同时查看设备获取的无线 IP 地址（若已成功连接），以备后续使用。

3. 设置 Wi-Fi（无线网络）（计算机）

Wi-Fi（无线网络）可以将移动计算机和投影仪无线连接，从而实现设备间的高速传输，让用户在不需要连接线的情况下享受高画质影像，如图 6-3-11 所示。

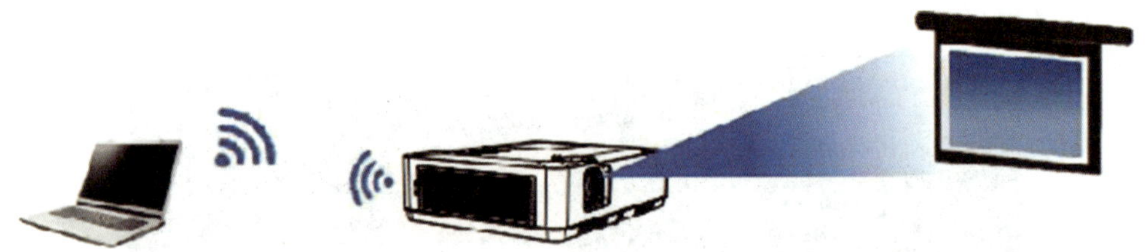

图 6-3-11　Wi-Fi 无线连接（计算机和投影仪）

4. 设置无线网络（计算机）

设置无线网络的步骤如下。

（1）将提供的 Wi-Fi 适配器插入 USB-A 端子，如图 6-3-12 所示。

（2）在计算机中找到并打开“网络和共享中心”，找到“NetworkDisplay” Wi-Fi 热点，单击“连接”进行网络连接，如图 6-3-13 所示。

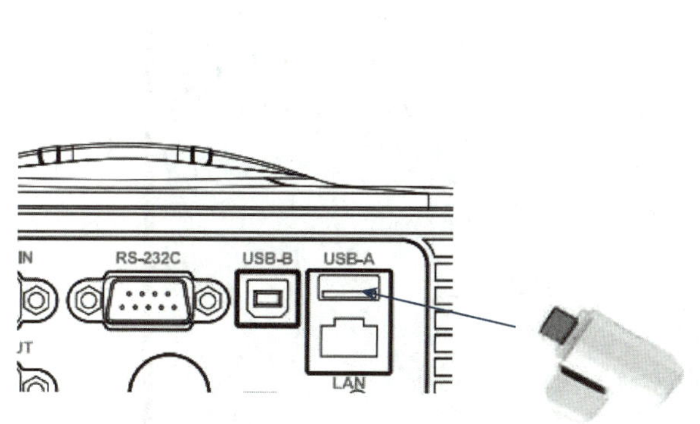

图 6-3-12　将 Wi-Fi 适配器插入 USB-A 端子

图 6-3-13　网络和共享中心

（3）投影仪计算机端的安装方法

当输入信号源选择为“网络”时，可借助 pwPresenter 软件，通过网络将当前的计算机图像投影出来。使用前需下载并安装该软件，其下载和安装过程如下。

1）在网页中输入投影仪 IP 地址，在 Web 浏览器的地址栏中输入投影仪的无线 SSID/ESSID 地址（如果不知道该地址，可在投影仪菜单中的网络信息里查看），例如 192.168.1.100，如图 6-3-14 所示。

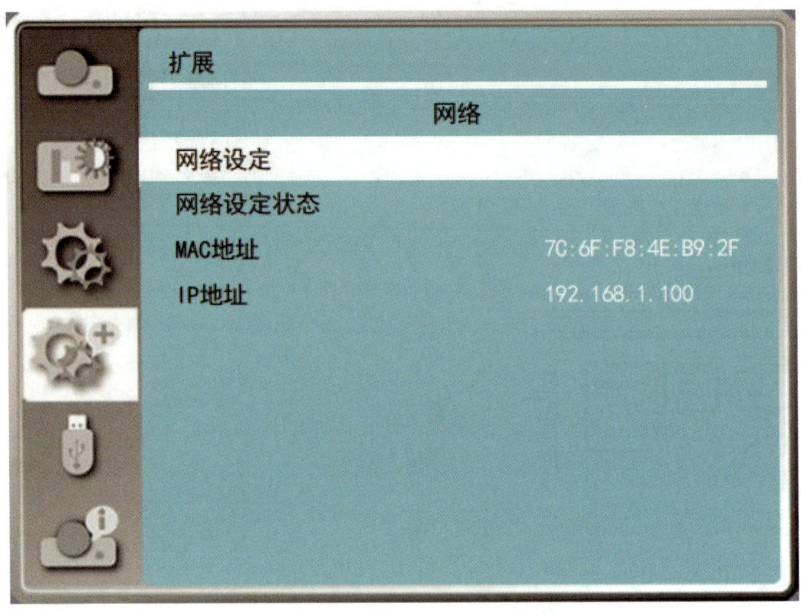

图 6-3-14　浏览器界面和投影仪网络信息界面

2）进入主界面后，单击“下载”，如图 6-3-15 所示。根据计算机系统选择下载相应的 pwPresenter 软件。

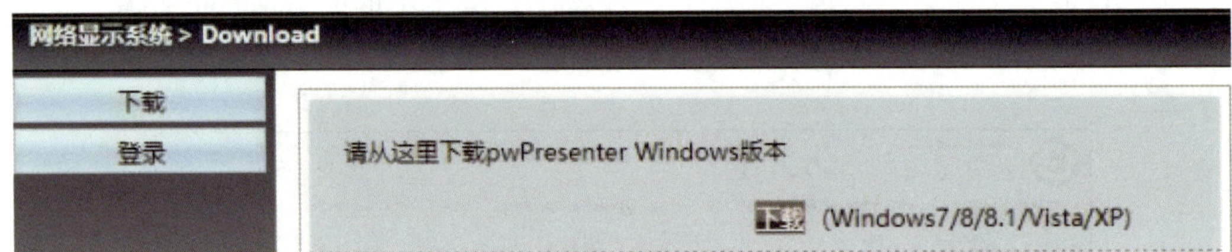

图 6-3-15　下载 pwPresenter 软件

3）单击计算机桌面上的图标，进入 pwPresenter 软件，如图 6-3-16 所示。

图 6-3-16　pwPresenter 软件

①搜索网络投影仪。单击进入搜索，选择需要连接的投影仪并连接。在pwPresenter软件中设置和投影仪相同的IP地址（例如192.168.1.100）。将用户类型设置为“普通用户”、密码为“admin”，如图6-3-17所示。

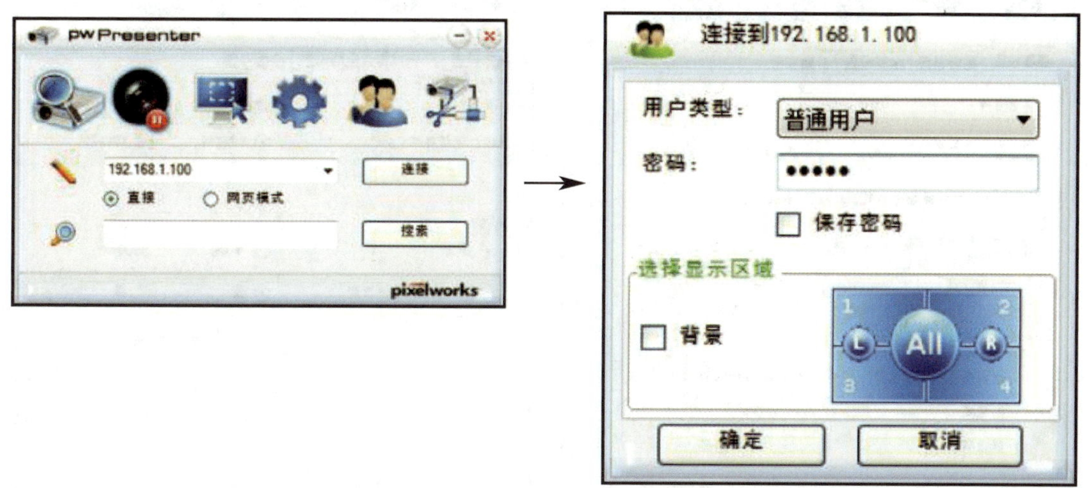

图6-3-17　网络连接界面

②抓屏开始/暂停。可开始或暂停对当前显示图像的抓屏。

③选择抓屏模式。从“全屏范围”“固定大小”或“可变大小”中选择一种抓屏模式。

④参数设置。在参数设置中有4种设置方式，分别为基本设置：设置语言、抓图区域尺寸等；高级设置：设置图像质量、网络端口等；全局设置：设置远程控制、声音捕捉和屏幕捕捉等；多播设置：设置音量、带宽、采样速率等，如图6-3-18所示。

⑤断开投影仪的连接。

5. 设置Wi-Fi（无线网络）（移动设备）

Wi-Fi（无线网络）可以将手机等移动设备和投影仪无线连接，从而实现设备间的高速传输，让用户在不需要连接线的情况下享受高画质影像显示效果。

无线网络（移动设备）的设置方式类似于Wi-Fi（无线网络）（计算机）的设置，具体操作参照上文。

投影仪移动客户端的安装方法如下。

（1）在移动客户端的Web浏览器的地址栏输入网址https://www.pixelworks.com/?q=node/19，单击“下载”按钮，如图6-3-19所示，也可以在网上搜索VueMagic软件。

pwPresenter
基本设置
高级设置
全局设置
多播设置
Jpeg 图像设置
质量：
高
YUV 采样格式：
YUV444
YUV420
网络端口设置
固定
手动
5900
允许本机分辨率被改变：
是
否
白名单和黑名单
允许的投影仪：
阻止的投影仪：
确定
取消
默认
pixelworks

pwPresenter
基本设置
高级设置
全局设置
多播设置
音量：
20 %
多播：
关闭
搜索
带宽：
100 %
采样速率：
10 帧/秒
确定
取消
默认
pixelworks

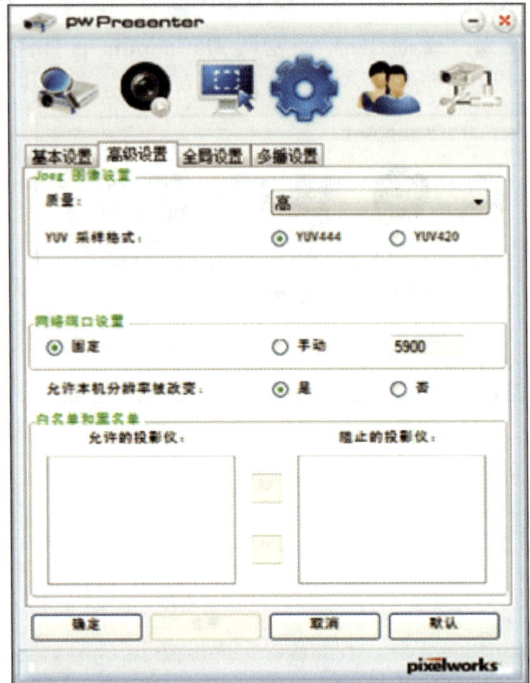

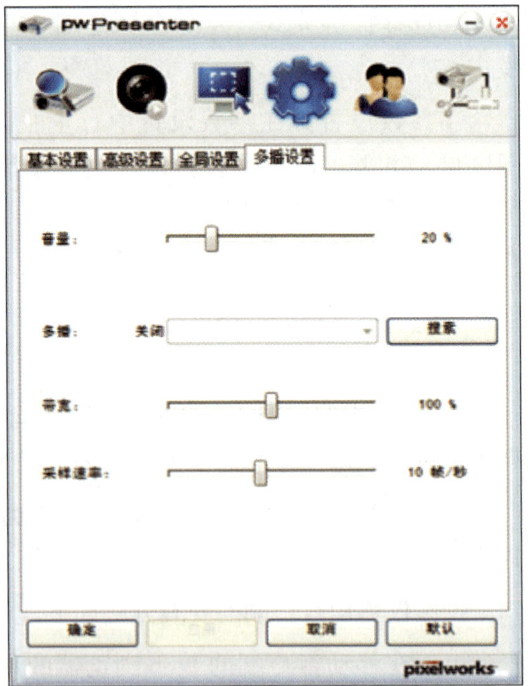

图 6-3-18　参数设置

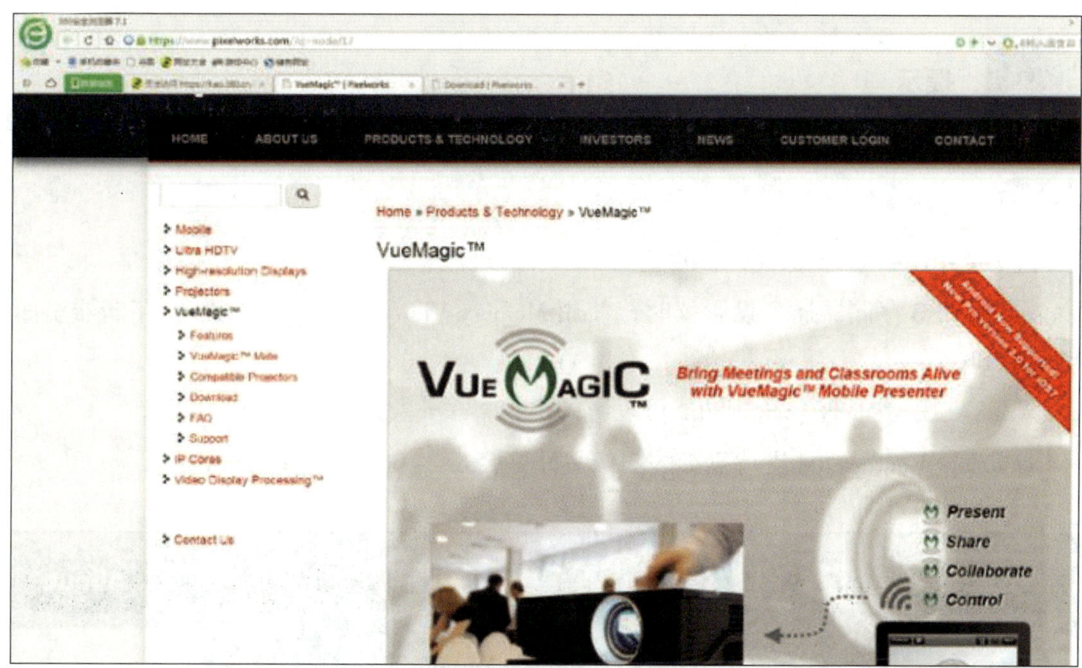

图 6-3-19　搜索 VueMagic 软件

（2）根据移动设备的系统，选择下载相应的 VueMagic 软件，并进行安装，如图 6-3-20 所示。

图 6-3-20　选择下载 VueMagic 软件

（3）安装完成后单击移动终端上的图标，打开 VueMagic 软件，选择合适的屏幕菜单显示位置，并点击移动设备左上方的图标，即可进行图片或文件等的投影。点击进入搜索界面，选择需要连接的投影仪并连接，如图 6-3-21 所示，在 VueMagic 软件中设置和投影仪相同的 IP 地址（例如，172.28.120.1）。

提示

使用 VueMagic 软件之前，需先切换到“网络”信号源。

6. Memory Viewer 功能

当把 USB 存储器插入投影仪时，使用 Memory Viewer 功能可以投影出存储器里面的视频和图片。

（1）使用 Memory Viewer 功能可投影的内容

Memory Viewer 功能支持投影的图像文件见表 6-3-1。

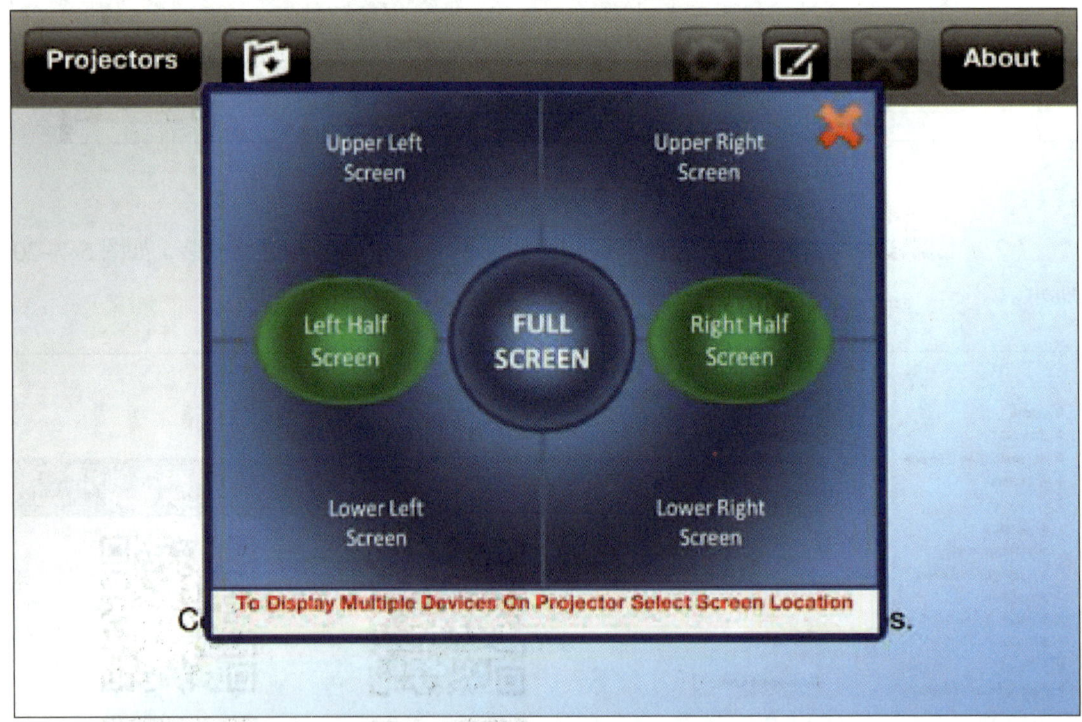

图 6-3-21　VueMagic 软件界面

表 6-3-1　Memory Viewer 功能支持投影的图像文件

文件类型	扩展名	格式	描述
图像	jpg/jpeg	基线编码使用 24 位 采用逐行扫描方式的 RGB 24 位图像数据	最大分辨率：1 000 dpi × 1 000 dpi 最大分辨率：屏幕分辨率

续表

文件类型	扩展名	格式	描述
图像	bmp	基于位深度为 1 位、4 位、8 位的调色板 RGB 24 位色彩模式和 RGB 32 位色彩模式	最大分辨率：1 280 dpi × 800 dpi
	png	真彩色 24 位与 48 位色彩模式	调色板 -24 位的色彩空间 最大分辨率：1 024 dpi × 768 dpi
	gif	基于位深度为 1 位、4 位、8 位的调色板	最大分辨率：800 dpi × 600 dpi
	tiff		最大分辨率：800 dpi × 600 dpi

（2）显示 Memory Viewer 画面

1）按机身顶部控制面板或遥控器上的 INPUT 键选择输入源为 Memory Viewer。

2）直接将 USB 存储器插入 USB-A 端子。当 USB 存储器中出现独立分区时，将显示多个 USB 图标。

3）按遥控器上的 OK 键，USB 存储器的根目录以缩略图的形式显示。

（3）播放图片

每次手动播放图片时只显示一张图片。

1）按遥控器上的◀▶键选择一个图片文件。

2）按遥控器上的 OK 键，此时图片以全屏形式显示。

3）按▶键切换到下一张图片，按◀键返回之前的图片。

4）按遥控器上的 OK 键，此时返回缩略图显示页面。

（4）播放幻灯片

当“Memory Viewer”菜单中的“幻灯片放映方式”设为特殊设置时，同一文件夹中的所有图片会自动播放。

1）按遥控器上的◀▶键选择一个图片。

2）按▲▼键选择“从头开始”。

3）按遥控器上的 OK 键。

（5）播放视频

1）按遥控器上的◀▶键选择一个视频文件。

2）按遥控器上的 OK 键，此时视频会全屏播放，可以使用遥控器对出现在屏幕底

部的控制器进行操作，如图 6-3-22 所示。

图 6-3-22　Memory Viewer 视频播放控制器

表 6-3-2 列出了 Memory Viewer 视频播放控制器中各按钮的功能。

表 6-3-2　Memory Viewer 视频播放控制器中各按钮的功能

按钮	功能
	终止视频播放，返回缩略图模式
	播放 / 暂停视频
	后退 / 快进视频
	视频以两倍的速度后退 / 快进
	循环图标，以方框切换显示，当出现方框时视频可以循环播放

（6）终止 Memory Viewer 功能

1）按遥控器上的◀▶键选择屏幕左上角的缩略图。

2）按遥控器上的 OK 键，随即显示待机画面“Please press RC ENTER”。

3）直接拔出 USB 存储器。

某企业办公室购买了一台爱普生（EPSON）CH-TW5700TX 型投影仪，如图 6-2-17 所示，请按照以下要求，完成投影仪的安装和初始化工作。

1. 将投影仪连接至计算机，开启投影仪后设置开机密码。
2. 利用遥控器来调整投影仪的梯形失真。
3. 利用投影仪顶部面板来调整投影图像的大小和清晰度。
4. 利用局域网中的计算机来进行投影操作。
5. 利用无线网络（Wi-Fi）连接笔记本计算机，以实现投影功能。

任务 4　维护和保养投影仪

1. 能根据系统错误提示信息，处理投影仪使用过程中的常见问题。
2. 能更换投影仪灯泡。
3. 能完成投影仪的清洁等维护工作。
4. 能掌握投影仪及幕布维护、保管的相关知识。

投影仪是一种高度精密的电子产品，它融合了光学、液晶或数字微镜器件（DMD）、电子电路等技术，一旦使用不当或保养不善，就可能造成严重损坏。

某投影仪在使用一段时间后，每次开机时指示灯都会呈现不同的闪烁情况。小王决定翻阅产品说明书，学习投影仪的维护与保养方法。

一、inASK CX460 型投影仪故障的检测

若 inASK CX460 型投影仪在使用过程中出现问题，可以先按照表 6-4-1 所示的方式进行检测并解决。若问题仍未解决，就只能寻求经销商或维修中心的帮助了。

表 6-4-1　inASK CX460 型投影仪的故障及解决方法

故障	解决方法
无法开机	1. 将投影仪电源插入交流电源插座 2. 查看电源指示灯是否呈红色 3. 检查警告指示灯，如果呈红色显示，将无法开机 4. 检测投影仪的灯泡是否损坏 5. 不要开启投影仪的“按键锁定”功能
不显示初始画面	在显示功能中选择了“关闭”选项或关闭了倒数计秒

续表

故障	解决方法
初始画面与标准设置不同	在“开机画面”功能中没有选择“用户”选项或者“关”选项
输入信号自动切换（或不自动切换）	调整输入源搜索功能
在投影仪启动时按下输入键，出现一个非灯泡模式的图标	更换滤网
出现一个非输入或灯泡模式的图标	更换灯泡或滤网
图像不清晰	1. 调整投影图像的对焦 2. 提供合适的投影距离 3. 检查投影镜头是否清洁 4. 将投影仪从较冷的环境移到较热的环境时，投影仪镜头上可能会出现湿气凝结，若出现此情况，需要等凝结消失才能打开投影仪
图像左 / 右翻转	检查“吊顶 / 背投”功能
图像上 / 下翻转	检查“吊顶”功能
图像不够亮	1. 检查对比度或亮度的调节是否合适 2. 检查图像是否合适 3. 检查灯泡亮度 4. 检查灯泡更换指示灯
无图像	1. 检查计算机或视频设备与投影仪是否连接 2. 检查来自计算机的输入信号是否正确 3. 开启投影仪后约 30 s 才能显示图像 4. 检查输入信号、色彩系统、视频系统或计算机系统模式 5. 确定温度没有超过指定的操作温度（0～40 ℃） 6. 使用无显示功能时，图像无法显示，按遥控器上的 BLANK 键或其他键
颜色异常	1. 检查输入信号、色彩系统、视频系统或计算机系统模式 2. 确定未在“画质选择”菜单上选择黑板
有些显示在操作中看不到	检查显示功能
自动计算机调整功能失效	检查输入信号，当自动计算机调整功能选择 480p、576p、720p、480i、576i 或 1080i 模式时，该功能无效

续表

故障	解决方法
设置无法在电源关闭后保存	确定在调整设置后选择了储存。某些设置在未选择“储存”的情况下无法保存
电源管理功能失效	当静止或无显示功能运行时，电源管理功能无效，需确保显示正常运行
标识选定功能无效	检查连接及输入信号，确认是否有信号
自动设定功能无法正常运行	1. 检查自动设定的所有功能是否未选择“关”选项 2. 检查吊顶功能是否未选择“开”选项
图像变形或消失	检测并调整计算机调整菜单或屏幕菜单
在开机后出现密码提示框	设置了密码锁定，输入密码
遥控器不工作	1. 检查电池 2. 确保投影仪与遥控器之间没有障碍物 3. 确保使用遥控器时，离投影仪不太远，最大操作范围为 8 m 4. 确保遥控器代码和投影仪代码一致 5. 在设置菜单中解除遥控器的按键锁定
指示灯亮或闪烁	根据指示灯和投影仪状态检查投影仪
屏幕上显示叉号	说明操作无效，请正确操作
背面控制面板不工作	在设置菜单下的安全选项中解除背面控制面板的按键锁定
无法解除开机画面密码锁定、按键锁定以及密码锁定	与经销商或维修中心联系解决

二、指示灯和投影仪的状态

结合表 6-4-2，了解指示灯和投影仪的相关状态。

表 6-4-2　指示灯和投影仪的相关状态

指示灯		投影仪的状态
WARNING 警告指示灯	POWER 电源指示灯	
○	○	投影仪处于关闭状态（没有插入交流电源线）
○	🔴	投影仪处于待机状态，按 POWER 键开启投影仪
○	🟢	投影仪处于正常开机状态

续表

指示灯		投影仪的状态
WARNING 警告指示灯	POWER 电源指示灯	
○	●（红色闪烁）	投影仪准备休眠或投影仪正处于冷却状态
○	●（绿色闪烁）	投影仪处于休眠模式
○	●（橙色）	投影仪检测到电压异常状况后处于待机状态
○	●（橙色闪烁）	投影仪检测到风扇异常而进入冷却状态
●（红色闪烁）	●（红色闪烁）	投影仪检测到温度异常而进入冷却状态
●（红色闪烁）	●（红色）	投影仪检测到温度异常后处于待机状态
●（橙色闪烁）	●（红色闪烁）	投影仪检测到光源异常后处于冷却状态
●（红色）	●（红色）	投影仪检测到光源异常后处于待机状态
●（红色）	●（绿色）	投影仪检测到使用时间大于或等于投影仪使用寿命，且小于投影仪使用寿命的 1.1 倍
●（红色闪烁）	●（绿色）	投影仪检测到使用时间大于或等于投影仪使用寿命的 1.1 倍

注：○表示指示灯关；●（绿色）表示指示灯呈绿色；●（红色）表示指示灯呈红色；●（橙色）表示指示灯呈橙色；●（红色闪烁）表示指示灯红色闪烁；●（橙色闪烁）表示指示灯橙色闪烁；●（绿色闪烁）表示指示灯绿色闪烁。

三、投影幕布的维护

由于投影幕布的类型和材质各异，其维护方法也有所不同。

1. 大多数的金属幕布和玻珠幕布具有防霉、耐火烧和可清洁等特性，不过仍需留意灰尘过多积聚及过度受潮，最佳清洁方法是使用软毛刷轻轻清扫，频繁水洗会导致屏幕增益下降。

2. 玻珠幕布的表面通常存在一些螺纹或竖纹结构，因此，不宜用清水清洗，尽量用柔软的布及鸡毛扫帚顺着纹路走向从上至下轻轻擦拭，擦拭时不可用力过大，以免损伤纹路。必要时，可拧干湿布轻轻擦拭幕布表面并及时晾干。

3. 无论是手动幕布还是电动幕布，当不使用时都应将幕布卷回保护盒内。每次使用完毕，应检查幕布表面是否落有灰尘或污垢，若有，应用软布擦拭干净后，再将幕布卷进保护盒。幕布可正常频繁使用，但每次连续上下滚动的使用时间不能超过5 min，否则电动机可能过热，需等待电动机冷却后再继续使用。另外，无须为幕布电动机添加润滑剂。

一、清洁投影仪

状态指示灯能显示投影仪保护功能的状态。使用投影仪时，需检查其警告指示灯和电源指示灯的状态，并做好保养工作。

当投影仪的内部温度超过正常范围时，为保护内部组件，投影仪会自动关闭。投影仪处于冷却状态时，警告指示灯会闪烁，闪烁状态如图 6–4–1 所示。待投影仪充分冷却，恢复到正常操作温度后，按下电源键可重新打开投影仪。

图 6–4–1　警告指示灯呈红色闪烁

提示

在投影仪内部温度恢复正常后，若警告指示灯仍继续闪烁，则重新开启投影仪，会发现警告指示灯停止闪烁。

1. 如果警告指示灯在投影仪处于关闭状态时呈红色闪烁，则应检测以下几个项目。

（1）检查投影仪通风空间是否充足。检查投影仪的安装情况，查看通风口有无堵塞。

（2）检查投影仪是否安装在空调设备的通风口附近。应将投影仪安装在远离空调设备通风口的位置。

（3）检查滤网是否洁净。请定期清洁滤网。

2. 电源异常时，电源指示灯呈橙色常亮。

在投影仪检测到异常状况时，会自动关闭，以保护其内部组件，此时电源指示灯呈橙色常亮，如图 6–4–2 所示。遇到这种情况时，先拔掉交流电源线并重新连接，再重新开启投影仪进行检查。若投影仪仍处于关闭状态且电源指示灯依旧呈橙色亮起，需拔掉交流电源线，并联系维修站进行检查和维修。

图 6-4-2　电源指示灯呈橙色常亮

1. 清洁投影仪镜头

将非研磨性的镜头清洁剂涂在干净的布上，然后轻轻擦拭投影仪镜头，或使用镜头清洁纸或商用吹风机对镜头进行清洁，具体操作方式如图 6-4-3 所示。

清洁过程中要避免使用过量的清洁剂。需注意，研磨性清洁剂、溶剂或其他有较强摩擦性的化学制品会划伤投影仪镜头，应禁止使用。

2. 清洁投影仪机壳

用干净的软布轻轻擦拭投影仪的表面。若其表面有严重的污垢，可在柔软干净的布上涂抹少量中性清洁剂，然后轻轻擦拭投影仪表面。同样要避免使用过多的清洁剂，因为研磨性清洁剂、溶剂或其他有较强摩擦性的化学制品会划伤机壳表面，如图 6-4-4 所示。

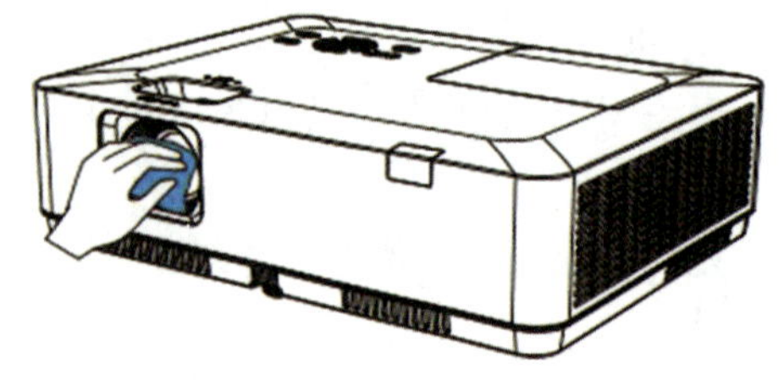

图 6-4-3　清洁投影仪镜头

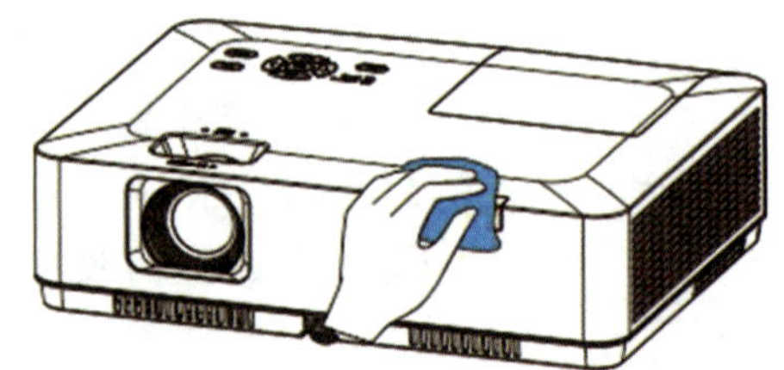

图 6-4-4　清洁投影仪机壳

当不使用投影仪时，应将其放进包装中，以免灰尘堆积或外壳被划伤。

3. 清洁滤网

滤网用于防止投影仪内部镜头组件表面堆积灰尘。若滤网被灰尘等堵塞，冷却风扇的效率会降低，从而导致投影仪内部热量积聚，缩短投影仪的使用寿命。当屏幕上出现“滤网警告”图标时，需立即清洁滤网，如图 6-4-5 所示。

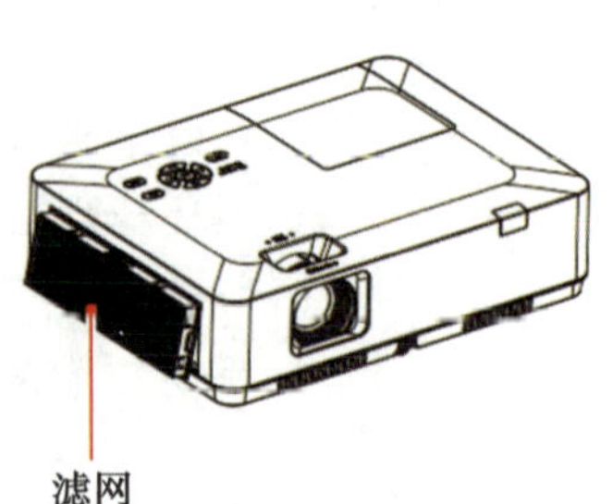

图 6-4-5　清洁投影仪滤网

可以按照下列步骤清洁滤网。

（1）关闭投影仪，从电源插座上拔下交流电源线。

（2）取下滤网。

（3）用刷子轻轻清理滤网上的灰尘。

（4）将滤网重新装好，确保其完全插入投影仪。

提示

取下滤网后，请勿操作投影仪，否则灰尘会附着在镜头组件上，影响图像质量。此外，切勿将小物件放入通风口，以免导致投影仪故障。

在清洁或更换完滤网后，务必重设滤网计数。重设滤网计数的步骤如下。

（1）按下机身顶部控制面板或遥控器上的MENU键，调出屏幕菜单。按▲▼键选择“扩展菜单”图标，然后按下OK键。

（2）按▲▼键选择“滤网”选项，然后按▲▼键或OK键。再按▲▼键选择“滤网计数器复位”，并按OK键，如图6-4-6所示。显示“滤网计数重新设定?”消息，选择“是”继续。

（3）确认对话框出现后，选择“是”，即可完成重设滤网计数。

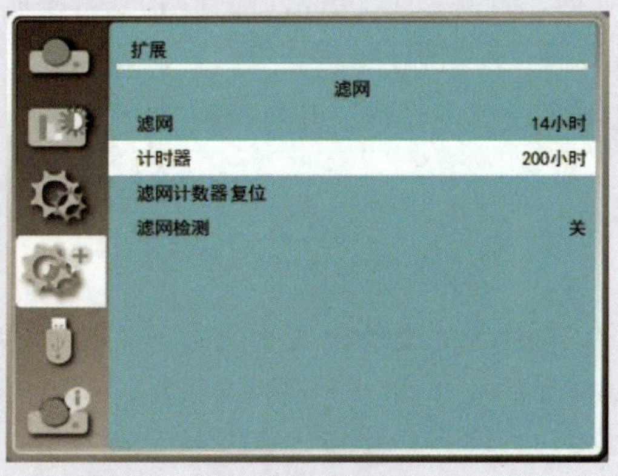

图6-4-6　重设滤网计数

提示

建议不要在有灰尘或烟雾的场所操作投影仪。在这类环境中使用投影仪会降低投影图像的质量。因为如果在有灰尘或烟雾的环境中使用投影仪，灰尘会在镜头、液晶板或投影仪内部的镜头组件上堆积。一旦发现这种情况，请联系专业人员进行清洁。

二、更换灯泡

当投影仪检测到其使用时间大于或等于投影仪灯泡的使用寿命 –300 h，且小于投影仪灯泡使用寿命时，屏幕上将会出现警告标志，如图 6–4–7 所示。

当投影仪的使用时间大于或等于投影仪灯泡的使用寿命时，屏幕上会弹出灯泡更换标志，如图 6–4–8 所示。

警告标志 

图 6–4–7　投影仪灯泡警告标志

灯泡更换标志 

图 6–4–8　投影仪灯泡更换标志

应按照以下步骤更换灯泡。

1. 关闭投影仪，拔下交流电源线，让投影仪冷却至少 1 h。

2. 拧松右侧灯泡盖上的螺钉，打开灯泡盖，如图 6–4–9 所示。

3. 拧松用于固定灯泡的三颗螺钉，握住把手，拔出灯泡。

4. 换上新灯泡，拧紧三颗螺钉，确保灯泡安装到位。随后合上灯泡盖，拧紧螺钉。

5. 接好投影仪的交流电源线，开启投影仪。

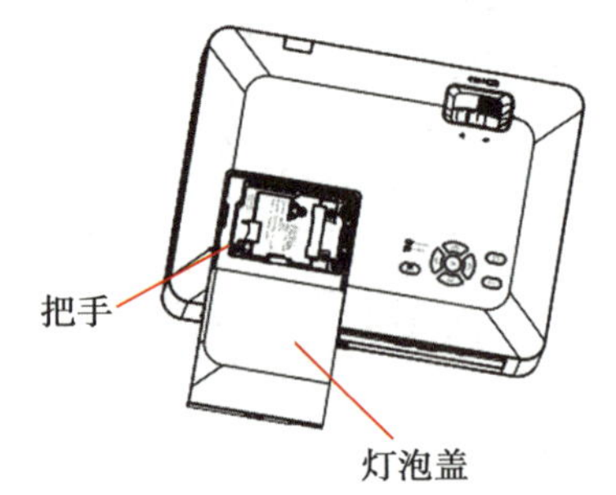

图 6–4–9　打开灯泡盖

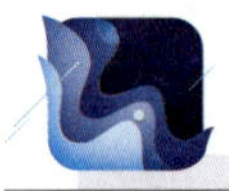

提示

严禁在灯泡处于发热状态下更换灯泡。灯泡使用后，投影仪盖板内部温度较高，务必小心操作，以防烫伤。投影仪使用的是高压灯泡，因此必须小心、正确地进行操作，否则可能引发伤害事故，甚至导致火灾。

巩固与练习

图 6–2–17 所示的爱普生（EPSON）CH–TW5700TX 型投影仪在使用了一段时间后，出现了指示灯闪烁、投影不清楚等现象，现需对投影仪进行维护和保养，请按照以下要求完成具体操作。

1. 查阅产品说明书，了解爱普生（EPSON）CH–TW5700TX 型投影仪常见故障的解决方案。

2. 清洁爱普生（EPSON）CH–TW5700TX 型投影仪的机壳。

3. 清洁爱普生（EPSON）CH–TW5700TX 型投影仪的镜头和滤网。

4. 更换爱普生（EPSON）CH–TW5700TX 型投影仪的灯泡。

项目七
交互式智能平板的使用与维护

交互式智能平板（interactive intelligent panel，简称 IIP）是一种集成了触控、显示、书写、视频会议、投屏等功能的多媒体显示设备。它通常具备高分辨率的大屏幕、精准的触控感应系统和强大的系统集成能力，用户能在交互式智能平板上实现即时互动、书写和多媒体展示操作，这极大地提高了信息交流的便捷性与效率。

随着人工智能技术的不断发展，交互式智能平板已成为企业办公和教学场景中不可或缺的工具，可大幅提升会议和课堂的互动性与效率。无论是远程视频会议还是教学互动环节，交互式智能平板都能为用户带来沉浸式的体验。

任务 1　认识和选购交互式智能平板

1. 了解常见的交互式智能平板的组成。
2. 了解常见的交互式智能平板的主要技术指标。
3. 掌握常见的交互式智能平板的功能和特点。
4. 能选购常见的交互式智能平板。

某公司需选购一台交互式智能平板，用于在产品展示会上展示公司的新产品。办公室的小王接到任务后，决定去市场上考察一下，他准备先全面了解交互式智能平板的相关情况，然后根据调研结果为公司提供合理的选购建议。

一、交互式智能平板的组成

交互式智能平板以高清液晶显示屏为显示和操作平台，具备书写、批注、绘画、多媒体娱乐、网络会议等功能，它融合了人机交互、平板显示、多媒体信息处理和网络传输等多项技术，是信息化时代办公、教学以及图文互动演示的优选解决方案。

交互式智能平板的硬件部分由触摸定位识别系统、显示系统和智能处理系统这三大部分构成，由整体结构件结合在一起，并由专用的软件系统作为支撑。当用户用手指或无源笔触摸屏幕时，触摸定位识别系统会对触摸点的坐标进行定位，从而实现对智能处理系统的控制。此后，通过智能处理系统内置的软件，便可实现不同的功能应用。

二、交互式智能平板的主要技术指标

对于交互式智能平板，其主要技术指标可以从以下方面考虑。

1. 屏幕尺寸与分辨率

多数交互式智能平板采用LED，屏幕尺寸通常在65英寸及以上，分辨率一般为1 920 dpi × 1 080 dpi或更高。以鸿合HiteVision交互式智能平板为例，其分辨率为1 920 dpi × 1 080 dpi，响应时间小于4 ms。

2. 显示效果

高清晰度、高亮度、高对比度是交互式智能平板的重要特性。比如鸿合HiteVision交互式智能平板的亮度为500 cd/m^2（此为每平方米的发光强度，直接体现显示器的发光能力），对比度达5 000∶1，水平扫描频率为15 ~ 110 kHz，垂直扫描频率为48 ~ 120 kHz，色彩显示能力为16 777 216色（即2^{24}，也就是真彩色）。

3. 触控技术

多数交互式智能平板支持多点触控，能满足多人同时操作的需求，一般支持4点或 6 点触控，响应时间通常在 20 ms 以内。例如，鸿合 HiteVision 交互式智能平板能识别的物体小于 3.5 mm，支持多点触摸，触摸点可超过 10 点。

4. 处理器与内存

高端型号的交互式智能平板通常配备高性能处理器和大容量内存，部分型号的交互式智能平板搭载 Intel Core i5 或 Intel Core i7 处理器，内存大小为 4 ~ 8 GB，存储空间为 500 GB ~ 1 TB 不等。

5. 接口与扩展性

交互式智能平板通常配备多种接口，涵盖 HDMI、USB、音频、视频等，便于连接其他设备。如鸿合 HiteVision 交互式智能平板配备 HDMI 2.0 接口、USB 3.0 接口等。

6. 其他功能

部分交互式智能平板具备其他特色功能，如无线投屏、远程会议、手写识别、多媒体播放等。例如鸿合 HiteVision 交互式智能平板支持无线投屏、手势控制、多任务处理等功能。

三、交互式智能平板的选购注意事项

在智能办公领域，交互式智能平板凭借高效、便捷等特性日益受到市场青睐，市场上的品牌越来越多，这也给选购交互式智能平板增加了难度。一方面，用户对交互式智能平板的了解不够深入；另一方面，市面上交互式智能平板的品牌众多，质量参差不齐。因此，在选购交互式智能平板前，需要关注以下几点。

1. 屏幕

当前，交互式智能平板大多采用 LCD，其由液晶单元构成。LCD 对清晰度的要求极为严格，显示效果自然，长时间观看不易使人产生疲劳感。

2. 分辨率

市面上常见的交互式智能平板分辨率有三种，分别是 1 080 P、2 K 和 4 K。1 080 P 表示分辨率为 1 920 dpi × 1 080 dpi，2 K 表示分辨率为 2 560 dpi × 1 440 dpi，4 K 表示分辨率为 3 840 dpi × 2 160 dpi。通常情况下，分辨率越高，画面越清晰。

3. 触摸技术

目前，市面上主流的交互式智能平板的触摸方式有红外、电容和电磁三种。

红外触摸屏不受电流、电压和静电等因素干扰，具备良好的防爆、防尘性能，使用寿命长，尤其适用于大尺寸屏幕。不过，它易受到强红外线、强电磁性物体的干扰。

电容式触摸屏支持多点触控，在防尘、防水、耐磨等方面表现出色，并且由于其基于人体电流感应的工作原理，不易产生误触现象。但该技术存在因反光导致色彩失真的问题。

电磁式触摸屏具有高透光率和高分辨率的优势，反应灵敏，识别精准度高。然而，操作时必须借助电磁笔。

4. 交互技术

交互技术是交互式智能平板的核心所在，高灵敏度是一款优质交互式智能平板必备的性能。判断交互式智能平板是否灵敏，可以直接在交互式智能平板上进行书写操作，观察其反应速度。

5. 尺寸选择

交互式智能平板的尺寸应依据企业的实际需求来确定，例如，会议室的空间大小、开会人数、使用场景以及预算等因素。一般来说，交互式智能平板的尺寸越大，价格越高。

6. 品牌服务

购买产品在很大程度上就是购买服务。判断一个品牌的优劣，售后服务是关键的考虑因素。可以从售前咨询质量、是否提供送货上门与免费安装服务、产品的质保年限以及官方售后电话的响应速度等多个方面进行综合考虑。

一、明确选购目标

1. 交互式智能平板需满足会议、教学场景的功能要求。
2. 交互式智能平板的分辨率需达到 2 048 dpi × 1 080 dpi。
3. 交互式智能平板应支持人体直接触摸操作。
4. 交互式智能平板的交互性能良好，操作便捷。
5. 交互式智能平板应具备网络连接功能。
6. 售后服务便捷，品牌信誉度高。

二、市场调研及网络调研

在通过分析明确选购目标后，接下来要对具体品牌和型号展开调研，挑选功能匹配且价格合适的机型作为购买对象。调研途径包括实地走访市场和利用互联网进行信息收集，并将获取的信息记录在表 7-1-1 中。经过对比分析，最终确定选定的型号。

表 7-1-1　智能式交互平板的调研信息

品牌	型号	主要功能及特点	购买渠道	价格	评价

小王按照教务处处长的安排，为学校教室安装一台交互式智能平板用于辅助教学，其具体要求如下。

1. 配备 4 K（3 840 dpi × 2 160 dpi）高清屏。

2. 屏幕尺寸为 55 寸或 56 寸，默认显示分辨率为 2 K（2 560 dpi × 1 440 dpi）。

3. CPU 为 i5 以上配置，内存为 8 GB，具备 128 GB 固态硬盘。

4. 内置高、中、低不同类型的扬声器。

5. 支持多种文档格式和无线传屏功能，能实现手机、平板计算机、台式计算机之间的互动。

6. 支持多人同时进行互写操作。

7. 价格在 5 000 元左右。

按要求挑选三种交互式智能平板，将各种交互式智能平板的技术参数填写至表 7-1-2 中，以协助该客户选购符合需求的设备。

表 7-1-2　各种交互式智能平板的技术参数

相关设备参数	备选设备 1	备选设备 2	备选设备 3
参考价格			
品牌			
型号			
……			

任务 2　安装交互式智能平板

1. 了解交互式智能平板各部件的名称及功能。
2. 了解交互式智能平板的安装注意事项。
3. 能按照安装规范，正确安装交互式智能平板。

小王经过市场调研，建议公司购买一台鸿合 HiteVision 交互式智能平板。该平板送到公司后，产品设计部门准备用该平板为领导展示新设计的产品，小王要先安装交互式智能平板，于是打开包装箱，准备按照产品说明书进行安装。

一、交互式智能平板各部件的名称及功能

鸿合 HiteVision 交互式智能平板的各部件如图 7-2-1 所示，其名称见表 7-2-1。

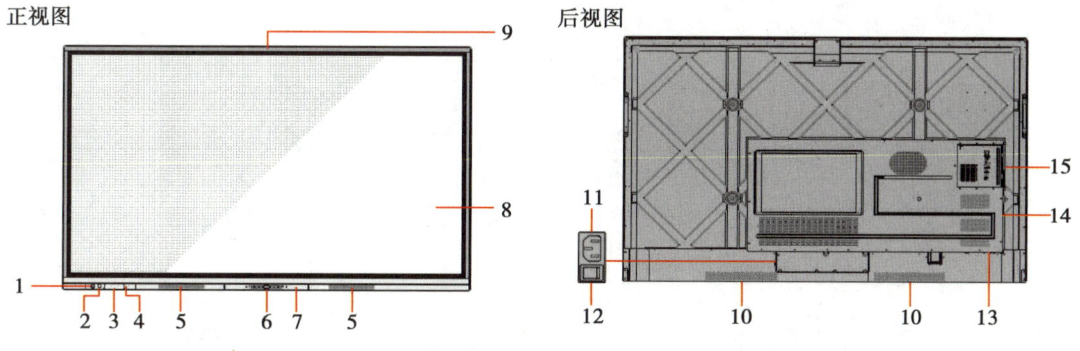

图 7-2-1　鸿合 HiteVision 交互式智能平板的各部件

表 7-2-1　鸿合 HiteVision 交互式智能平板各部件的名称

序号	名称	序号	名称
1	电源键	9	前置摄像头（选配）
2	红外窗 / 感光窗	10	后置扬声器孔
3	前置端子	11	电源插座接口
4	无线对码窗	12	电源开关
5	前置扬声器孔	13	后置右下端子
6	前置按键	14	后置右侧端子
7	内置 Wi-Fi 天线	15	内置计算机接口
8	屏幕	—	—

1. 前置按键

鸿合 HiteVision 交互式智能平板的前置按键如图 7-2-2 所示。各按键的名称和功能见表 7-2-2。

图 7-2-2　前置按键

表 7-2-2　前置按键的名称和功能

名称	功能
护眼	1. 短按：开启或关闭护眼功能 2. 长按：启用一键录屏功能
关闭窗口	1. 短按：关闭当前窗口 2. 长按：长按 10 s 可恢复出厂设置
音量 -	1. 短按：依次减小音量，音量按一下减小一格 2. 长按：显示音量进度条，持续减小音量
主页	1. 短按：进入系统主页 2. 长按：开启 / 关闭童锁
音量 +	1. 短按：依次增大音量，音量按一下增大一格 2. 长按：显示音量进度条，持续增大音量
触控开关	1. 短按：打开或关闭屏幕触控功能 2. 长按：长按 2 s 打开或关闭童锁
多任务	进入多任务界面

提示

1. 打开触控开关后，用户可以在触控屏幕上书写。
2. 开启护眼功能后，通过降低色温，减少对视力的伤害。
3. 不同产品型号的交互式智能平板的前置按钮可能会有所差异。

2. 前置端子

鸿合 HiteVision 交互式智能平板的前置端子如图 7-2-3 所示，其各部分名称及功能见表 7-2-3。

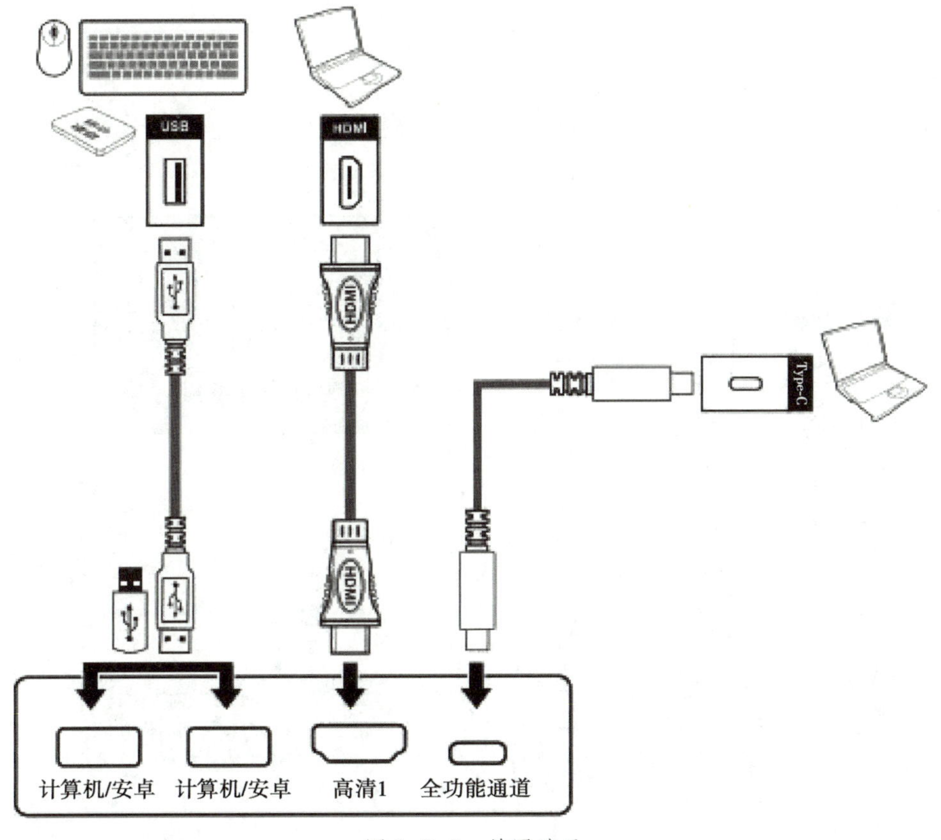

图 7-2-3 前置端子

表 7-2-3 前置端子的各部分名称及功能

名称	功能
高清 1	高清信号输入端口 1：采用 HDMI 1.4 接口，与后置触控端口配合使用，能以触控方式操作计算机

续表

名称	功能
计算机 / 安卓	1. 计算机 / 安卓 Public USB 端口：在 OPS 模式下为 USB 3.0 标准，在安卓系统下为 USB 2.0 标准，用于连接内置计算机或者安卓系统的 USB 端口 2. 外置计算机连接后置 Type-B 接口的情况下，该接口可识别所插入的 USB 2.0 设备
全功能通道	1. 全功能 Type-C 接口 2. 只支持 5 V/1 A 充电规格 3. 能进行音视频、触控信号及文档等数据的传输 4. 无论是安卓系统还是 OPS 系统，均可识别 USB 2.0 设备
计算机 / 安卓 Type-C	1. 保留 USB 2.0 功能 2. 无论是安卓系统还是 OPS 系统，均可识别 USB 3.0 设备

3. 后置端子

鸿合 HiteVision 交互式智能平板的后置端子较多，如图 7-2-4 所示，其功能各不相同，各部分名称及功能见表 7-2-4。

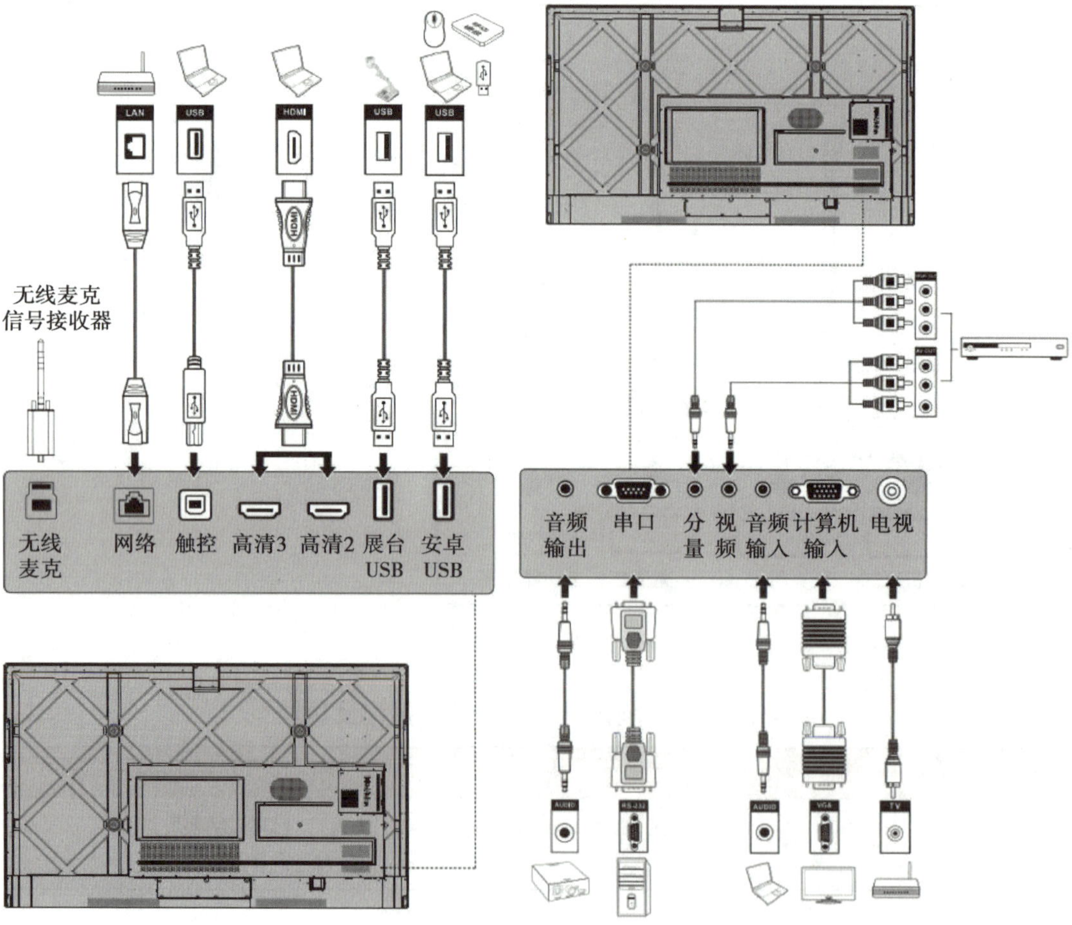

图 7-2-4　后置端子

表 7-2-4　后置端子的各部分名称及功能

名称	功能
无线麦克	麦克风输入端口，可连接无线扩展坞
网络	网络端口，连接有线网络后，安卓和 OPS 系统均可实现上网功能，用户还可以通过网络远程唤醒屏幕
触控	用于连接计算机的触控端口
高清 3	高清信号输入端口 3，与触控端口配合，可实现以触控方式操作计算机
高清 2	高清信号输入端口 2，与触控端口配合，可实现以触控方式操作计算机
展台 USB	交互式智能平板连接展台的 USB 端口
安卓 USB	安卓系统专用的 USB 端口
音频输出	音频输出端口
串口	串口信息输入端口，可通过特定串口控制设备输入串口通信协议，以达到控制交互式智能平板的目的
分量	用于交互式智能平板连接 DVD 的分量端口
视频	用于交互式智能平板连接 DVD 的 AV 端口
音频输入	音频输入端口，与计算机输入端口配合使用
计算机输入	VGA 信号输入端口，与触控端口配合，可实现以触控方式操作计算机
电视	用于交互式智能平板连接电视盒子或电视同轴线

提示

交互式智能平板的产品型号不同，端子类型可能会有所差异。

4. 遥控器及按键

鸿合 HiteVision 交互式智能平板的遥控器如图 7-2-5 所示，各按键的名称和功能见表 7-2-5。

图 7-2-5　遥控器

表 7-2-5　遥控器各按键的名称和功能

名称	功能	名称	功能
⏻	开机或待机	高清 1	切换到“高清 1”信号源
⛶	截取屏幕	高清 2	切换到“高清 2”信号源
🔇	静音或取消静音	高清 3	切换到“高清 3”信号源
🎧	开启 / 关闭单独听功能	内置计算机	切换到“内置计算机”信号源
∧/∨	上 / 下方向选择键，在 TV 模式下可切换频道	VGA 计算机	切换到“VGA 计算机”信号源
</>	左 / 右方向选择键	全功能通道	切换到“全功能通道”信号源
确认	确认键	童锁	打开或关闭童锁功能
↶	返回上级菜单	屏显	显示当前信号源，在安卓系统下不显示

续表

名称	功能	名称	功能
	短按进入简课堂	分辨率	切换接入计算机的分辨率
	音量减小	白板	打开白板软件
	音量增大	护眼	打开或关闭护眼功能
	在安卓系统下打开系统设置页面；在电视信号源下打开电视信号源菜单	自动	在“VGA 计算机”信号源下可自动调整屏幕显示

提示

遥控器的使用范围是在接收器前大约 5 m，两侧大约 30° 角的区域。

二、交互式智能平板的安装注意事项

1. 人员要求

鸿合 HiteVision 交互式智能平板的安装过程较为复杂，因此，要求负责安装与维护该平板的人员先接受相关培训，在掌握正确的操作方法并充分了解相关的安全注意事项后，方可安装、操作和维护该平板。

2. 人身安全

鸿合 HiteVision 交互式智能平板的工作电压为 220 V，无论是直接接触电源还是通过潮湿物体间接接触电源，都可能带来致命危险。不规范、不正确的操作，极有可能引发火灾或电击等意外事故。在给平板接通电源之前，务必确保平板先接地，否则会对人身及平板安全构成威胁。

3. 设备安全

安装鸿合 HiteVision 交互式智能平板时，需要对平板接地的有效性进行电气连接检查，确保供电线路已实现可靠接地。

4. 安装注意事项

（1）平板需安装在清洁、检修方便和易于通风、散热的位置。

（2）安装时需保证显示区域的长边呈水平或垂直状态。

（3）禁止将平板放置于强电、强磁场直接作用的环境中。

（4）避免将平板安装在易产生噪声和振动的位置。

（5）不要将平板放置在条件恶劣的场所中，如油烟浓重、风沙较大、环境潮湿、阳光直射或存在高温热源的地方。

（6）防止阳光直射平板的屏幕，避免逆光观看平板。

（7）禁止将平板放置在其他可能影响其正常运行或可能引发危险的地方。

三、交互式智能平板的安装规范

1. 安装环境的要求

鸿合 HiteVision 交互式智能平板的整个安装过程必须符合平板的要求，严禁在图 7-2-6 所示的环境中安装平板。

图 7-2-6　安装环境的要求

2. 安装方向的要求

安装时，请确保平板垂直安装，具体可参照图 7-2-7 所示。若安装角度偏差过大，可能会导致屏幕玻璃脱落，甚至造成平板倒塌。

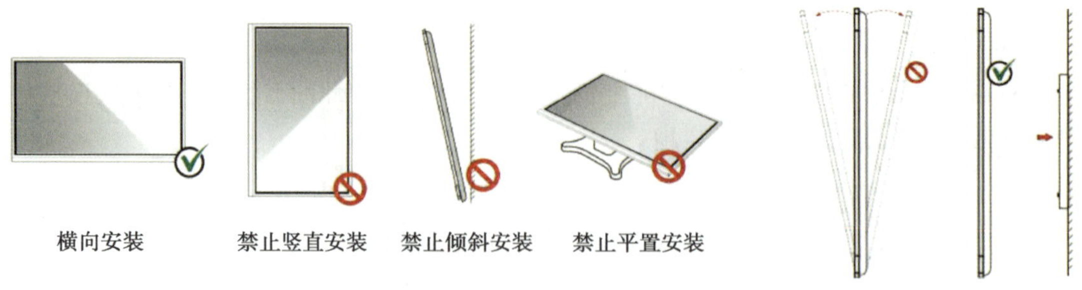

图 7-2-7　安装方向的要求

一、拆开包装检查

仔细核对外包装标注的型号与所需型号是否一致，同时检查包装箱是否存在撞击导致的破损痕迹；拆除纸箱包装及内部包装后，查看平板是否完好无损，核对配件是否齐全。

如果发现外包装箱有明显的异常，或者产品型号并非所需型号，应立即联系售后人员。不同型号的配件可能存在差异，因此，在检查配件时应加以留意。

二、安装内置计算机

内置计算机接口必须与交互式智能平板的接口对应，安装过程中严禁暴力操作。鸿合 HiteVision 交互式智能平板支持标准和非标准计算机的安装。内置计算机的安装按照以下步骤进行。

1. 用手逆时针拧出螺钉，将内置计算机遮挡盒拆下，操作方式可参考图 7-2-8。

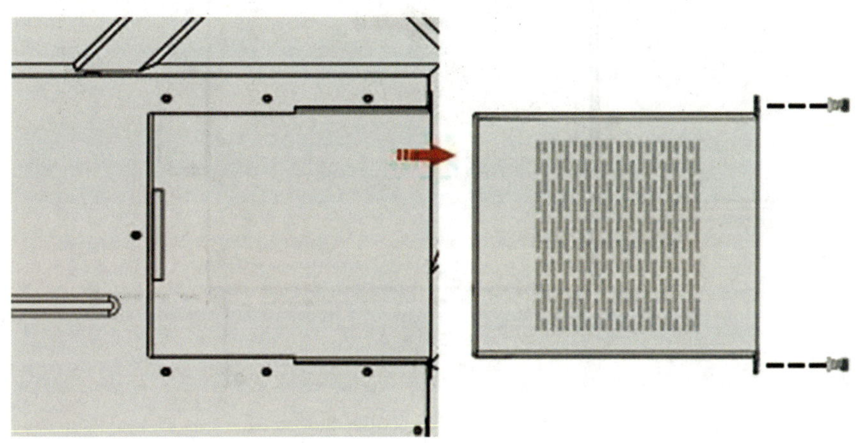

图 7-2-8　拆下内置计算机的遮挡盒

2. 将内置计算机插入交互式智能平板后方的专用卡槽内，具体位置及插入方式如图 7-2-9 所示。

3. 上下拧紧螺钉，完成内置计算机的安装，如图 7-2-10 所示。

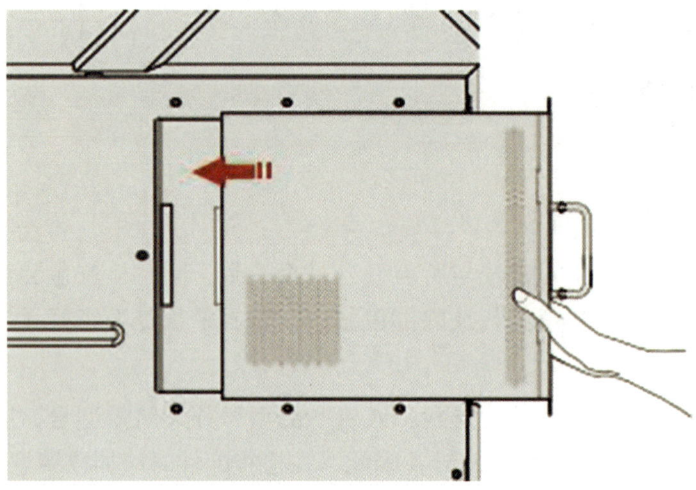

图 7-2-9　插入内置计算机

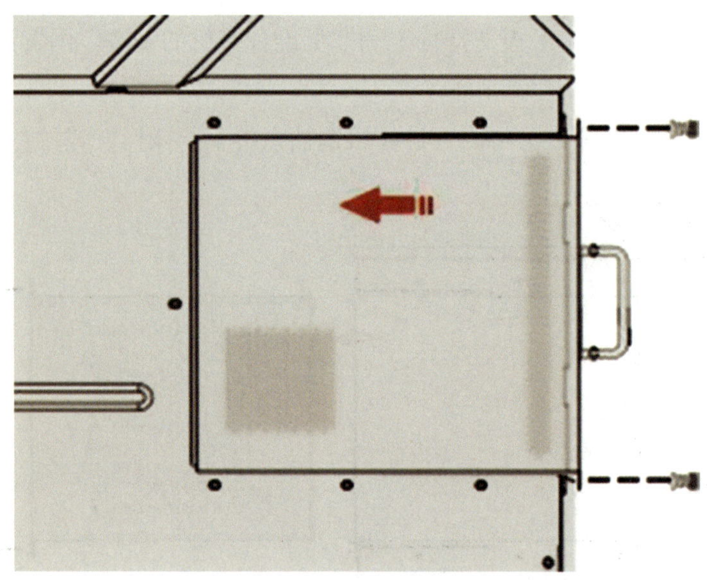

图 7-2-10　完成内置计算机的安装

提示

内置计算机为非必要配置项，如果平板配置有内置计算机，严禁热插拔，必须在确定断掉交互式智能平板电源后，方可进行计算机的插拔操作。

安装内置计算机后，若出现画布花屏、闪屏或无信号等现象，表明内置计算机未安装到位，请检查并重新安装。

三、安装交互式智能平板

交互式智能平板通常有两种安装方式：一种是壁挂式安装，另一种是移动式安装，如图 7-2-11 所示。

a）　　　　　　　　　　　　b）

图 7-2-11　交互式智能平板的安装方式
a）壁挂式安装　b）移动式安装

1. 壁挂式安装

采用壁挂式安装方式安装交互式智能平板时，若安装面为建筑物的墙壁或屋顶，安装面必须为实心砖、混凝土材质或具备与其等效强度的其他材质；若平板镶入墙内或箱体内，除满足上述安装面强度要求外，底部、侧面、顶部通风孔的总面积不得小于密封部分面积的 50%，且保持空气流通。

用金属膨胀螺钉将墙板牢固可靠地安装在选定的墙壁上，确保钻孔后的墙壁与螺钉之间有足够的连接强度。挂条出厂时已经预先安装在交互式智能平板上，挂墙前需检查挂条是否牢固地锁定在交互式智能平板的背面，如图 7-2-12 所示。

完成检查后，将固定在交互式智能平板上的挂条挂到墙板上，安装完毕，连接好电源线和信号线。

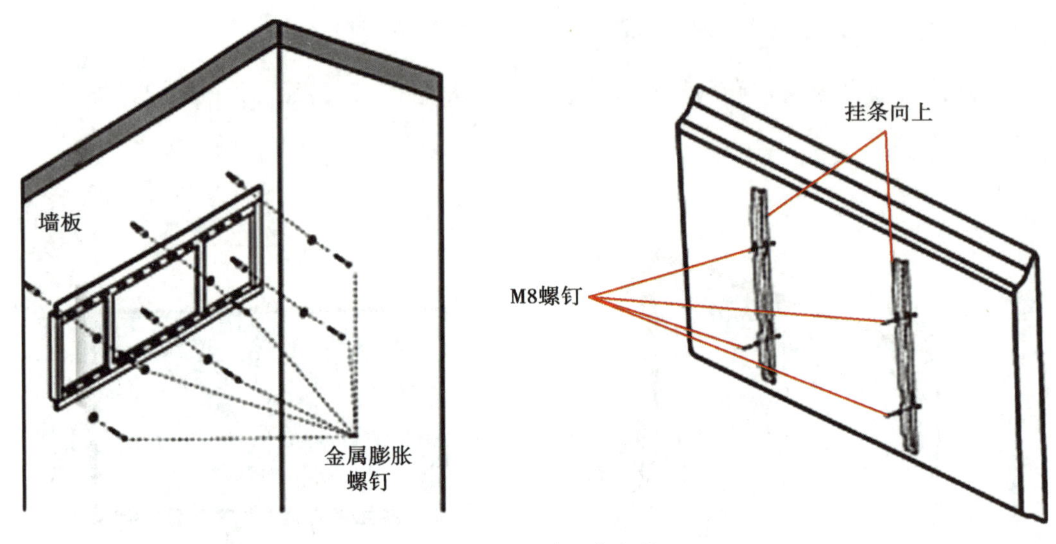

图 7-2-12　壁挂式安装

提示

打孔前，应确保墙体中没有走线，避免打孔过程中破坏线路，导致触电事故；安装时，使用水平仪精确调整墙板位置，以保证安装位置处于水平状态；确保安装墙面为混凝土墙面或足够厚的木柱子，墙体的承载能力保证不低于平板实际承载重量的 4 倍；禁止安装在空心墙板或者装饰性非承重纸板上。

在安装时，至少需要两人协作，严禁单人独自安装。

2. 移动式安装

采用移动式安装方式安装交互式智能平板时，应选用厂家指定的挂架，其承载能力应不低于本产品重量的 4 倍，移动式安装操作相对简便，可参考产品说明书进行。

四、开机检测

保持交互式智能平板开关处于 OFF 状态，连接好交互式智能平板的供电电源线。

按照产品说明书要求，连接好现场所有需要和交互式智能平板连接的信号线，常见的信号线一般包括外接音视频线、网线、HDMI 线、VGA 线等。

所有线接好后，将交互式智能平板的开关拨至 ON 状态，检查交互式智能平板指示灯是否亮起，并按下开机键进行开机操作，检查交互式智能平板是否能正常开机并显示画面。

五、进行功能测试

交互式智能平板正常开机后，选择进入“内置计算机”信号源，启动鸿合交互教学软件或安卓白板软件，确认书写、触控功能是否正常。

对交互式智能平板的按键及遥控器进行切换测试，检查各信号源是否正常。同时，使用交互式智能平板播放一段视频，以判断音视频信号是否稳定，平板是否正常工作。

某学校教务处购置了一台海康威视 DS-D5ABKY2D-S 型交互式智能平板，如图 7-2-13 所示，用于办公室日常会议使用，请按照以下要求，完成该交互式智能平板的安装和检测工作。

图 7-2-13　海康威视 DS-D5ABKY2D-S 型交互式智能平板

1. 打开包装箱，对照产品说明书，仔细检查包装箱内的附件是否和产品说明书中所列一致。

2. 按照产品说明书，了解交互式智能平板各个部件的名称和功能。

3. 按照产品说明书，采取移动方式安装交互式智能平板（包括内置计算机）。

4. 为已安装好的交互式智能平板连接对应的供电电源线与信号线等。

5. 对安装完成的交互式智能平板进行开机检测和功能检测。

任务 3　使用交互式智能平板

1. 能快速启动交互式智能平板。
2. 能使用交互式智能平板的白板。
3. 能设置交互式智能平板。
4. 能应用交互式智能平板。

在安装和调试好鸿合 HiteVision 交互式智能平板后，小王拿起产品说明书，准备学习一下如何使用该产品。

在会议场景中，交互式智能平板集成了投影仪、电子白板、幕布、音箱、电视机、计算机等诸多会议室办公设备，它不仅化繁为简，使会议室环境更为简洁舒适，而且不占用过多空间；同时，其高清晰度、高亮度、高对比度的显示特性，克服了传统投影仪在显示时对光线过多依赖的局限问题。交互式智能平板可以通过互联网实现会议现场音视频和屏幕书写内容的跨空间传输，完美实现远程视频会议。

在教学场景中，交互式智能平板的高清显示屏解决了投影仪前投光线刺眼的问题；其无“盲点”的完全触摸功能，配合全程互动的特性，使教学过程生动有趣；内置的海量物理、化学、IT 等教学资源，以及直观形象的展示方式，大大节省了教师的画图时间，更好地满足了学生对于知识的渴求。

常见的交互式智能平板具备以下功能。

1. 拥有无限大小的虚拟数字黑板，可任意拖动并延伸。

2. 可选择多种颜色、不同粗细的笔迹效果，可自由书写和擦除。

3. 手写内容可保存，后续可进行编辑、整理、打印和分发操作。

4. 支持图文混排，可预览并即时拖入 Microsoft Word、Microsoft PowerPoint、Microsoft Excel、图片等多个文件，使其在同一页面显示，还可进行标注、布局以及放大、缩小、拖动等操作，并可保存为统一格式。

5. 可在显示的计算机桌面或任意应用软件界面上进行手写标注，并以图片格式保存。

6. 具有计算机桌面活动图像录制和回放功能，录像文件采用通用的流媒体文件格式，便于分发和使用。

一、快速启动

1. 开机

开启鸿合 HiteVision 交互式智能平板，需按照以下步骤进行。

（1）使用交流电（电压范围为 100～240 V，频率为 50 Hz/60 Hz）作为鸿合 HiteVision 交互式智能平板的供电电源，将电源插头完全插入插座，并确保插座的地线连接稳固，如图 7-3-1 所示。

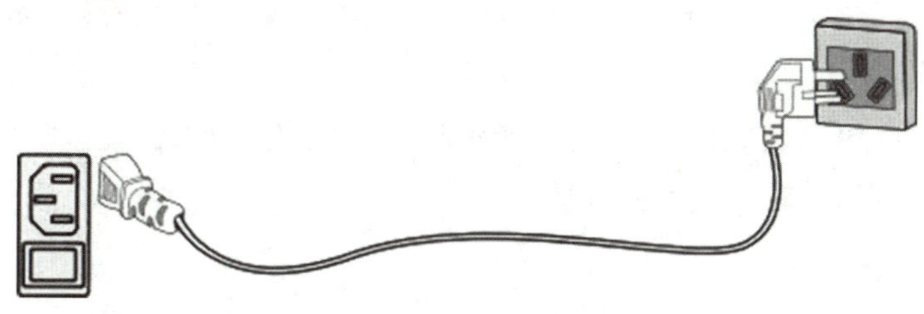

图 7-3-1　连接电源线

（2）接通电源，打开位于屏体后侧、电源插座接口旁的电源开关，如图 7-3-2 所示。此时平板进入待机状态，电源指示灯呈红色亮起。

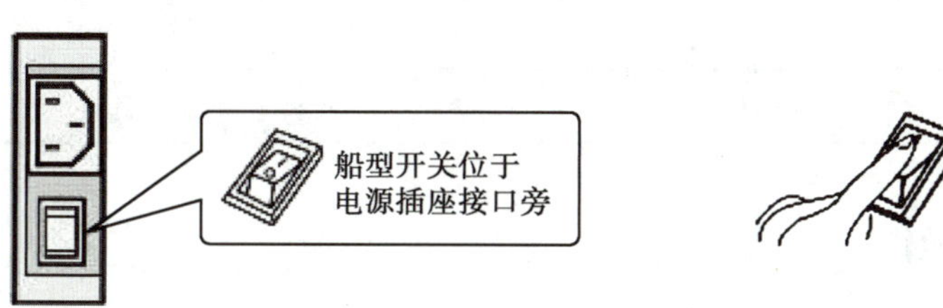

图 7-3-2　打开电源开关

（3）按下前置按键面板中的电源键●，如图 7-3-3 所示。或按下遥控器上的待机键⏻，即可启动交互式智能平板，此时内置计算机随交互式智能平板一同开启，电源

指示灯变为白色。

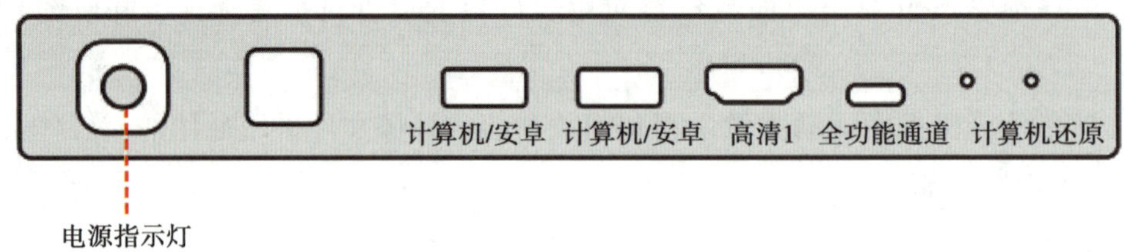

图 7-3-3 前置按键面板

2. 关机

关闭鸿合 HiteVision 交互式智能平板时，系统会先检测内置计算机是否已关闭。若内置计算机未关闭，系统先关闭内置计算机，再关闭交互式智能平板。交互式智能平板需先进入待机状态，之后再断开电源，意外停电可能会损坏平板；勿在短时间内反复开启和切断电源，以免引发故障，一般关机步骤如下。

（1）按下前置按键面板处的电源键或遥控器上的待机键，系统进入节能待机状态，电源指示灯显示为白色，再次短按电源键，系统退出节能待机状态，进入工作状态。

（2）长按前置按键面板处的电源键或遥控器上的待机键，系统进入关机状态，电源指示灯变为红色。

（3）如果用户想完全关闭交互式智能平板，需关闭交互式智能平板下方（电源插座接口旁边）的船型开关并拔出电源插头。

电源指示灯的状态见表 7-3-1。

表 7-3-1 电源指示灯的状态

电源指示灯	交互式智能平板的状态
不亮	断电
红	关机
白	开机 / 节能待机

二、基本操作

1. 介绍主页

鸿合 HiteVision 交互式智能平板开机后，若系统无外接信号源，就会自动进入主页界面。在任意界面按下遥控器或者前置按键面板上的“主页”键，同样可进入主页界面，如图 7-3-4 所示。主页各部分的名称及功能见表 7-3-2。

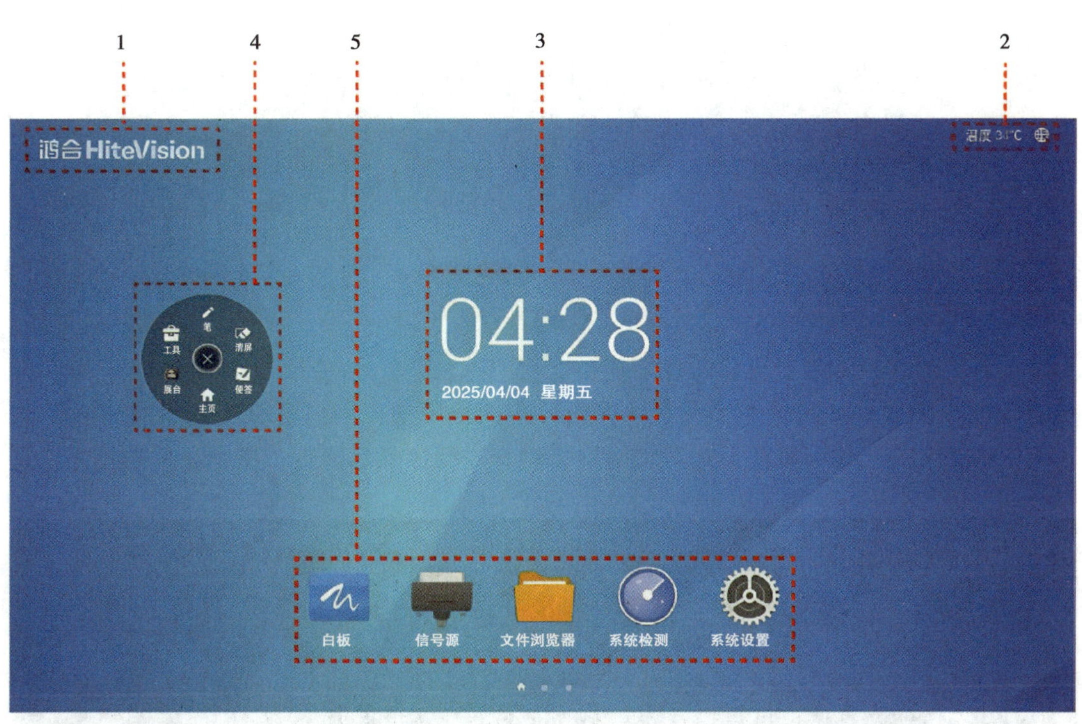

图 7-3-4　主页界面

表 7-3-2　主页各部分的名称及功能

编号	名称	功能说明
1	logo	企业标识
2	状态栏	检测并显示屏幕温度、网络状态等信息
3	时间和日期	显示当前时间和日期，单击可进入时间和日期设置界面
4	罗盘	默认显示笔、工具、展台、主页、便签和清屏这 6 个快捷应用程序
5	应用栏	默认显示“白板”“信号源”“文件浏览器”“系统检测”和“系统设置”应用程序。单击任一图标进入对应的应用程序界面。长按图标打开应用转换清单

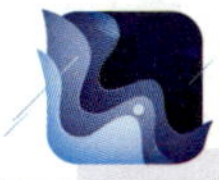

提示

长按应用栏内的任意图标，可调出应用转换清单，用手指在应用转换清单中左右滑动进行翻页查看，可根据需要单击应用，替换应用栏内的当前应用。

依次单击“系统设置”→“个性化设置”→“罗盘设置”→“自定义罗盘”进入罗盘自定义界面，用户可以根据自己的需要在罗盘应用列表中选择应用，替换罗盘内的当前应用。

成功连接网络后，网络状态图标会显示在主页界面右上角“屏幕温度”的旁边；无网络时，则显示无网络状态。

在主页界面，用手指向右滑动可切换至应用程序界面，用户可以通过手指左右滑动，在主页和应用程序界面之间进行切换。

2. 使用白板

单击“应用栏”或“更多应用”中的图标，或按下遥控器上的“白板”键，即可进入白板界面，如图 7–3–5 所示。在白板应用程序中，用户可以新建白板、选择批注笔的线形和颜色进行批注，还可以对白板内容进行擦除、清页、撤销、重做等操作。

图 7–3–5　白板界面

（1）新建白板

单击白板工具栏中的图标，即可新建空白白板页面，如图 7–3–6 所示。

图 7–3–6　新建白板

（2）选择线形 / 颜色

需要使用书写笔时，单击白板工具栏中的图标进入书写模式；再次单击图标，可以更改书写笔的类型、粗细和颜色，如图 7–3–7 所示。

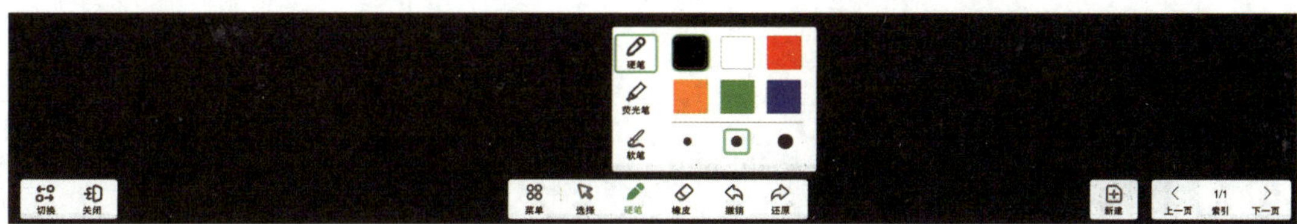

图 7-3-7　书写笔的线形和颜色设置

（3）设置橡皮

书写出现错误或擦除书写内容时，可通过单击白板工具栏中的图标选中橡皮擦，如图 7-3-8 所示。然后通过触控并在屏幕上移动，即可擦除白板上的笔迹，支持面积擦除和五指擦除。

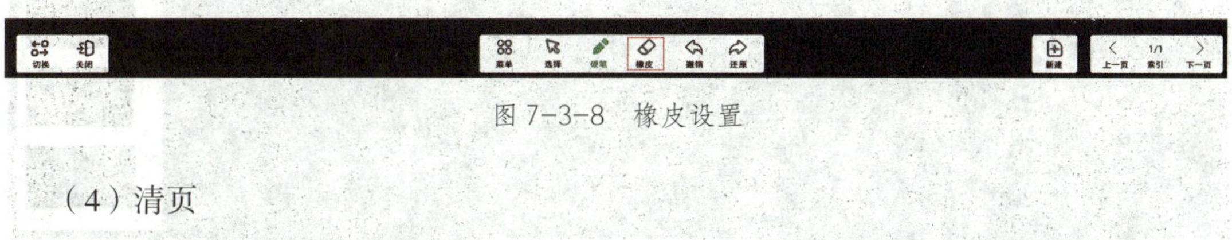

图 7-3-8　橡皮设置

（4）清页

再次单击图标，选择“清页”清除当前白板中的所有内容，如图 7-3-9 所示。

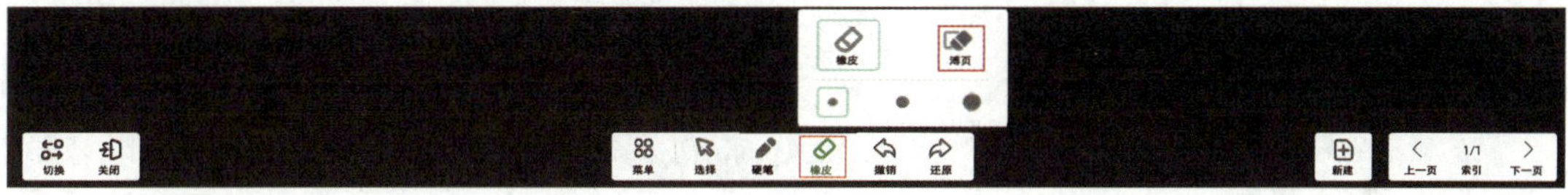

图 7-3-9　清页界面

（5）选择

单击白板工具栏中的图标，如图 7-3-10 所示，可对白板中的图片进行点选，选中的图片可通过拖动调整位置。

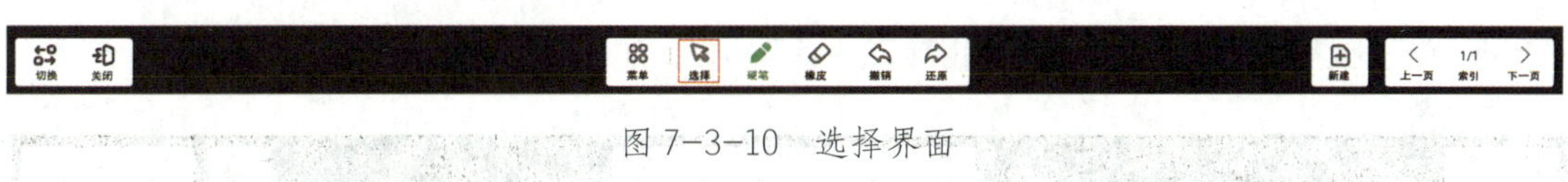

图 7-3-10　选择界面

（6）撤销

单击白板工具栏中的图标，如图 7-3-11 所示，可以撤销上一步操作。

图 7-3-11　撤销界面

（7）还原

单击白板工具栏中的图标，如图 7–3–12 所示，可以恢复已撤销的内容。

图 7–3–12　还原界面

（8）索引

单击白板下侧工作栏中的“索引”键，可以浏览所有已创建的白板页面，如图 7–3–13 所示，并可以选定和删除白板页面。

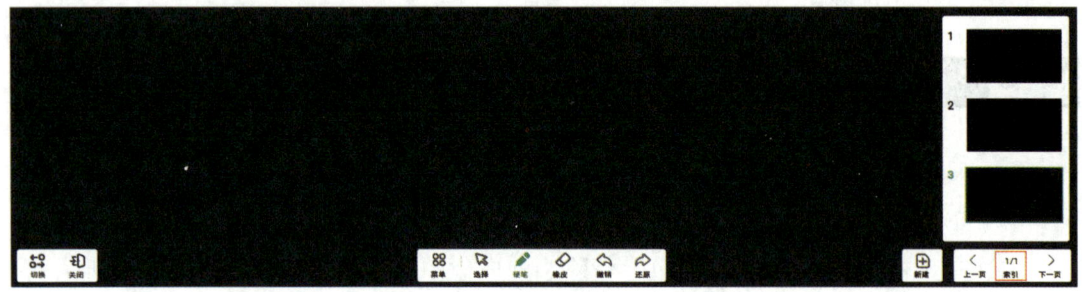

图 7–3–13　索引界面

（9）切换

单击白板工具栏中的键，如图 7–3–14 所示，可以切换白板主页面工具栏的排列方式，提升用户体验。

图 7–3–14　切换界面

（10）关闭

单击白板工具栏中的键，如图 7–3–15 所示，可以退出白板应用程序。

图 7–3–15　关闭界面

（11）菜单

单击白板工具栏中的图标，在展开的菜单栏中可选择插入、保存、分享和设置等操作，如图 7–3–16 所示。

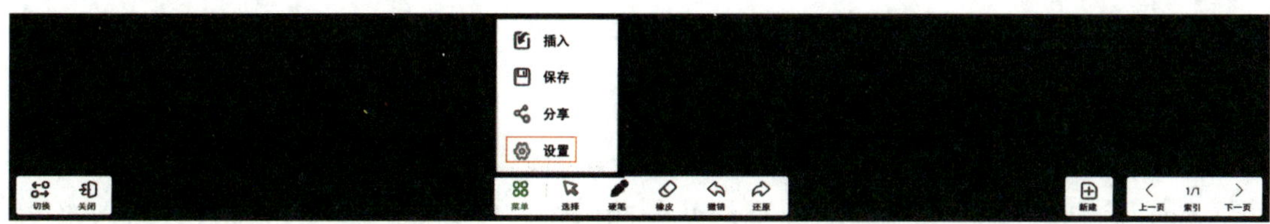

图 7-3-16　索引菜单

插入：可将本地文件或外接移动设备内的图片、视频、PDF 文件插入白板内。

保存：将当前白板内容保存为图片或 PDF 格式，文件将保存到“文件浏览器”中的“白板”文件夹下。

分享：单击后生成二维码，在手机端扫码可获取分享内容，默认分享当前页，选中所有页可分享白板的全部内容。

设置：可设置当前白板页面的背景颜色、背景底纹和底纹间距、自定义快捷键以及开启或关闭橡皮擦的面积识别功能。

3. 进行信号源操作

当鸿合 HiteVision 交互式智能平板需要连接外部信号源时，务必先连接对应的信号源接口，再按照以下步骤进入信号源界面。当无外接信号源时，信号源图标显示为灰色；外接信号源连接成功后，信号源图标会被点亮，此时可以单击信号源图标进入信号源浏览界面，如图 7-3-17 所示。

图 7-3-17　信号源界面

进入信号源界面的方式有如下两种。

（1）单击应用栏中的图标。

（2）单击快速调用菜单中的图标。

4. 浏览文件

单击应用栏中的图标，进入文件浏览界面，该界面会显示当前本地文件内容。如果交互式智能平板外接移动设备如 USB 存储设备、移动硬盘等，界面将优先显示该移动设备中的文件内容，如图 7-3-18 所示。此时可以单击图标切换至本地文件显示。

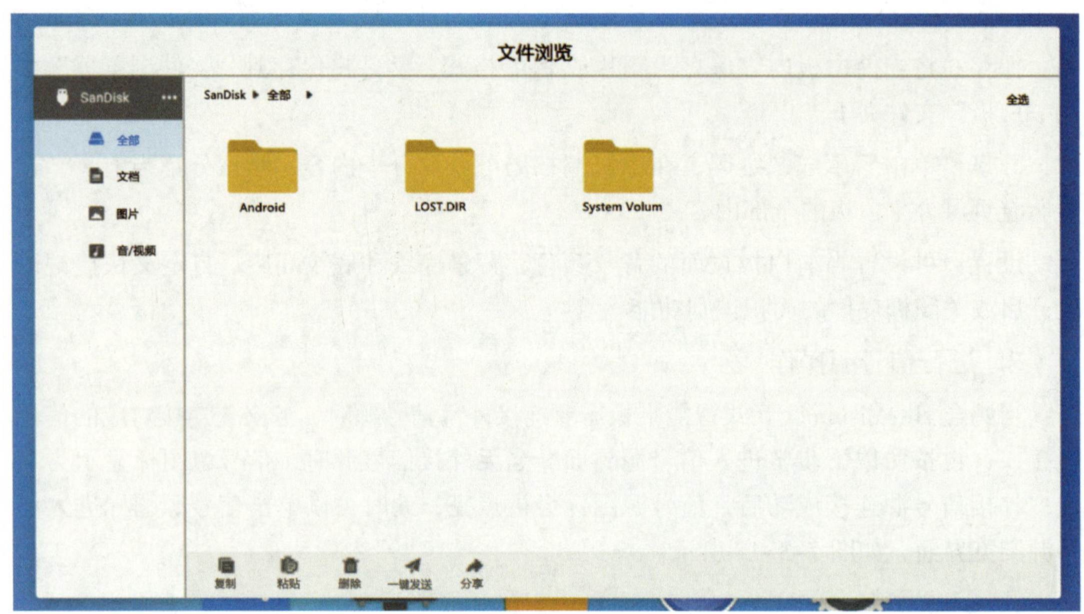

图 7-3-18　文件浏览界面

在文件浏览界面中还可以进行选择、复制、粘贴、一键发送、分享和删除等操作。

提示

本地文件比外接移动设备文件多了“白板”和“截屏”文件分类。

5. 进行系统设置

可以通过以下 4 种方式进入系统设置界面。

（1）单击主页界面中心的时间和日期区域。

（2）单击应用栏中的图标。

（3）单击快速调用菜单中的图标。

（4）按遥控器上的键。

系统设置界面显示“网络”“通用”和“更多”3 项子菜单，可以根据需要，单击对应的选项进行设置。单击系统设置界面外的区域，可退出系统设置界面。

6. 进行网络设置

在系统设置界面的“网络”子菜单中可查看网络状态信息，设置有线网络、无线网络和无线热点等，如图 7–3–19 所示。

图 7–3–19　网络设置界面

7. 进行通用菜单设置

在系统设置界面的“通用”子菜单中可对“声音和显示”“信号源”和“个性化”进行设置。

（1）声音和显示设置

在声音和显示设置界面中，如图 7–3–20 所示，可进行以下操作。

声音设置：开启或关闭设备静音，在关闭静音状态下，调节音量大小。

显示设置：设置显示屏的亮度，进入高级设置，可选择标准、明亮、鲜艳和自定义模式。

节能设置：设置待机模式，可开启或关闭黑板，关闭自动待机并设置间隔时间，开启或关闭无操作自动待机并设置等待时间。

护眼设置：开启护眼功能，可选择“柔光护眼”“亮度护眼”“书写护眼”和“光控护眼”等多种模式。

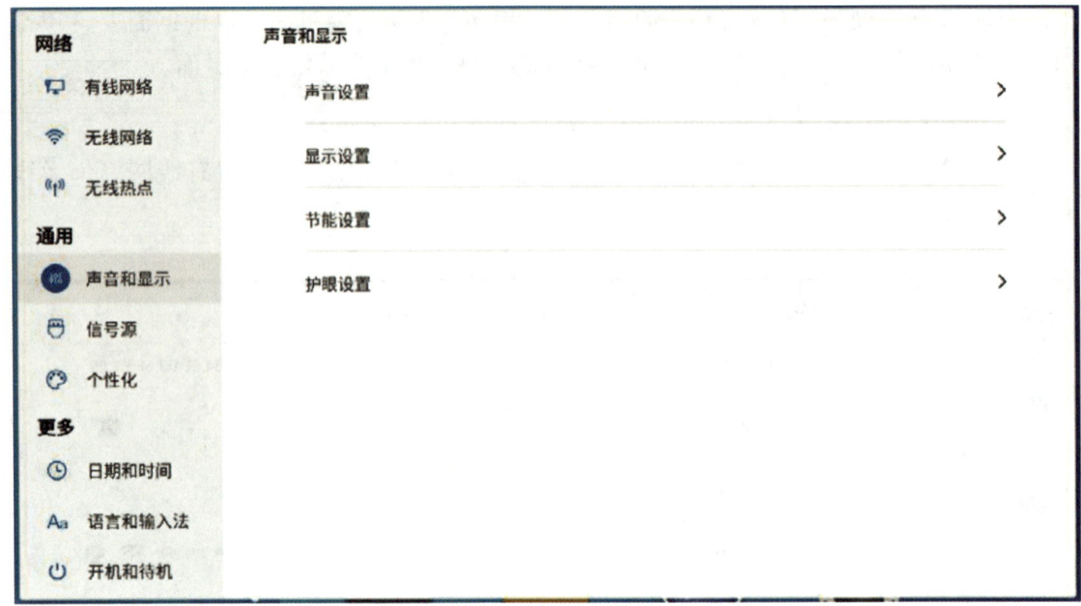

图 7-3-20　声音和显示设置界面

（2）信号源设置

在信号源设置界面可以进行以下操作：自定义设置信号源、设置是否自动进入新接信号源、计算机信号是否自动唤醒以及无信号时是否自动切换信号源等操作，如图 7–3–21 所示。

图 7-3-21　信号源设置界面

（3）个性化设置

在个性化设置界面可进行以下操作，如图 7-3-22 所示。

背景设置：设置是否在背景界面显示时间，以及设定系统背景图片。

罗盘设置：打开或关闭罗盘开关及罗盘动态开关，自定义罗盘图标。

快捷键设置：设置屏幕两侧快捷键的显示模式，系统提供了极简模式、经典模式和隐藏模式供选择。

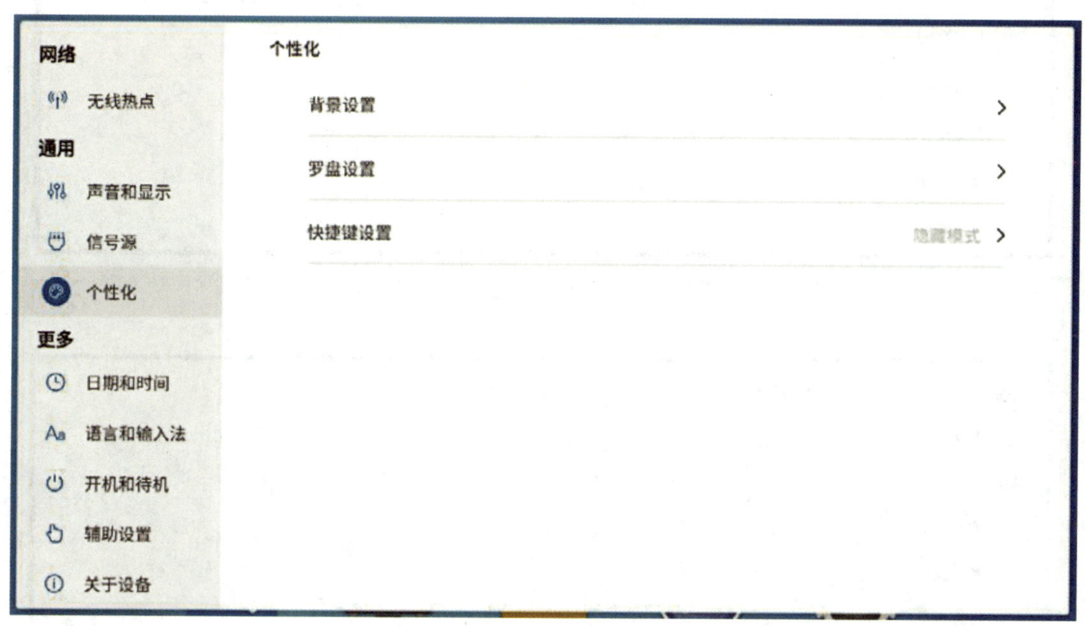

图 7-3-22　个性化设置界面

8．进行更多设置

在系统设置界面的“更多”子菜单中可对“日期和时间”“语言和输入法”“开机和待机”和“辅助设置”等进行设置。

（1）日期和时间设置

在图 7-3-23 所示的日期和时间设置界面中可以进行以下操作：自动设置开启或关闭日期和时间；在关闭自动设置界面上手动设置日期和时间；设定时间格式为 12 h 和 24 h 格式；设定倒计时时间。

（2）语言和输入法设置

可根据需要选择语言及输入法，当前可选语言为“简体中文”或“English”；可选的输入法为“HiteVision 输入法”或“Google 输入法”，如图 7-3-24 所示。

网络
高级设置
通用
声音和显示
信号源
个性化
更多
日期和时间
语言和输入法
开机和待机
辅助设置
关于设备
日期和时间
自动设置
设置日期 2021/4/26
设置时间 14:58
24 h 格式
倒计时

图 7-3-23　日期和时间设置界面

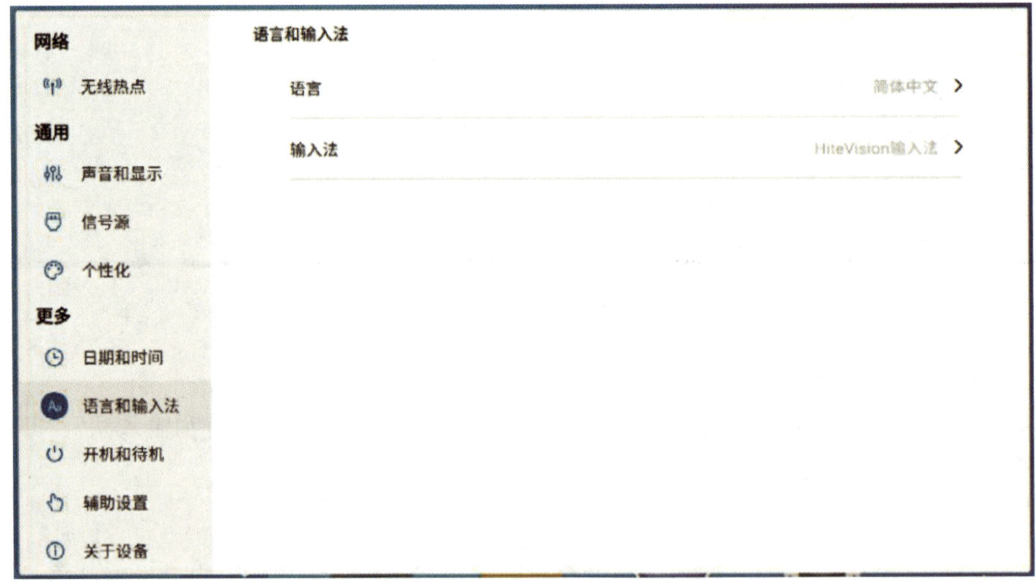

图 7-3-24　语言和输入法设置界面

（3）开机和待机设置

在开机和待机界面可以设置开机进入的信号源、内置计算机启动方式、开启或关闭远程开机的功能以及定时开关机，如图 7–3–25 所示。

（4）辅助设置

辅助设置界面如图 7–3–26 所示，可以进行以下操作。手势设置：开启或关闭三指息屏、双指长按呼唤罗盘或双击罗盘执行屏幕下移功能。标识设置：开启或关闭状态提示图标，例如，静音图标、童锁图标、触控图标。密码锁屏：设置 6 位数字锁屏密码，需牢记密码，若忘记密码则无法找回。

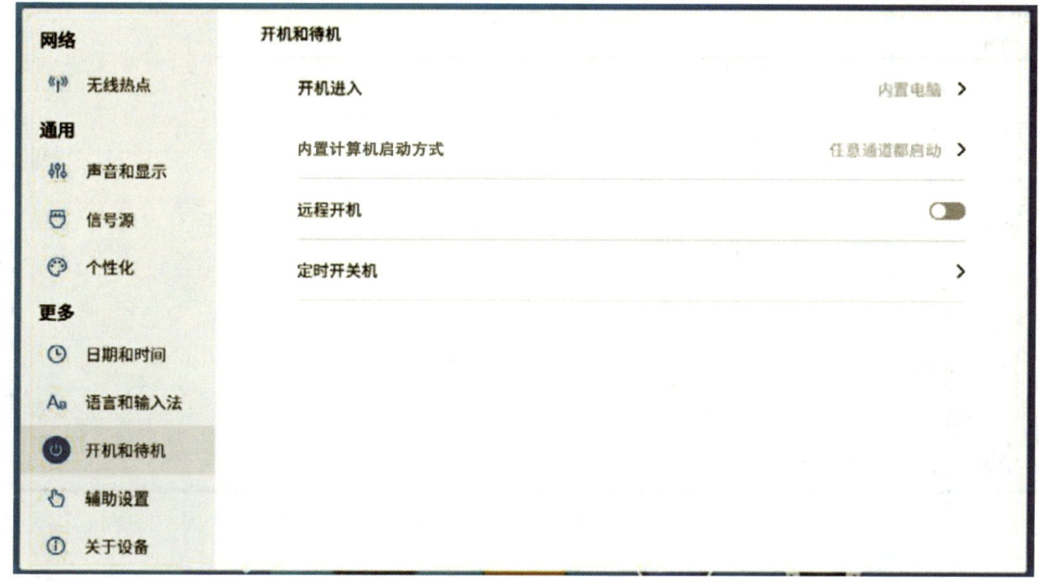

图 7-3-25　开机和待机设置界面

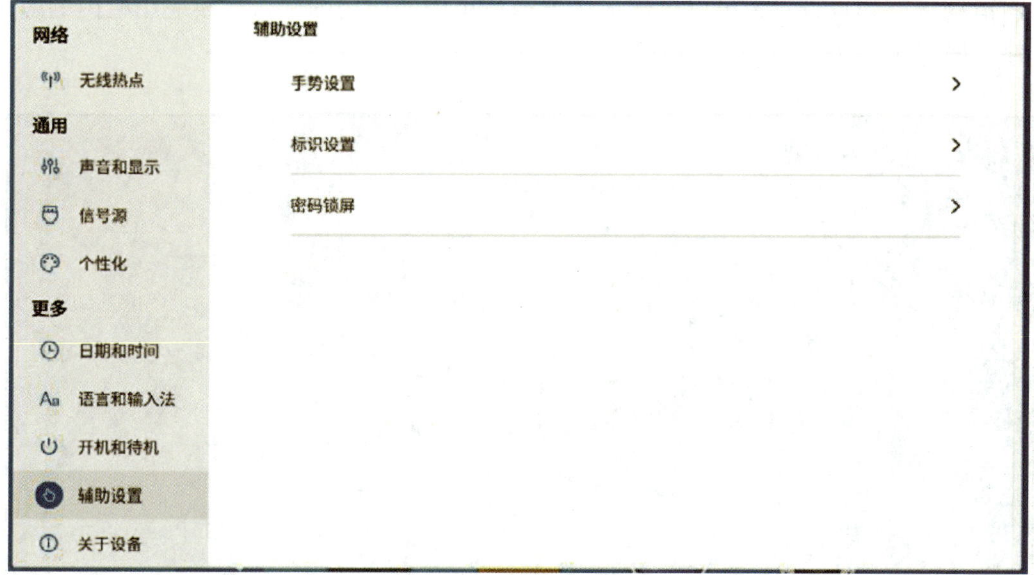

图 7-3-26　辅助设置界面

（5）关于设备

关于设备界面如图 7-3-27 所示，可以查看整机序列号、固件版本、版控版本、系

统版本、系统内存 / 存储，还可以对设备进行恢复出厂设置、系统更新等操作。

图 7-3-27　关于设备

9. 置换应用程序

长按应用栏中的任意图标，可调出“应用置换清单”。用手指在应用置换清单界面左右滑动进行翻页查看，可以单击应用置换清单中的应用图标，替换应用栏内的应用程序，如图 7-3-28 所示。

图 7-3-28　应用置换清单

10. 设置罗盘

在屏幕上单击图标（如果罗盘长时间不操作或单击了罗盘中间的，罗盘会变成该图标），就可以打开罗盘菜单，如图 7–3–29 所示。可以使用罗盘中的应用程序进行相应的操作，各应用程序的功能说明见表 7–3–3。

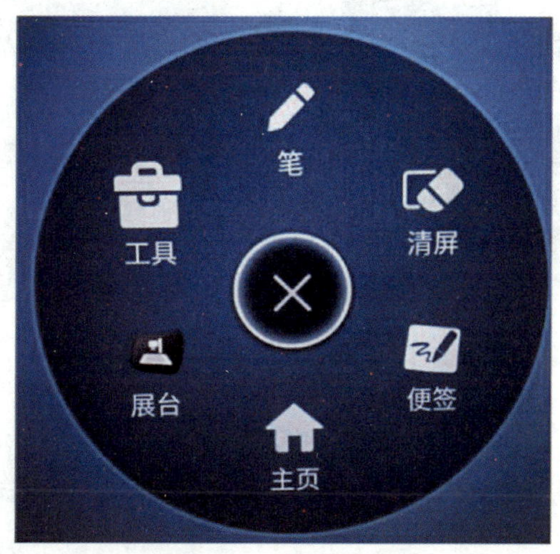

图 7–3–29　罗盘菜单

表 7–3–3　罗盘中各应用程序的功能说明

图标名称	功能说明
笔	单击该图标，进入笔模式（屏幕批注模式），此时罗盘图标切换成批注笔的类型和颜色图标
工具	单击该图标，唤出罗盘工具菜单，可根据需求在菜单中点选所需工具
展台	单击该图标，打开 Windows 应用程序展台
主页	在未安排内置计算机时，单击该图标返回安卓主页 在内置计算机信号源下，单击该图标进入计算机系统主界面
便签	单击该图标，打开便签应用程序
清屏	单击该图标，可清除屏幕上的批注

（1）进入笔模式

在罗盘中单击图标，即可进入笔模式，用户可选择批注类型和线条颜色进行批注。批注时，若需切换到安卓系统，可单击图标进入安卓界面操作，再次单击图标可返回笔模式，如图 7–3–30 所示。

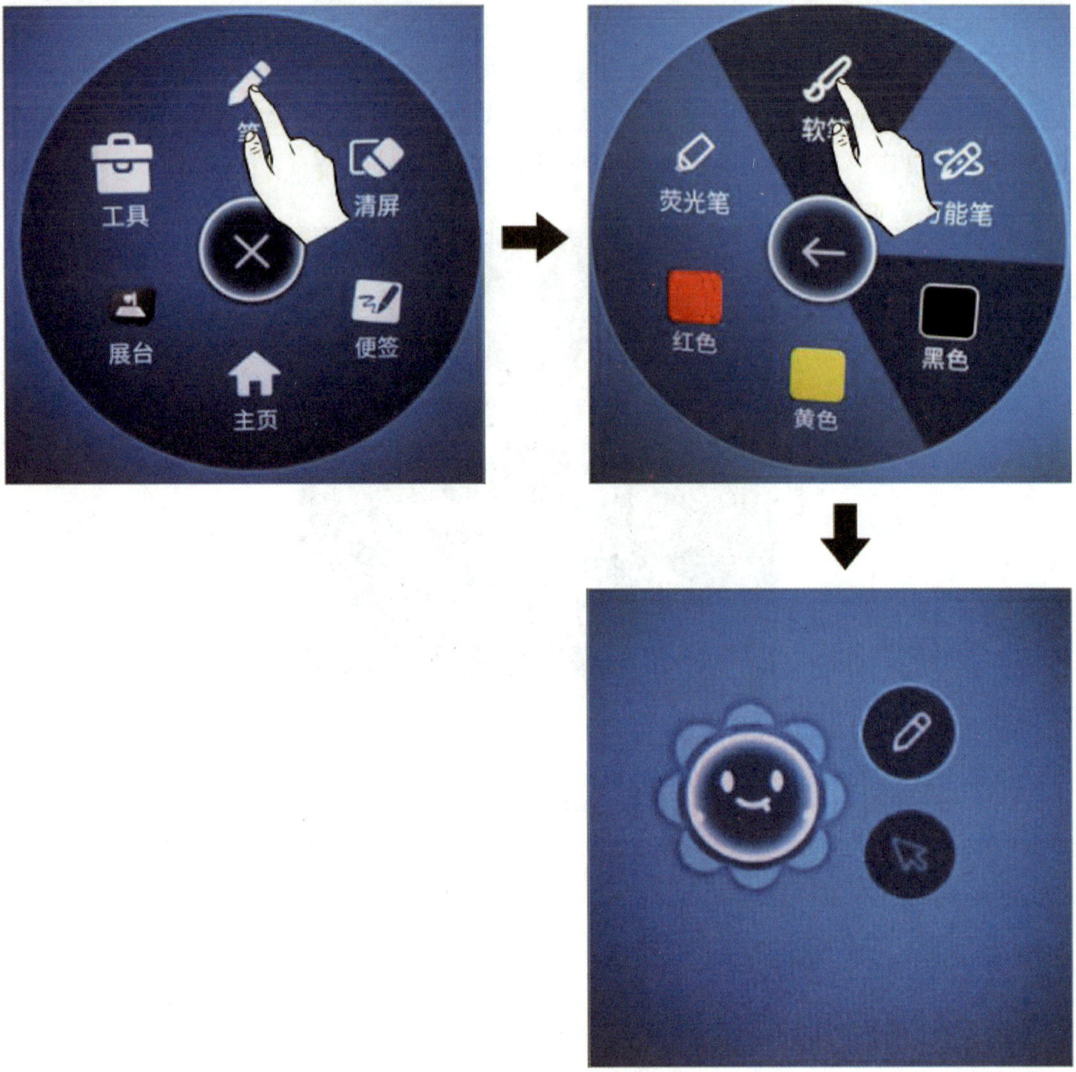

图 7-3-30　笔模式操作示意图

（2）进入工具模式

在罗盘中单击图标，进入罗盘工具菜单，如图 7-3-31 所示。

（3）自定义罗盘

罗盘菜单默认显示 6 个应用程序，可以根据需要在自定义罗盘界面中点选任意应用程序替换罗盘内的当前应用程序，操作如下。

1）依次单击“系统设置”→“通用”→“个性化”→“罗盘设置”→“自定义”，打开自定义罗盘界面，通过手指在界面右侧的应用列表处上下滑动，进行翻页查看，如图 7-3-32 所示。

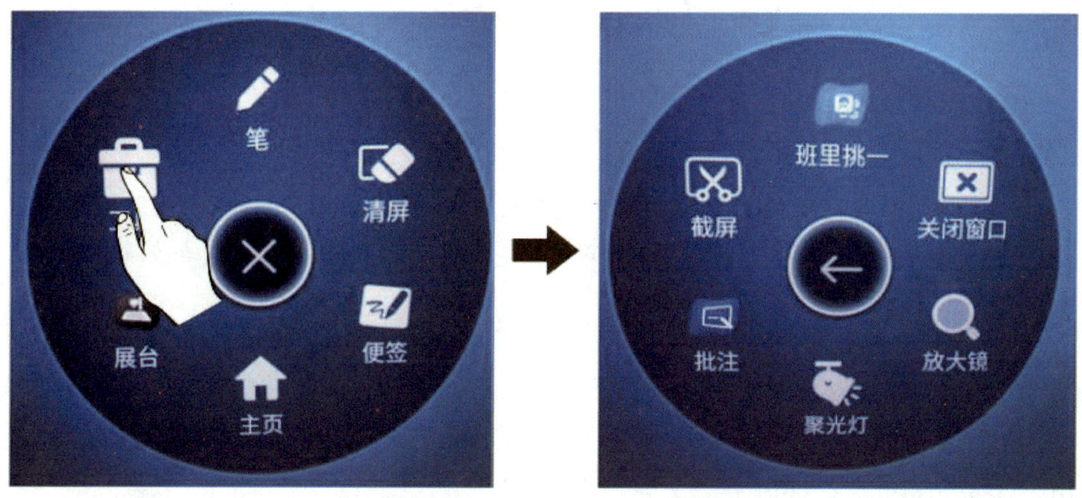

图 7-3-31　工具模式操作示意图

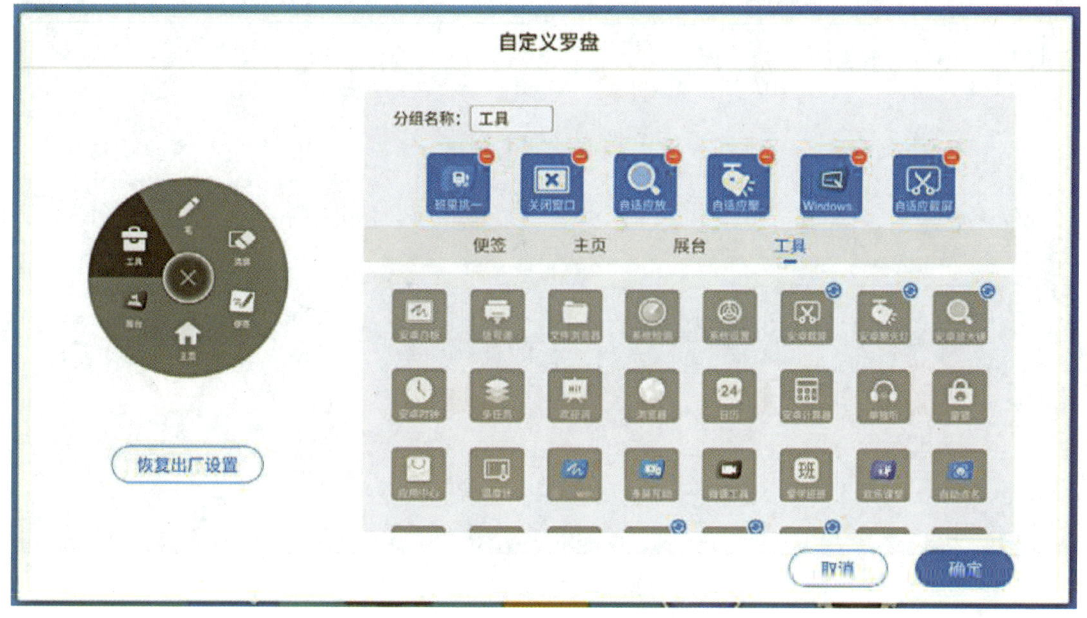

图 7-3-32　自定义罗盘界面

2）单击罗盘菜单中的选项，在右侧分组列表处显示此选项中包含的应用程序（批注应用除外）。图 7-3-32 中为选择“工具”选项，右侧显示的为“工具”选项上的应用。

3）在应用列表中单击所选应用右上角的⊕图标，将该应用添加到分组列表中；在分组列表中单击所选应用右上角的⊖图标，将该应用从分组列表中删除（每个分组中最多添加 8 个应用，最少包含一个应用）。

4）替换完成后，单击自定义罗盘界面下方的“确定”按钮，退出自定义设置。

提示

应用列表中的应用只有设置为当前应用，其图标才会显示在罗盘菜单中，单击可进入对应的应用程序，且罗盘中的批注功能不能被自定义替换。

11. 更多应用

在鸿合 HiteVision 交互式智能平板的主页界面，用手指向左滑动可进入“更多应用”界面，如图 7–3–33 所示。

图 7–3–33 “更多应用”界面

（1）截屏

在“更多应用”界面中单击图标，进入截屏模式界面，系统默认截取全屏，并将图片保存到“本地文件”→“screenshot”文件夹下，如图 7–3–34 所示。

（2）聚光灯

在“更多应用”界面中单击图标，启动聚光灯功能。聚光灯可以照亮屏幕的某个区域，使阅读者专注于被照亮的区域，从而提高展示效果，如图 7–3–35 所示。

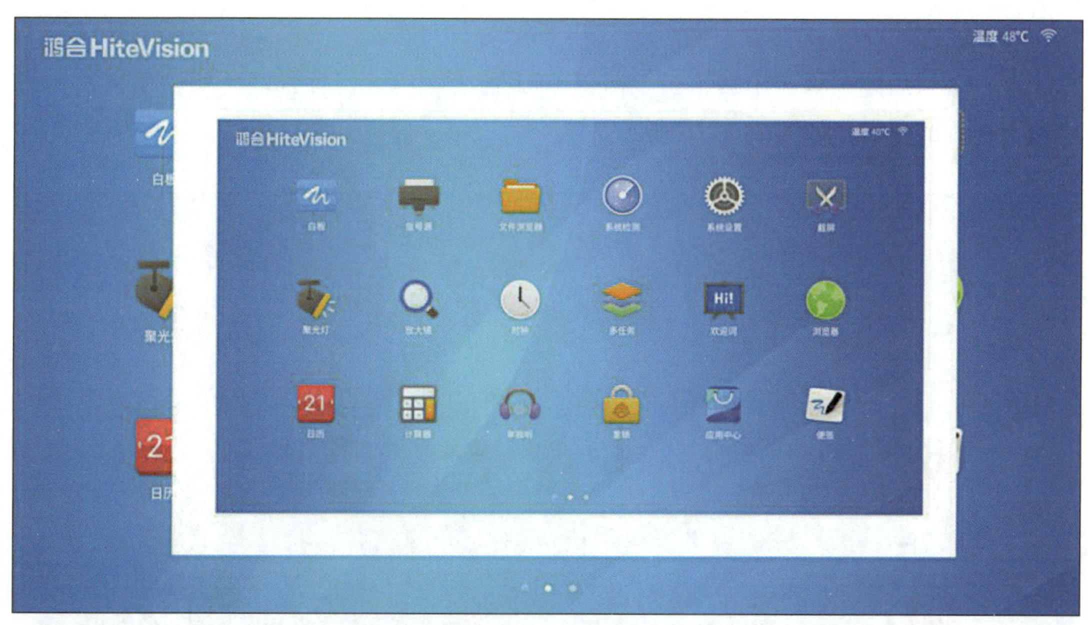

图 7-3-34　截屏

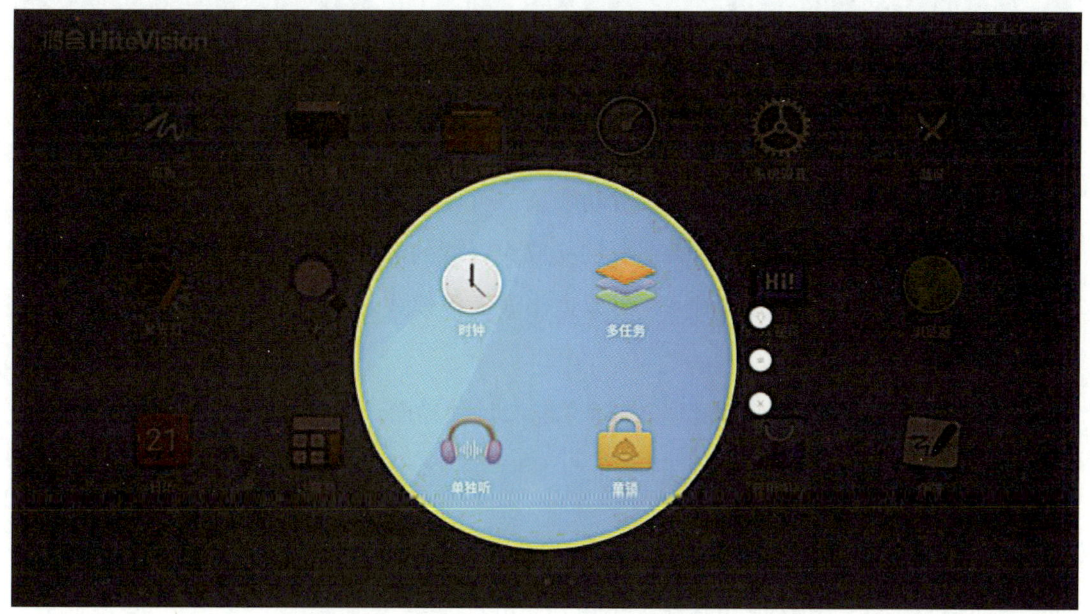

图 7-3-35　聚光灯设置

1）滑动光圈外侧，可以改变聚光灯的照亮范围。

2）单击光圈右侧的图标，滑动线条，可设置聚光灯外围的透明度。

3）单击光圈右侧的图标，可切换聚光区域的形状。

4）单击光圈右侧的图标，可退出聚光灯功能。

（3）放大镜

在“更多应用”界面中单击图标，进入放大镜模式，拖动放大镜镜头可选择需要放大查看的内容，如图 7–3–36 所示。

图 7–3–36　放大镜设置

1）单击放大镜右侧的图标，滑动线条，可设置放大倍数。

2）单击放大镜右侧的图标，可切换放大区域的形状。

3）单击放大镜右侧的图标，可以退出放大镜模式。

（4）时钟

在“更多应用”界面中单击图标，进入时钟界面，可以设置时钟、倒计时和秒表等信息，如图 7–3–37 所示。

（5）多任务

在“更多应用”界面中单击图标，可进入多任务界面，如图 7–3–38 所示，可查看当前运行程序、切换应用程序、结束运行程序等。

查看当前运行程序：在多任务界面中，用手指上下滑动屏幕可查看当前正在运行的应用程序。

切换应用程序：在多任务界面中单击应用程序，可直接切换应用程序。如单击“欢迎词”，可切换到欢迎词应用程序；单击“系统设置”，可切换到系统设置应用程序。

图 7-3-37　时钟设置

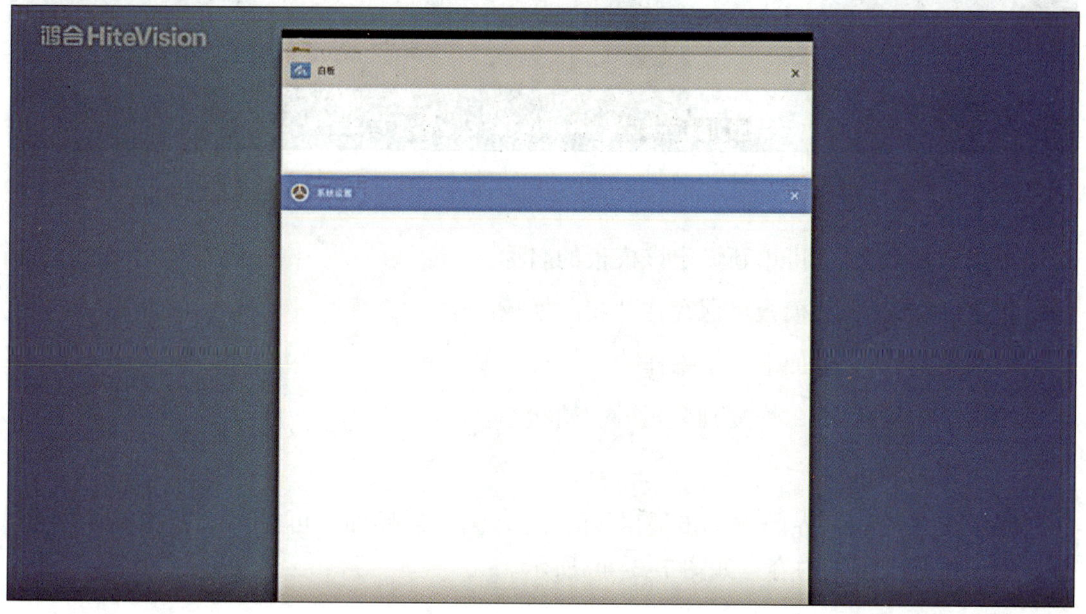

图 7-3-38　多任务设置

结束运行程序：在多任务界面中单击应用程序右上角的 × 图标，可结束运行相应的应用程序。

（6）欢迎词

在“更多应用”界面中单击 Hi! 图标，弹出“选择模板”界面，如图 7–3–39 所示。在该界面中，可在“推荐模板”或者“我的模板”中选择所需要的模板风格，自定义欢迎词。编辑完成后，单击界面右下角的“立即应用”，交互式智能平板将全屏显示该欢迎词；单击左下角的图标，可进行以下操作。

图 7–3–39　欢迎词

单击“重命名”，可重新设定该模板的名称。

单击“保存”，该模板可保存在“我的模板”中。

单击“返回”，返回上一层操作。

单击“恢复默认”，恢复到模板的初始状态。

（7）浏览器

在“更多应用”界面中单击图标，打开浏览器界面，可在地址栏中输入网址，在搜索框中输入搜索内容，如图 7–3–40 所示。

（8）日历

在“更多应用”界面中单击 21 图标，可进入日历查看界面，如图 7–3–41 所示。

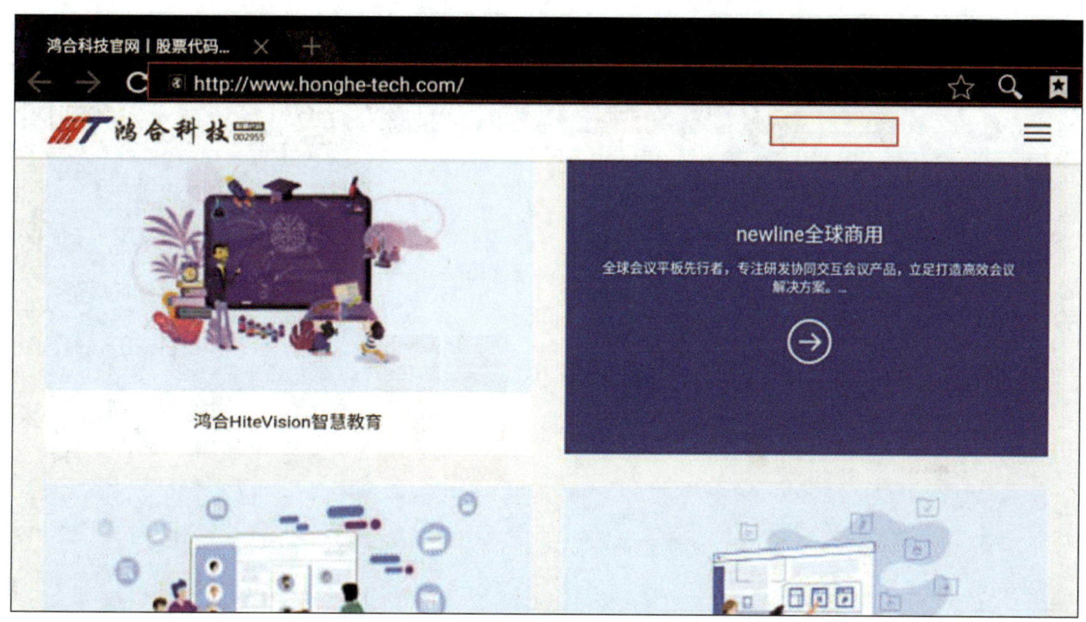

图 7-3-40　浏览器

图 7-3-41　日历

（9）计算器

在“更多应用”界面中单击图标，进入计算器操作界面，如图 7-3-42 所示，可单击数字和运算符进行运算操作。

图 7-3-42　计算器

（10）单独听

进入单独听模式后，屏幕进入关闭状态，声音正常播放，如图 7-3-43 所示。单击屏幕任意位置，可退出单独听模式。

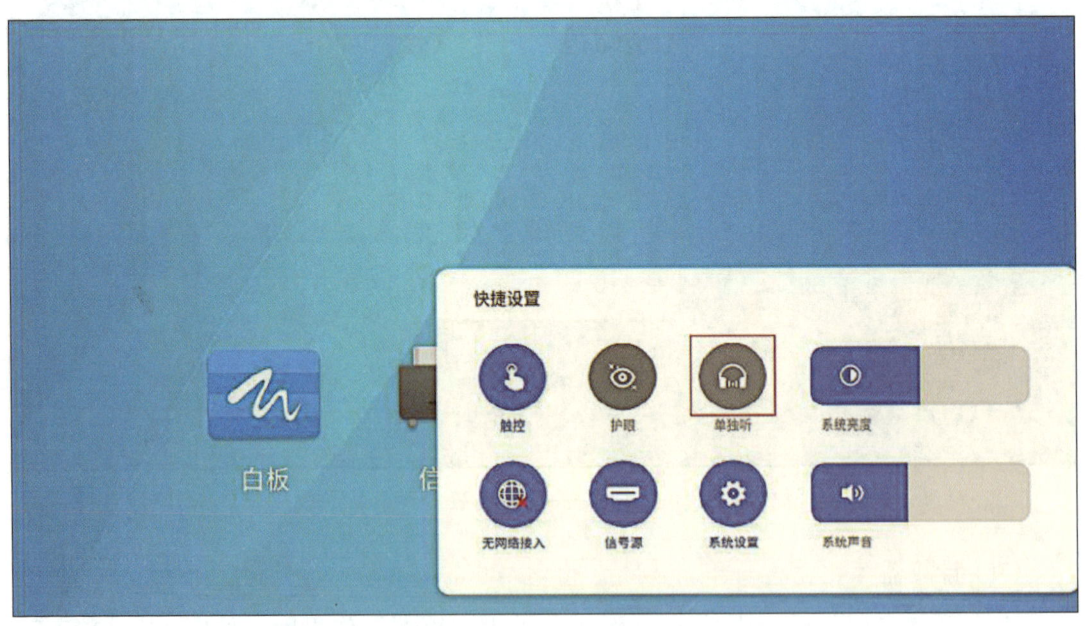

图 7-3-43　单独听

可以通过以下三种方式进入单独听模式：单击列出应用中的图标、单击快速调用菜单中的图标、按遥控器上的键。

（11）童锁

可以通过以下方式开启或关闭童锁功能。童锁功能开启后，如图 7–3–44 所示，交互式智能平板的前置按键和触控功能将失效。

按遥控器上的“童锁”键开启童锁功能，或长按前置按键面板上的键，开启童锁功能。或在“更多应用”界面中单击图标，开启童锁功能。

图 7–3–44　童锁关闭界面

在童锁状态下，按遥控器上的“童锁”键或长按前置按键面板中的键即可解锁。若屏幕处于童锁状态，其屏幕右上角会出现图 7–3–45 所示的标志。

（12）应用中心

在“更多应用”界面中单击图标进入应用中心。可以在应用页面下载应用程序，在管理页面查看并卸载用户自行安装的应用，如图 7–3–46 所示。

（13）便签

在“更多应用”界面中单击图标，进入便签界面，可在任意界面添加便签，进行实时书写和擦除操作，如图 7–3–47 所示。

图 7-3-45　童锁开启

图 7-3-46　应用中心

（14）温度提示和过温保护

温度提示：主页画面实时显示机内工作温度。

过温保护：在开机使用过程中，若因整机散热环境不佳、使用时间过长等，导致平板整体温度升高，当系统检测到温度高于设定值（100 ℃）时，将自动启动过温保护，平板进入待机状态，需断电后重启。

图 7-3-47　便签界面

12. 进行系统检测

单击应用栏处的 图标，可弹出系统检测界面，如图 7-3-48 所示，在此界面中可以实现系统内存和系统存储优化、硬件检测等功能。

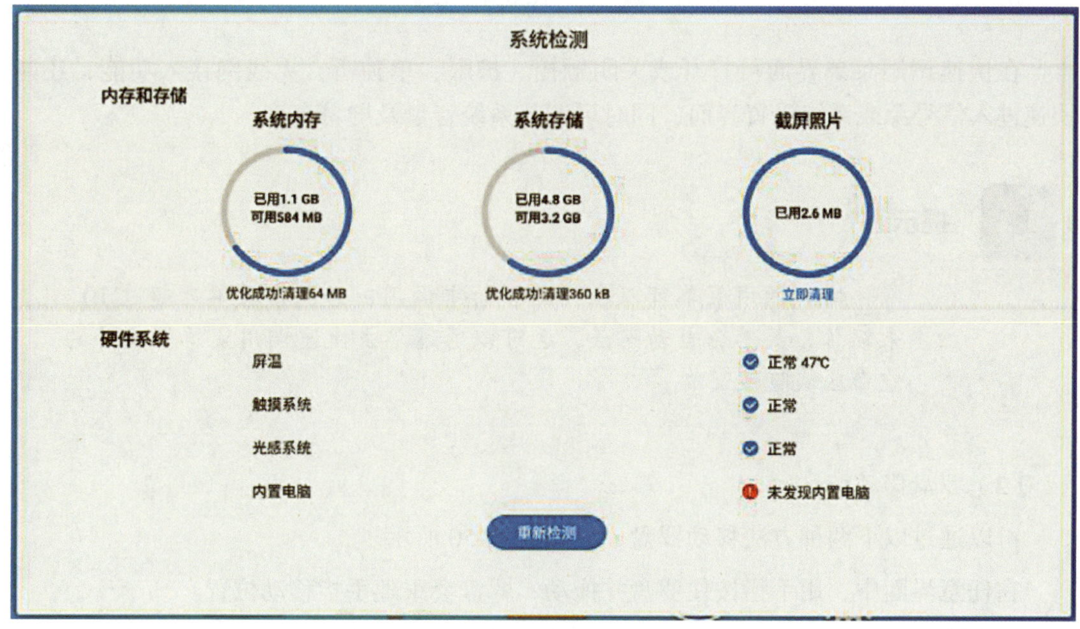

图 7-3-48　系统检测界面

13. 进行手势操作

（1）快速调用菜单

在交互式智能平板显示区域的底端，用单指垂直向上滑动，可调出“快速调用菜单”，如图 7–3–49 所示。

图 7–3–49　快速调用菜单

在快速调用菜单界面可打开或关闭触控、护眼、单独听、无线网接入功能，还能快速进入信号源或系统设置界面，同时可调节系统音量及屏幕亮度。

提示

快速调用菜单可以在任意界面中调用，若调出菜单后超过 10 s 未操作，菜单会自动隐藏，也可以通过单击快速调用菜单界面外的空白区域隐藏菜单。

（2）罗盘移动

可以通过以下两种方法移动罗盘，如图 7–3–50 所示。

在任意界面中，用手指按住罗盘并拖动，罗盘会跟随手指移动位置。

在任意界面中，可用两根手指长按屏幕，罗盘将自动移动到手指长按的位置。

图 7-3-50　罗盘移动界面

（3）熄屏

在任意界面，可用三根手指长按屏幕，屏幕即可进入熄屏状态；在熄屏状态下，再次用三根手指长按屏幕，屏幕会亮起，如图 7-3-51 所示。

14．快捷键

在内置计算机或外接计算机中安装了鸿合交互教学软件后，在使用该软件的过程中，可根据需求单击交互式智能平板双侧的快捷键，快速实现其对应的功能，如图 7-3-52 所示。快捷键的功能见表 7-3-4。

图 7-3-51　熄屏界面

图 7-3-52　快捷键界面

表 7-3-4　快捷键的功能

名称	功能
自定义	初始默认为聚光灯，在“白板”→“菜单”→“设置”下可定义为其他工具
另存为	该图标在 Windows 系统白板状态下表示的是保存，在安卓系统白板状态下表示的是截屏
展台	单击该图标进入 Windows 系统展台画面
多屏互动	单击该图标启动鸿合多屏互动软件，在使用鸿合多屏互动软件即进入多屏互动界面后，可以与计算机端连接，实现多屏互动功能
新建页面	单击该图标新建空白页面
聚光灯	单击该图标打开聚光灯功能
计算器	单击该图标打开计算器应用
多任务	单击该图标进入多任务界面
信号源	单击该图标进入信息源界面

续表

名称	功能
	单击该图标可前翻课件，导入的是白板软件中或屏幕批注模式下的 PPT 课件
	单击该图标可后翻课件，导入的是白板软件中或屏幕批注模式下的 PPT 课件
	在安卓系统下打开系统设置页面；在电视信号源下打开电视信号源菜单
	单击该图标打开白板软件工具箱，可以选择聚光灯、幕布等工具辅助讲解
	单击该图标关闭当前文档页面
	单击该图标可实现屏幕下移功能
	单击该图标隐藏快捷键栏

提示

在安装鸿合交互教学软件前，一定要关闭计算机的杀毒软件和系统防护类软件；在未开启鸿合交互教学软件的情况下单击双侧的快捷键时，实现的功能可能会有所差异；快捷键显示模式分为极简模式、经典模式、隐藏模式（默认）三种。

巩固与练习

某学校教务处购置了一台海康威视 DS-D5ABKY2D-S 型交互式智能平板，如图 7-2-13 所示，用于办公室日常会议使用，请按照以下要求，完成交互式智能平板的安装和初始化工作。

1. 将移动笔记本计算机中的内容投影至平板上。

2. 将计算器应用程序添加至罗盘。

3. 将欢迎词设置为“欢迎大家来参加我们的展销会”。

4. 依据产品说明书，正确运用交互式智能平板的其他各项功能。

任务 4　维护和保养交互式智能平板

1. 了解交互式智能平板的常见故障及一般解决办法。
2. 能完成交互式智能平板的日常保养。
3. 能对交互式智能平板进行待机设置。
4. 能处理交互式智能平板使用过程中常见的系统故障。

交互式智能平板集成了投影仪、电子白板、幕布、音箱、电视机、计算机等诸多会议室办公设备。若日常使用不当或缺乏良好保养，可能会导致较大损失。

某教务处的交互式智能平板在使用一段时间后，每次开机时，其指示灯都会呈现不同的闪烁情况。小王决定先查阅产品说明书，了解如何对交互式智能平板进行维护和保养。

如果交互式智能平板在使用过程中出现问题，可以先按照表 7–4–1 和表 7–4–2 所示的方法进行检测和解决，如果问题仍未解决，需寻求经销商或维修中心的帮助。

表 7–4–1　交互式智能平板的故障现象和解决办法

故障现象	解决办法
服务程序无法连接	1. 正确安装驱动程序 2. 更换新的 USB 数据线或检测 USB 接口是否接触不良
书写时抖（跳）笔	1. 尽量用书写笔书写，握笔时尽量远离笔尖，使书写笔与屏幕的夹角大于 60° 2. 去除干扰源或更换到无干扰的环境中使用 3. 注意衣袖或手腕不要靠近书写面

续表

故障现象	解决办法
书写时断笔（部分能书写）	1. 尽量用书写笔书写，握笔时尽量远离笔尖，使书写笔与屏幕的夹角大于60° 2. 去除干扰源或更换到无干扰的环境中使用 3. 注意衣袖或手腕不要靠近书写面 4. 更换笔尖或用有较大面积笔头的笔书写
屏幕出现“内置计算机未安装到位，已经关机，请检查，并重启交互式智能平板”提示信息	重新正确安装内置计算机，然后重启交互式智能平板
无声音及图像显示	1. 检查电源线是否已经连接到电源插座，并且电源插座已经通电 2. 检查交互式智能平板的船型开关是否已经打开 3. 检测输入的音视频线是否正常 4. 检测是否切换至正确的信号源输入 5. 检查图像亮度及对比度等设置 6. 检测音量大小设置
图像正常，无声音	1. 检测音量大小设置 2. 查看是否按下了遥控器上的静音键 3. 检查计算机与交互式智能平板的音频连接是否正确
无图像或图像为黑白色	调整显示设置
图像或声音受到干扰	1. 找出附近产生干扰的电气设备，将其移至远离交互式智能平板的位置 2. 避免与产生干扰的电器共用同一个电源插座

表 7-4-2　交互式智能平板触控部分的故障现象及解决办法

故障现象	解决办法
遥控器失灵	1. 更换电池 2. 清洁遥控器顶部的发射窗口，查看是否被遮挡 3. 检测遥控器上的接触点是否存在接触不良的情况
识别不到插入的U盘	检查U盘是否插在正确的USB接口上
内置计算机无信号	1. 检查内置计算机是否正确插入插槽 2. 检测内置计算机是否进入休眠状态 3. 尝试按下内置计算机的电源键 4. 手动开启内置计算机

续表

故障现象	解决办法
外接计算机无触控	1. 重新拔插 USB 数据线 2. 确保 USB 数据线接在正确的接口上

提示

由于交互式智能平板的液晶面板的生产技术要求极高且极为精密，可能会出现极少数常亮或常暗的像素点。如果交互式智能平板的屏幕上存在微小的红色、蓝色、绿色斑点（亮点），或在某些画面下出现暗色斑点（暗点），这并非故障，不会影响交互式智能平板的整体性能。

因交互式智能平板背景调整或交互式智能平板散热，可能会发出轻微的响声，这属于正常现象。

如果交互式智能平板画面、声音无异常，用手触摸交互式智能平板的液晶显示屏和金属后壳时感觉到有静电，这也属于正常现象。

一、日常维护和保养交互式智能平板

鸿合 HiteVision 交互式智能平板在使用中要注意以下要点。

1. 交互式智能平板不能安装或放置在热源附近，避免处于阳光直射、多尘、潮湿的环境，以及存在机械振动和易受撞击的地方，同时，应尽量远离高压输电网、大件金属物体、雷达站等设备。

2. 切勿使用化学试剂擦拭交互式智能平板，因其可能会导致机壳变质或漆面损坏。若有灰尘污垢，应在切断电源后，用拧干的湿布擦拭。液晶显示屏应用干净的软布轻轻擦拭。

3. 避免频繁关机，以防影响交互式智能平板的使用寿命。正常关机后，需等待 3 min 再开机。若长期不使用，应关闭交互式智能平板电源并拔掉电源插头。

4. 不宜长期将交互式智能平板的显示亮度及对比度设置到最大值，以免缩短其液晶显示屏的使用寿命。

5. 禁止用硬物在触摸屏上书写，以免划伤触摸屏，影响显示效果。

二、清洁红外条

鸿合 HiteVision 交互式智能平板借助水平和垂直方向的红外线矩阵检测并定位用户触摸。其屏体四周分布着红外条（包含红外线接收管和发射管），它们在屏体表面形成红外线光网，如图 7-4-1 所示。

当用户触摸屏幕时，手指或其他不透明的物体遮挡经过该点的横竖红外线，控制器据此判断出触摸点的坐标位置。

屏体长期暴露在空气中，表面极易积尘，进而导致触摸不灵敏或定位不准确，因此，需定期清洁屏体四周的红外条。

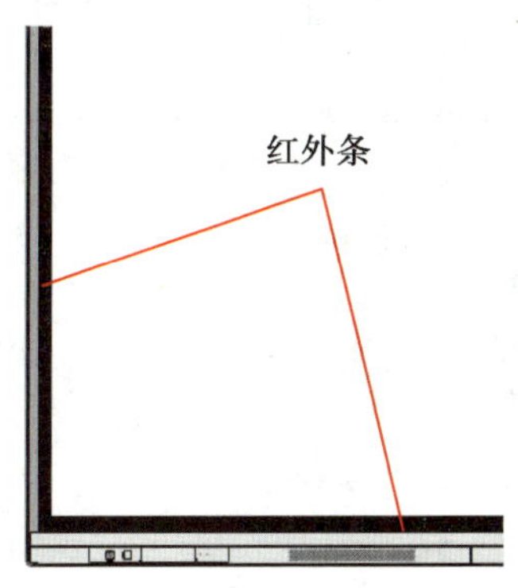

图 7-4-1　屏体四周的红外条

三、节能使用

在不使用鸿合 HiteVision 交互式智能平板时，可以将其调整到关机状态；若仅需接收声音而不观看屏幕，可以开启单独听模式，以降低交互式智能平板的能耗。

在保证观看质量的前提下，可以通过降低显示屏亮度来减少能耗。可以依次单击“系统设置”→“通用”→“声音和显示”→“节能设置”，对交互式智能平板进行以下三种状态的设置，即待机模式、黑板关闭自动待机和无操作时自动待机。

1. 待机模式

可以根据需要将待机模式设置为“正常待机”或“极速开机”，如图 7-4-2 所示。

图 7-4-2　设置待机模式

2. 黑板关闭自动待机和无操作时自动待机

当交互式智能平板安装在推拉黑板中，在关闭推拉黑板或一段时间无操作的情况下，可设置其在一段时间后自动进入待机节能模式，如图 7-4-3 所示。

网络
有线网络
无线网络
无线热点
高级设置
通用
声音和显示
信号源
个性化
更多
日期和时间
语言和输入法
← 黑板关闭自动待机
从不
1分钟
3分钟
5分钟

图 7-4-3　设置黑板关闭自动待机时间

四、解决系统使用问题

鸿合 HiteVision 交互式智能平板在使用过程中可能会出现以下问题，其解决方法如下。

1. 不能播放 Flash 文件

要播放 Flash 文件，确保已安装 Flash 播放器，且进行了文件格式的自动关联。若未安装，需下载并安装 Flash 播放器。

2. 播放光盘的内容

鸿合 HiteVision 交互式智能平板未配备光驱，无法直接播放光盘中的内容。需连接外置 USB 光驱并插入设备的 USB 接口才能播放。

3. Microsoft PowerPoint 上的动画无法播放

当交互式智能平板无法播放 Microsoft PowerPoint 文件中的动画时，一般是动画播放器插件有问题，下载并安装 Flash 播放器即可。

4. 交互式智能平板和手机无法连接

当交互式智能平板与手机无法连接时，一般是软件版本有问题，将鸿合多屏互动软件升级到最新版本即可，升级过程如下。

（1）开启交互式智能平板端的软件，打开“设置”中的“关于”开始检查更新，如图 7–4–4 所示。

图 7–4–4　软件更新检测

（2）移动端通过热点账户和密码连接，如图 7–4–5 所示。

图 7–4–5　移动端通过热点账户和密码连接

5. 系统播放音视频无声音

鸿合 HiteVision 交互式智能平板为双声卡设备，系统重装或错误设置可能导致默认声卡改变，致使系统播放音视频无声音。

解决方法如下。

（1）排查系统和交互式智能平板的音量大小设置问题。

（2）通过单击系统右下角的音量图标，切换为“HHT Display”；或在系统右下角的音量图标上单击鼠标右键，在弹出的快捷菜单中选择“播放设备”，选中“HHT Display”设为默认值即可，如图 7-4-6 所示。

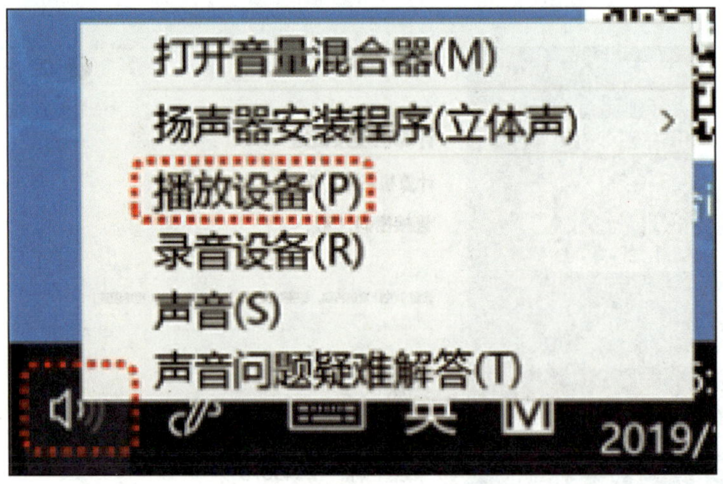

图 7-4-6　设置 HHT Display 为默认

某学校教务处购置了一台海康威视 DS-D5ABKY2D-S 型交互式智能平板，如图 7-2-13

所示。在使用了一段时间后，该平板出现了不能正确连接手机等移动终端、触摸不灵敏等现象，现需对其进行维护和保养，请按照要求完成以下具体操作。

1. 依照产品说明书，完成交互式智能平板的日常清洁工作。

2. 依照产品说明书，正确设置海康威视 DS-D5ABKY2D-S 型交互式智能平板的待机参数。

3. 依照产品说明书，正确设置声音并播放音频、视频等内容。

4. 依照产品说明书，解决在使用过程中出现的常见故障。